dtv

Das Jahr 1989 wurde das »Schicksalsjahr« der jüngeren deutschen Geschichte: Protestaktionen, Massenausreisen aus der damaligen DDR über Ungarn und die Tschechoslowakei, Demonstrationen in Leipzig und anderswo mit Tausenden von Menschen; im November 1989 fiel die Mauer und der Prozeß der Vereinigung der beiden deutschen Staaten kam in Gang. Zehn Jahre sind seither vergangen, zehn Jahre, in denen zusammenwachsen sollte, »was zusammengehört«. Die in diesem Lesebuch versammelten literarischen, dokumentarischen und essayistischen Texte, Auszüge aus Kommentaren und Zeitzeugenberichten beleuchten die außen- wie innenpolitischen und wirtschaftlichen Ereignisse und Abläufe, geben Einblick in die sozialen und kulturellen Befindlichkeiten und Wandlungen, zeigen die Schwierigkeiten, Erfolge und Mißerfolge bei der Herausbildung der neuen Einheit und Identität. Schließlich richtet sich der Blick auch in die Zukunft des geeinten Deutschland in Europa.

Hermann Glaser, geboren 1928, war von 1964 bis 1990 Kulturdezernent der Stadt Nürnberg. Er ist Mitglied des PEN, Honorarprofessor an der Technischen Universität Berlin und Gastprofessor verschiedener in- und ausländischer Universitäten. Er hat zahlreiche Veröffentlichungen zur Kulturgeschichte und Kulturpolitik vorgelegt; bei <u>dtv</u> erschien in der Reihe ›Deutsche Geschichte der neuesten Zeit‹ von ihm der Band ›Bildungsbürgertum und Nationalismus. Politik und Kultur im Wilhelminischen Deutschland‹ (<u>dtv</u> 4508).

INHALT

EINLEITUNG

Der 9. Oktober 1989 – ein Datum, mit dem (sieht man von einigen Rückgriffen auf vorangegangene Entwicklungen ab) der Betrachtungszeitraum dieses bundesrepublikanischen Lesebuchs einsetzt – wird vielfach als »Schicksalstag« der DDR und damit als entscheidender Markstein auf dem Weg zur deutschen Vereinigung bezeichnet. Die an diesem Tag wieder veranstaltete Leipziger Montagsdemonstration war die größte (mit rund 70000 Menschen); sie fand zudem in einer sehr aufgeladenen Atmosphäre statt. »Während der vorausgehenden Tage hört man bedrohliche Gerüchte – zweifelsohne offiziell angeregt – über eine bevorstehende ›chinesische Lösung‹. Die ›Leipziger Zeitung‹ veröffentlicht die geharnischte Deklaration einer militanten kommunistischen Gruppe gegen die ›konterrevolutionären Aktionen‹, die ›endgültig und wirksam‹ unterbunden werden müssen: ›Wenn es sein muß, mit der Waffe in der Hand.‹ Gerüchte über Patientenverlegungen in Krankenhäusern, um Platz für erwartete Neuzugänge zu schaffen, und über zusätzlich herbeigeschaffte Blutkonserven machen die Runde. Die Besorgnis ist so groß, daß sechs bekannte Bürger der Stadt, darunter drei hohe SED-Funktionäre und der Dirigent Kurt Masur, dringend zu Mäßigung und friedlichem Dialog aufrufen.« (Albert O. Hirschmann)

Nicht nur das Volk (»Wir sind das Volk«), auch die Staatsmacht beachtete jedoch, aus unterschiedlichen Gründen, die ausgegebene Parole: »Keine Gewalt«. Die SED und ihre Funktionäre hatten das Selbstvertrauen längst verloren; die starrsinnige, menschenfeindliche kommunistische Ideologie wurde zunehmend als Lebenslüge, zumindest im Unterbewußtsein, empfunden. Entscheidend war der offensichtlich unbeugsame Wille der Menschen zur friedlichen Revolution, die »niederzukartätschen« zwar noch möglich gewesen wäre, aber den Widerstand wohl nicht mehr hätte brechen können. Eine junge Demonstrantin erinnert sich: »Ich hatte mich an dem Tag in dem Bewußtsein von meinem Mann und meinen Kindern verabschiedet, daß es möglicherweise keine Rückkehr gibt. Die Angst war das eine, was die Menschen getrieben hat. Die Lebensbedingungen, die uns hier aufgenötigt wurden, zu verändern, auch um den Preis des Lebens. Ich glaube, das hat die Menschen getrieben.« Doch auch das Zaudern der Mächtigen verhalf zu einem glücklichen Ende. Egon Krenz, wenig später neuer Staats- und Parteichef, meinte als nachträglicher Weißwäscher, aber deshalb keineswegs unrichtig: »Niemand von uns, der wirklich eine Erneuerung des Sozialismus wollte, konnte Interesse daran haben, daß in Leipzig Blut fließt.«

Die nach dem 9. Oktober insgesamt gegebene politische Konstellation – die Aura der »Heldenstadt Leipzig« war im ganzen Land spürbar – charakterisierte ein Zeitzeuge mit der Feststellung, daß am späten Abend des 9. Oktober die DDR eine andere geworden sei. Bald danach stürzte Erich Honecker, fiel die Mauer, brach das DDR-Regime in sich zusammen.

Ein Jahrzehnt ist seitdem vergangen; die Euphorie in beiden Teilen Deutschlands hat sich gelegt; eine demoskopische Studie von 1997 kam zu dem Ergebnis, daß sich lediglich 17 Prozent der Ostdeutschen als richtige Bundesbürger fühlten, jeder zehnte wolle am liebsten die DDR wieder haben – ohne daß eine solche Aussage auf die Restaurierung des politischen Systems, des sogenannten real-existierenden (eigentlich real-nicht-existierenden) Sozialismus ziele.

Peter Bender führt solchen Mangel an Verfassungspatriotismus auf die dreifache Enteignung Ostdeutschlands durch den Westen zurück:

• Die ökonomische Enteignung habe mit dem millionenfachen Verlust eines Guts, dessen sich die Bürger der DDR absolut sicher zu sein glaubten, nämlich ihres Arbeitsplatzes, begonnen, und dann sich fortgesetzt im Verlust von Produktionsmitteln, die schon die SED mit in Beschlag genommen hatte; »aus dem Volkseigentum wurde größtenteils Westeigentum. Sie stiftet immer noch große Unruhe, wenn die Regel ›Rückgabe vor Entschädigung‹ exekutiert wird.«

• Die politische Enteignung bestehe darin, daß die Ostdeutschen sich erst dann als Bürger der Bundesrepublik fühlen könnten, wenn ihre Interessen angemessen vertreten würden. Aber keine Partei leiste das, weil alle gesamtdeutsch organisiert seien. Das klinge nach Gemeinsamkeit, erweise sich jedoch als das Gegenteil, denn die Ostmitglieder befänden sich überall in schwacher Minderheit; sie sähen sich mißverstanden und mißachtet, bekämen einige Posten, freilich niemals Macht; sie dürften reden, fänden allerdings wenig Gehör.

• Die moralische Enteignung sei darin zu sehen, daß vierzig Jahre lang die Westdeutschen die Bundesrepublik als Deutschland betrachtet hätten (so hat es auch offiziell geheißen), das übrige war Zone oder DDR. »An dieser Denkweise hat sich wenig geändert. Ostdeutschland heißt amtlich das ›Beitrittsgebiet‹ und im allgemeinen Sprachgebrauch ›die neuen Länder‹, als ob das Kunstgebilde Nordrhein-Westfalen älter sei als das Königreich Sachsen.«

Ist damit die Rechnung einseitig aufgemacht? Die Bilanz müßte wohl besser dialektisch angelegt werden. Fakten sollten mit Gegenfakten, Beurteilungen mit Gegenbeurteilungen, Vorwürfe mit Gegenvorwürfen konfrontiert werden; vor allem wären die Analysen mit Optionen fürs Bessermachen zu verbinden.

Mit den jeweils aphoristisch wie zitatologisch, impressionistisch wie strukturell markierten Textbündelungen der einzelnen Kapitel – wobei alle »Textsorten« in Erscheinung treten (bevorzugt Ausschnitte aus Zeitungen und Zeitschriften, da diese im besonderen Maße die Stimmungsschwankungen festzuhalten vermögen) – soll versucht werden, ein Psychogramm von zehn Jahren deutsch-deutscher Befindlichkeit zu zeichnen. Der deutsch-deutsche Diskurs ist dabei viel lebendiger und intensiver gewesen, als diejenigen meinen, die, aus welchen Gründen auch immer (oft genug aus Hochmut oder Ignoranz), beiseite standen und so das stete, gegenseitig sich einfühlende Gespräch versäumten. Dennoch gilt die bedrückende Feststellung, daß nach der friedlichen Revolution im Osten die Chance für die Herausbildung einer pluralen, also durchaus unterschiedlichen, aber auf Integration zielenden Identität noch nicht voll wahrgenommen wurde.

Die in diesem Lesebuch versammelten Texte wollen eindimensionalcs Denken aufbrechen helfen und dazu beitragen, daß die

Komplexität von »Wahrheit« besser erkannt wird. Die Wahrheit, meint Friedrich Nietzsche, beginnt zu zweien – eine Feststellung, die sich auch auf Kollektive mit unterschiedlicher Geschichte, Sozialisation und Enkulturation beziehen läßt.

Vor zehn Jahren fiel die Mauer aus Stein; der Abbau der Mauer im Kopf mag einen wesentlich längeren Zeitraum in Anspruch nehmen. Die Berliner Republik würde zumindest in ihrer kulturellen Essenz scheitern, wenn ihr die Überwindung der inneren Trennung nicht gelänge. Das Gedankenfresko »Die Mauer fiel – Die Mauer steht« möchte Denkprozesse evozieren, die sich an Georg Christoph Lichtenbergs aufklärerisch-optimistischem Möglichkeitsinn orientieren: »Ich kann freilich nicht sagen, ob es besser werden wird, wenn es anders wird, aber so viel kann ich sagen, es muß anders werden, wenn es gut werden soll.«

CHRONIK DER EREIGNISSE

Mai 1989: Kommunalwahlen in der DDR: Bürger protestieren gegen Wahlfälschungen.

August/September 1989: DDR-Bürger besetzen Botschaften in Prag, Budapest und Warschau sowie die Ständige Vertretung der Bundesrepublik in Ost-Berlin.

11. September 1989: Ungarn öffnet Grenze nach Österreich für DDR-Ausreisende.

30. September 1989: Die Ausreise der Prager Botschaftsbesetzer mit Sonderzügen der DDR-Reichsbahn wird genehmigt.

7. Oktober 1989: 40-Jahr-Feier der DDR, Stasi geht gegen Demonstranten vor.

9. Oktober 1989: Großdemonstration in Leipzig (70 000 Teilnehmer)

18. Oktober 1989: Ablösung *Honeckers* als SED-Generalsekretär durch *Egon Krenz*.

3. November 1989: Staats- und Parteichef *Egon Krenz* kündigt überraschend Reformen und den Rücktritt führender Politiker an.

4. November 1989: In Ost-Berlin protestieren mehr als eine halbe Million Menschen; sie fordern eine demokratische Umgestaltung der DDR. Die größte Demonstration in der Geschichte des Landes wird im Fernsehen direkt übertragen.

8. November 1989: Politbüro der SED tritt zurück.

9. November 1989: DDR öffnet die Grenzen zur Bundesrepublik und zu West-Berlin.

13. November 1989: Volkskammer wählt *Hans Modrow* zum Ministerpräsidenten.

28. November 1989: Bundeskanzler *Kohl* legt dem Bundestag seinen Zehn-Punkte-Plan vor.

6. Dezember 1989: *Egon Krenz* tritt als Staatsratsvorsitzender zurück.

7. Dezember 1989: Konstituierung des »Runden Tisches«.

11. Dezember 1989: Treffen der Botschafter der vier Siegermächte in Berlin.

11

12./13. Februar 1990: Konferenz von NATO und Warschauer Pakt in Ottawa, Vereinbarung der Zwei-plus-Vier-Verhandlungen zur deutschen Frage.

18. März 1990: 1. demokratische Wahl zur Volkskammer der DDR.

12. April 1990: Wahl *Lothar de Maizières* zum Ministerpräsidenten der DDR.

5. Mai 1990: Beginn der Zwei-plus-Vier-Verhandlungen.

18. Mai 1990: Unterzeichnung des Staatsvertrags zur Wirtschafts-, Währungs- und Sozialunion.

16./17. Juli 1990: *Gorbatschow* gesteht einem vereinten Deutschland die volle Souveränität und die freie Entscheidung über die Bündniszugehörigkeit zu.

23. August 1990: Volkskammer beschließt den Beitritt der DDR zur Bundesrepublik Deutschland zum 3. Oktober 1990.

31. August 1990: Unterzeichnung des deutsch-deutschen Einigungsvertrags.

12. September 1990: Unterzeichnung des Zwei-plus-Vier-Abkommens.

20. September 1990: Verabschiedung des Einigungsvertrags durch Bundestag und Volkskammer.

3. Oktober 1990: Tag der deutschen Einheit.

PERESTROIKA
Die DDR verweigert sich

A. R. Penck: Der Übergang

Plädoyer für einen humanen Sozialismus

MICHAIL GORBATSCHOW

Die Situation, die bis zum Jahre 1985 in unserem Lande entstanden war, verlangte von uns eine kritische Analyse des gesamten Weges. Wir stellten uns überaus schwierige Fragen. Und wir versuchten, ehrliche, direkte Antworten darauf zu geben. Wir bemühten uns, unsere Erfahrungen und unsere Geschichte neu zu überdenken, nüchtern und ohne Illusionen die Gesellschaft zu verstehen, die bei uns entstanden war. Dies erforderte auch eine unvoreingenommene Beurteilung der Stellung unseres Landes in der modernen, von der wissenschaftlich-technischen Revolution stark beeinflußten Welt. So kamen wir zur Konzeption der Perestroika, zum neuen Denken. [...]

Als wir die Perestroika angingen, mußte man in erster Linie »Althergebrachtes abwerfen« und das Verhältnis von Wort und Tat, Theorie und Praxis ehrlich beurteilen. Es hat sich uns der tiefe Sinn der letzten Arbeiten Lenins neu eröffnet, die von der Sorge um das Schicksal des Sozialismus und dem Streben durchdrungen waren, die Realitäten des nachrevolutionären Rußlands und der dieses damals umgebenden Welt zu berücksichtigen, die Partei vor Verstellungen des revolutionären und schöpferischen Sinns ihrer Mission zu warnen und sie vor Machtmißbrauch und bürokratischer Entartung zu bewahren. Schritt für Schritt gelangten wir zur Erkenntnis dessen, was wir errichtet hatten und weswegen eine radikale Umgestaltung unseres gesamten gesellschaftlichen Gebäudes erforderlich war. Es war nämlich bei uns ein System entstanden, das manchmal als »Staatssozialismus« bezeichnet wurde. Dies war keineswegs ein Kapitalismus, aber auch nicht der Sozialismus, der unseren Ausgangsprinzipien entsprach. [...]

Die Feuerprobe der Perestroika läßt ein neues modernes Konzept eines humanen, demokratischen Sozialismus entstehen. [...]

Dies betrifft auch Ansichten über das Eigentum, über die Rolle der Waren-Geld-Beziehungen und die Rolle des Marktes, der po-

litischen Demokratie, des Pluralismus und vieles andere. Auch
Tendenz und Inhalt der durchzuführenden Reformen bestimmen
wir heute nicht nach dem Grad ihrer Übereinstimmung mit diesen oder jenen Vernunftkonstruktionen, sondern nach ihrer Übereinstimmung mit realistischen Prognosen darüber, was sie jedem
Menschen und der gesamten Gesellschaft geben können.

Auf dem Weg zum posttotalitären Regime

HANS-PETER KRÜGER

Es gab in der zweiten Hälfte der achtziger Jahre in der DDR schon
längst keine geschlossen handelnde SED, auch nicht SED- und
Staatsapparatur, nicht einmal Stasi mehr. Der Kampf zwischen
der offiziell konservativen und der reformerischen Linie fand in
der Mehrzahl der Institutionen und Organisationen statt, je nach
Kräfteverhältnis stillschweigend, verhalten oder bereits etwas lau-
ter. Ein Teil der mittleren Funktionärsgeneration filterte zwischen
Oben und Unten, hatte zuweilen ein Interesse an der Opposition
als einem möglichen Auslöser von Reformen und dachte dabei
nicht zuletzt an die eigene Lebensperspektive. [...]

In der DDR starben die Söhne vor ihren Vätern (Thomas
Brasch). Selbst in den Apparaten war dies kein Geheimnis mehr.

Welche Bedeutung hatten in einer *neo*stalinistischen Ordnung
wie der DDR die Begriffe des Konservativen oder des Reformers?
Im originären Stalinismus blieben die spezifisch modernen Wett-
bewerbsformen in Wirtschaft, Politik und Kultur dem Ideologie-
und Gewaltmonopol unterworfen. Die technische und techno-
kratische Modernität der stalinistischen Ordnung dagegen wurde
vor allem von der machtpolitischen Konkurrenz zur Außenwelt
erzwungen. Die neostalinistische Konfliktlinie war bereits von anderer Art. Sie verlief zwischen der alten parteistaatlichen Monopolstruktur einerseits, die international in eine Sackgasse führte,

und einer begrenzten Modernisierung im Innern andererseits. Die Modernisierung war nötig, um sich international überhaupt noch über Wasser halten zu können. Konservative traten für den Primat der Monopolstruktur und ihre raum-zeitliche Absonderung vom Weltverkehr ein, die Reformer dagegen für funktionale Autonomien spezieller Handlungsbereiche im Anschluß an den Weltverkehr.

Solange die parteistaatliche Monopolstruktur klar dominierte, handelte es sich noch um ein totalitäres Regime. Geriet nun aber die Monopolstruktur infolge einer zunehmenden Modernisierung ins Wanken, bestand die Möglichkeit, von einem totalitären zu einem posttotalitären, wenngleich noch immer nichtdemokratischen Regime überzugehen.

Der gern besuchte Honecker

Rolf Schneider

Aus dem Terminkalender eines in Ost-Berlin akkreditierten Korrespondenten für 1985 – 11.1.: Johannes Rau bei Honecker. – 14.2.: Helmut Schmidt bei Honecker. – 6.6.: Herbert Wehner bei Honecker. – 1.9.: Franz-Josef Strauß bei Honecker. – 23.9.: Berthold Beitz bei Honecker. – 13.11.: Oskar Lafontaine bei Honecker. – Für das Jahr 1989: 31.1.: Björn Engholm bei Honecker. – 23.2.: Lothar Späth bei Honecker. – 25.5.: Hans-Jochen Vogel bei Honecker. – 19.6.: Walter Momper bei Honecker. – 4.7.: Rudolf Seiters bei Honecker. – 8.7. Honecker krank.

Unbearbeitete Probleme

Christian U. aus Schlegel an Erich Honecker, Posteingang 8.6.1989:

»Ich muß mich heute an Sie wenden, weil wahrscheinlich nur Sie mir helfen können. Mein Problem ist folgendes: Seit einem Jahr versuche ich vergeblich, Baumaterialien (30 Sack Kalk und sechs neue Verbundfenster 75 x 90) zu bekommen. Unser Umgebindehaus ist sehr reparaturbedürftig. Es kann doch nicht sein, daß 40 Jahre nach dem Krieg keine Baumaterialien zu bekommen sind. Wir haben schon viele Male den Bürgermeister gefragt, ob er uns nicht helfen kann. Als Antwort erhielten wir: Müßt Ihr denn immer nach dem fragen, was es nicht gibt, kauft doch was es gibt.

Wir sind nicht die einzigen im Dorfe, die diese Probleme haben. Es wäre bestimmt stimmungsfördernd, wenn sich diese Probleme lösen würden. Wir wollen vernünftige Lebensbedingungen haben und unsere Elternhäuser erhalten. Bitte bearbeiten Sie unsere Probleme.«

CHRISTOPH DIECKMANN

Am 9. Juli 1988 begab sich ein Bürger der Deutschen Demokratischen Republik zum Ostberliner Grenzübergang Bornholmer Straße. Es war dem trüben Samstagnachmittag nicht anzusehen, daß genau sechzehn Monate später sich an ebendieser Stelle die Weltgeschichte ändern wollte. Der Bürger hatte nichts Entsprechendes im Sinn. Je näher er den Grenzanlagen kam, desto zager wurde ihm ums Herz, und ehe noch der Posten Halt! gebieten konnte, stand er still. […]

Ein Genosse Offizier erschien – mittfünfziger Rundling, die behäbige Variante des Grenzregimes. Bürjer, sprach er vorwurfsvoll, Bürjer, wo wolln wir denn hin? – Zu Ihnen. – Kenn' wir uns denn? – Ich habe ein Problem. – Dann schießense mal los, sagte, etwas unpassend, der Genosse Offizier.

Folgendes war vorgefallen: Unsere Nachbarin befand sich im Besitz eines Westberliner Geliebten, eines Türken namens Bozkurt. Diesem Bozkurt hatte ich sechzig Westmark gegeben mit der Bitte, mir dafür *drüben* ein paar heißbegehrte Jazzplatten zu kaufen. Das tat er auch. Als er wieder zur Geliebten in den Osten strebte, via Bornholmer Straße, wurde er gefilzt und ausgequetscht, für wen die nichtsozialistischen Tonträger seien. Bozkurt in seiner Angst beichtete den Devisenschmuggel und war die Platten los. Ich heulte fast vor Wut und ermannte mich zum Gang in die Höhle unserer Organe.

Die Platten bekam ich nicht. Bürjer, sprach der Genosse Offizier, Bürjer, Se könn 'ne Eingabe schreiben und den Sachverhalt darlejen. Ich schrieb und legte dar. Ich lobte meine humanistische Tätigkeit als Musikkritiker des jugendgemäßen Gegenwartsschaffens. Und was die gewiß irrtümlich einbehaltenen Musiken beträfe, so stammten sie von progressiven bürgerlichen Künstlern, Bündnisgenossen *unserer Sache*, die nie abseits stünden, wenn es gälte, für Frieden und Völkerfreundschaft die Trommel zu rühren respektive ins Horn zu stoßen (die Mehrzahl der Inhaftierten waren Saxophonisten). Ziehen wir in der Friedensfrage nicht alle an einem Strang? So fragte ich und schloß mit freundlichem Gruß.

Nach sieben Wochen kam Antwort: »Mit der vorliegenden Handlungsweise wurden die devisenrechtlichen Bestimmungen verletzt. Da die Rechtsverletzung durch Herrn Bozkurt vorsätzlich begangen wurde, erfolgte die Einziehung der anstelle rechtswidrig ausgeführten Zahlungsmittel getretenen Gegenstände korrekt auf der Grundlage der gesetzlichen Bestimmungen. Auch unter Beachtung der in Ihrer Eingabe dargelegten Probleme bestehen keine rechtlichen Möglichkeiten für eine Aufhebung oder Änderung dieser Entscheidung. (…) Hochachtungsvoll Klante, Rat, Sachgebietsleiter der Zollverwaltung der Deutschen Demokratischen Republik, Bezirksverwaltung Berlin, Sachgebiet Eingaben/Rechtsauskünfte.«

Die großen DDR-Erniedrigungen füllten das Faß, die kleinen brachten es zum Überlaufen.

MASSENAUSREISE
Noch einmal ganz neu anfangen

Wolfgang Mattheuer: Ausbruch

Gorbi, hilf uns

In zynischer Machtbesessenheit fälschte die SED die Ergebnisse der Kommunalwahlen im Mai 1989 und ignorierte oder unterdrückte die daraufhin einsetzenden Proteste. Noch glaubte sie, oppositioneller Bestrebungen Herr werden zu können. Sie begrüßte die Niederschlagung der vornehmlich von Studenten getragenen Demokratiebewegung in China und weckte damit bei vielen Menschen die Befürchtung eines ähnlichen Vorgehens in der DDR. Selbst die Besetzung der Botschaften der Bundesrepublik Deutschland in Prag und Budapest durch DDR-Bürger, die hierdurch ihre Ausreise erzwingen wollten, wie auch die ohne Absprache mit der DDR von Ungarn verkündete Öffnung ihrer Grenzen zu Österreich bewirkten keinen Kurswechsel der Parteiführung. Zur kurzfristigen Lösung des Problems ließ sie sich darauf ein, die Ausreisewilligen per Zug in die Bundesrepublik bringen zu lassen. Die in der Prager Botschaft weilenden DDR-Flüchtlinge durften allerdings ihre Reise in den Westen nicht auf direktem Weg, sondern nur per Umweg über das DDR-Territorium antreten. Dort erhielten sie Dokumente überreicht, die ihre Entlassung aus der DDR-Staatsbürgerschaft bestätigten. Die SED-Führung wollte damit den Anschein formell genehmigter Ausreisen schaffen.

Doch schon kurze Zeit später füllte sich die Prager Botschaft der Bundesrepublik wieder mit DDR-Flüchtlingen, so daß eine erneute Ausreisevereinbarung zwischen der Bundesrepublik und der DDR getroffen werden mußte. Rund um den Dresdener Hauptbahnhof versammelten sich am 4. Oktober mehrere tausend Menschen, die sich einen Zugang zu den Flüchtlingszügen verschaffen wollten. Unter Einsatz brutaler Gewalt ließ daraufhin die SED-Bezirksleitung Dresden den Bahnhofsplatz und die umliegenden Straßen räumen. Die sich hieraus entwickelnde Straßenschlacht war die härteste Auseinandersetzung zwischen der

SED-Führung und ihren Sicherheitsorganen auf der einen und Regimegegnern verschiedenster Couleur auf der anderen Seite seit 1953.

Doch selbst von dieser dramatischen Entwicklung ließ sich die SED-Führung nicht beirren. Anläßlich des 40. Jahrestages der Gründung der DDR inszenierte sie noch einmal das gewohnte Ritual von Mobilisierung der Massen und »heiler sozialistischer Welt«. Die FDJ organisierte einen Fackelzug, und die auf der Ehrentribüne versammelten kommunistischen Führungskräfte nahmen die Parade ab. Trotz umfassender Vorkehrungen der »zuständigen Organe« prägten dennoch Mißtöne das gespenstisch anmutende Spektakel. Tausende Demonstranten in Leipzig, Dresden und anderen DDR-Städten forderten in Sprechchören »Freiheit, Freiheit« oder »Gorbi, hilf uns«. Ost-Berlin erlebte die seit Jahrzehnten größte nicht genehmigte Demonstration. Diese konnte von den »Sicherheitskräften« nur gewaltsam aufgelöst werden. Massenfestnahmen und Berichte über Mißhandlungen von Inhaftierten heizten die Stimmung unter der Bevölkerung immer weiter an.

Der auf Wunsch Honeckers bei den »Feierlichkeiten« ebenfalls anwesende Gorbatschow lobte die versammelten Honoratioren der DDR-Führung. [...]

Gleichzeitig aber mahnte der sowjetische Reformer »politische Veränderungen« an, denn »mutige Zeiten erwarten Sie, mutige Beschlüsse sind erforderlich ... In stürmischen Zeiten lernen die Leute in Wochen und Monaten mehr als sonst in Jahren.« Schließlich richtete Gorbatschow seine berühmt gewordenen Sätze an die gesamte SED-Führung: »Ich halte es für sehr wichtig, den Zeitpunkt nicht zu verpassen und keine Chance zu vertun. Die Partei muß ihre eigene Auffassung haben, ihr eigenes Herantreten vorschlagen. Wenn wir zurückbleiben, bestraft uns das Leben sofort.« Der sichtlich konsternierte Honecker entgegnete: »Im Zusammenhang mit der Entwicklung des Lebens des Volkes: vorwärts immer, rückwärts nimmer.«

Benachteiligtes Leben

LOTHAR FRITZE

Die Massenausreise von DDR-Bürgern in den Westen ist Ausdruck der Tatsache, daß die Menschen im realen Sozialismus mehrheitlich das Gefühl haben, ein – gemessen an den Möglichkeiten der modernen, kapitalistisch geprägten industriellen Zivilisation – benachteiligtes Leben zu führen. Die bisherige SED-Führung hat daher in ihrer Agitation immer wieder versucht, die Auffassung zu lancieren, Menschen, die die soziale Sicherheit und Geborgenheit des DDR-Sozialismus und vielleicht einige andere Vorzüge aufgäben und sich und ihre Kinder den spezifischen Risiken der westlichen Gesellschaft aussetzten, wüßten gewissermaßen nicht, was sie täten. Dieses Argument, das weder seine propagandistische Wirkung völlig verfehlt hat noch gänzlich von der Hand zu weisen ist, dürfte sich allerdings in einer philosophischen Ethik, die über die anzustrebenden durchschnittlichen Lebensbedingungen eines guten Lebens reflektierte, nur schwer rechtfertigen lassen. Es wird auch widerlegt durch die einfache Tatsache der höheren Lebenserwartung in der Bundesrepublik. Der Bundesbürger lebt länger als der DDR-Bürger – und zwar trotz möglicher Arbeitslosigkeit und des damit verbundenen Stresses, trotz Ellenbogengesellschaft und sozialer Ungerechtigkeit, trotz der deutlich höheren Rate an Verkehrstoten sowie an Opfern von Kapitalverbrechen.

Wir weinen denen keine Träne nach

ERICH LOEST

Zeit war für die Tagesschau. Sofort wurden Bilder aus westdeutschen Lagern gezeigt: Flüchtlinge zwischen Doppelstockbetten, Sachsen sprudelten wild in die Kamera: Am Balaton seien sie im Urlaub gewesen, da hätten sie gehört, die Grenze stünde offen, alle hätten Tag und Nacht an den Radios gehangen. Nun die Freiheit! Tränen.

Schweinerei, urteilte Kläsert. Panik würde bewußt erzeugt, so wirkte Massensuggestion. Die würden sich noch putzen. Das Westfernsehen heizte an. Wie bei den Lemmingen!

Marianne Bacher saß ohne ein Wort. Peinlich wirkte es auf sie, wie sich da DDR-Bürger anschmierten. Fuhren mit ihren Autos nach Ungarn in den Urlaub, denen ging es doch nicht schlecht, nun schmissen sie alles weg, was ihnen der Staat geboten hatte. Alles war gesichert: Neubauwohnung und Arbeit und Studienplatz für die Kinder. Genossen darunter. Nun heulten sie vor Glück. Widerlich.

Würdelos, schimpfte Frau Kläsert. Hatte bei denen die sozialistische Erziehung gar nichts genutzt? In Prag drängelten sie sich im Botschaftsgarten. »Guck sie dir doch an, den mit seiner Bierwampe und die mit dem dicken Hintern, fehlte bloß noch, daß die behaupteten, sie hätten in der DDR hungern müssen!«

»Schon richtig«, erregte sich Kläsert, »was Honecker gesagt hat: Wir weinen denen keine Träne nach. Oder Krenz? Klare Verhältnisse. Wenn die nach den ersten Enttäuschungen wiederkommen, müssen sie sich bei Wohnraum und Arbeit hinten anstellen. Die Wohnungen von denen müssen sofort wieder belegt werden, wer nicht in einer Woche zurück ist, soll bleiben, wo der Pfeffer wächst, das sollte in der Aktuellen Kamera mal deutlich gesagt werden.«

Der letzte Countdown. Acht Kilometer, sechs Kilometer, da ist sie – die Grenze. Wenige Wagen stehen an, die Abfertigung geht zügig. Drei ungarische Grenzpolizisten strecken gleichzeitig die Hände durchs Wagenfenster, um die Pässe zu prüfen. Barbara und Heike werden blaß. Sie haben nur einen Ersatzausweis der ungarischen Fremdenpolizei. »Na, wenn das mal gut geht!« Einer der Beamten geht schweigend einen Schritt zurück, klappt die Ausweise auf, wiegt den Kopf. »Scheiße«, flüstert Heike. Stille im Wagen. Zwei Minuten später winkt einer der Grenzbeamten mit der Hand nach links. »Macht, daß ihr weg kommt.« Der Wagen rollt an, noch fünf Meter zum Schlagbaum, diesmal keine Kontrolle, ein kleines Stück weiter – und da ist Österreich. Die drei ehemaligen Bürger der Deutschen Demokratischen Republik sagen gar nichts – und das für eine Weile. Die Abfertigung verläuft jetzt reibungslos, die Polizisten tun so, als kontrollierten sie, doch falsche Papiere scheinen heute für niemanden Konsequenzen zu haben. Nichts geschieht, niemand wird zurückgeschickt, die Wagenkolonne rollt am geöffneten Schlagbaum vorbei. Ein Grenzer hält eine rote Nelke in der Hand. Nach der Grenze entspannte Gelassenheit bei den wenigsten, die Verkrampfung löst sich nur langsam.

Die Euphorie der Nacht weicht bei Tageslicht einem gewissen Realismus. Nun geben die meisten Gas. »Die warten ihr ganzes Leben, daß sie rauskommen, dann sind sie draußen, stecken sich eine Zigarette an und reden, als sei nichts gewesen«, kommentiert ein Beobachter das Bild. Einer läßt sich photographieren, einer fährt mit zum Siegeszeichen erhobenen Fingern durch die Sperre, auf dem Parkplatz knallt ein Sektkorken. Barbara, Heike und Lars fangen plötzlich an zu weinen.

DEMONSTRATIONEN
Wir sind das Volk

Demonstration von mehr als 70 000 Menschen in Leipzig am 9. Oktober 1989

Aufstand gegen die eigene Angst

Eckhard Jesse/Armin Mitter

War es eine »friedliche Revolution«, eine Implosion, eine Wende oder ein Zusammenbruch? Wie auch immer man diese Frage beantworten mag – denjenigen, die im Oktober 1989 in Leipzig, Dresden, Berlin und vielen anderen Städten auf die Straße gegangen sind, stand eine intakte und wohlgerüstete Staatsmacht gegenüber. Als am 9. Oktober die Menschen die Kirchen von Leipzig verließen, wußten sie sehr genau, daß die Sicherheitskräfte, die rund um das Stadtzentrum zusammengezogen worden waren, nicht nur mit Wasserwerfern und Hundestaffeln ausgerüstet waren, sondern auch mit Maschinenpistolen. Sie faßten einander an den Händen und zogen den Polizeiketten entgegen. Erst dann begannen die Absperrungen der Sicherheitskräfte zurückzuweichen. Niemand hat vorher gewußt, was geschehen würde. Es war zunächst ein Aufstand gegen die eigene Angst. Dieser Aufstand begann nicht erst im Oktober 1989, sondern vollzog sich im stillen spätestens seit dem November 1987. Es gab eine unsichtbare Linie, diese zu überschreiten erforderte einen Mut, den man im Rückblick nur schwer nachempfinden kann. Der eine überschritt diese Linie, indem er eine Protestresolution gegen das Massaker auf dem Platz des Himmlischen Friedens unterzeichnete, obwohl er damit rechnen mußte, daß die Listen von der Staatssicherheit kopiert würden. Der andere nahm an einem Diskussionsabend einer kirchlichen Basisgruppe teil, obwohl er ahnte, daß dort Stasi-Spitzel saßen. Der dritte begann in seinem Betrieb oder Institut gegen Mißstände aufzutreten, obwohl er damit seine berufliche Karriere gefährdete. Jeder einzelne, der diese Schattenlinie überschritt, brachte die Diktatur dem Zusammenbruch näher. Mit der Angst und der politischen Lethargie verschwand auch die Allmacht des totalitären Systems. Der plötzliche Zusammenbruch des SED-Regimes im Herbst 1989 bleibt schwer begreiflich, wenn man diese Voraussetzungen nicht bedenkt.

Kirche im Sozialismus

JOACHIM GAUCK

Rebelliert hatte ich in der DDR weder als Student noch als Pfarrer. Zum Märtyrer war ich nicht berufen. Ich hatte Glück, denn ich fand einen Beruf, der mich gleichzeitig ganz »hier« und doch deutlich »anders« leben ließ. In meiner Kirche waren mir früh Menschen begegnet, von denen ich dies lernen wollte.

Mit dem Begriff »Kirche im Sozialismus« verbinde ich, wie die meisten meiner Kollegen, durchaus Zwiespältiges. Wir haben diese Begrifflichkeit oftmals diskutiert, es ist im Grunde nie zu einer kirchenamtlichen Festlegung gekommen, was das denn nun sei; und man darf davon ausgehen, daß die Pfarrer, je enger sie sich an der Basis orientierten, desto kritischer den Implikationen im Sinne des Staates gegenüberstanden. […]

Damals wollte die Kirche ganz bei den Menschen stehen. Und deshalb haben auch kritische Pfarrer, zu denen ich mich immer zählte, einen Zugang zu der Formulierung »Kirche im Sozialismus« gefunden. Sie haben es als schlichte Ortsbeschreibung betrachtet und nicht als Parteinahme. […]

Pfarrer an der Basis, insbesondere Kirchenleitungen, mußten natürlich den Weg des Kompromisses suchen, und in den Synoden wurde oftmals heftig darum gerungen, ob die jeweiligen Kompromisse auch verantwortbar waren. Hier gabelte sich ein Weg: Es gab Leute, denen der Friede mit der Macht wichtiger war als die Authentizität des christlichen Zeugnisses. Die evangelische Kirche ist in ihrem Erscheinungsbild durchaus uneinheitlich gewesen; ich selbst hatte Anteil an einer kirchlichen Tradition, die sich der Parteinahme für den Sozialismus verschloß, die sich bestenfalls zu einer kritischen Solidarität durchrang, der die Nähe zu den normalen Menschen, also nicht zu den herrschenden, wichtiger war. Heute erfahren wir, daß kirchenleitendes Handeln oftmals wohl Grenzen überschritten hat. Einzelne Personen stellen heute Kontakte mit der Staatssicherheit als etwas Gebotenes dar;

in meinem Verständnis von Kirche und in dem meiner Landeskirche war diese Auffassung nicht enthalten.

Das Volk findet seine Stimme

HANS-JOACHIM MAAZ

Die Oppositionellen formierten eindeutig den demonstrierten Protest. Den Mut, auf die Straße zu gehen, hatten aber zuvor die Ausreisewilligen provoziert, die ja gerade den Eklat suchten, um ihre Entschlossenheit zu demonstrieren und so schnell wie möglich abgeschoben zu werden. Die Praxis der Schwäche, alles kritische Potential, das die Angst vor der Allgewalt der Stasi abgelegt hatte, auszubürgern, schlug dem System nun wieder ins Gesicht. Es schien möglich, den offenen Protest zu wagen. Da war etwas Rührendes dabei, wenn wir mit weißen Kerzen, stumm, zunächst nur standen, dann gingen, schließlich rhythmisch klatschend, die Unschlüssigen und Passiven aufriefen und anfeuerten: »Schließt euch an!« und »Wir sind das Volk!« Die Angst mußte schrittweise überwunden werden. Ich weiß noch, daß es kühl war, und doch stand mir der Angstschweiß auf der Stirn. Das öffentliche Bekenntnis, noch geduckt in den kleinen Haufen der verzagt Mutigen, dem Auge der Macht ungeschützt ausgeliefert, fiel schwer, und erst recht, wenn man vom anderen Teil des Volkes mitleidig und auch lüstern angestaunt und manchmal angepöbelt wurde. So konnte man hören: »Was soll der Quatsch, ihr ändert doch gar nichts, geht lieber ordentlich arbeiten!« Die körperliche Bewegung wurde wichtig, das aktivierende Klatschen und dann auch laute Skandieren ermöglichte emotionale Entladungen. Dies gehörte zu den schönsten und befreiendsten, auch schmerzlichsten Augenblicken meines Lebens. Die wachsende Würde, der aufrechte Gang, die klare Entschlossenheit und die Weisheit des Volkes, die auf Spruchbändern und durch Rufe – das Volk hatte endlich seine Stimme wiedergefunden – den Prozeß des Wandels begleitete und kommentierte, gehören zu den dankbarsten Erfahrungen, die ich mit diesem verfluchten System machen konnte.

Ritual der Selbstreinigung

Thomas Schmid

Ich habe in Leipzig mehrere Montagsdemonstrationen erlebt, die nach einem strengen, immergleichen Ritual abliefen. Ein Redner nach dem andern – und zwar unterschiedslos von SDP, dann SPD, Neuem Forum und später Allianz – begann seinen Beitrag mit einer wüsten Litanei gegen die SED, stets bemüht, den Vorredner in Radikalität und Raserei noch zu überbieten. Das ging so: Lumpen, Verbrecher, Räuberbande, Banditen, Gauner, Halunken usw. Und jede neue Injurie wurde von den Zuhörern mit Jauchzen und Johlen quittiert.

Es war dies ein doppelter, in beiden Teilen anti-aufklärerischer Vorgang: Auf der einen Seite wurde die SED als das schlechthin Andere dämonisiert, exterritorialisiert und mit allen Zutaten des Monströsen ausgestattet. Auf der andern ähnelte das Ganze auf verblüffende Weise einem Kasperletheater: hoher Wiedererkennungswert beim Auftauchen der Bösen, kindliche Freude der Zuschauergemeinde, die das Böse ja – weil nur auf der Bühne – gebannt weiß. Die grölenden Leipziger Massen verkindlichten und entmündigten sich selbst. Das Ganze hatte jedoch auch etwas von einem religiösen Akt, man spürte förmlich, wie die verantwortungslosen Redner einer willfährigen Masse die Absolution erteilten. Es war ein Ritual der Selbstreinigung. Alles Gespräch war verschwunden, der Souverän hatte sich selbst auf den Appellhof beordert, um seine Selbstfreisprechung zu inszenieren. Die Redner, die für das Linsengericht eines ephemeren Beifalls der autoritären Masse zu Willen waren, haben an diesem Totschlag des Diskurses mitgewirkt.

Die Straße füllte sich

BERND WAGNER

Egon, wir kommen! lautete der Schlachtruf und das, meine Brüder und Schwestern, bedeutete, aufgepaßt ihr Flaschen vom Politbüro und so weiter, wir kommen nach Mitte und jagen euch aus euren Bonzenquartieren! Überall in den Nebenstraßen sammelten sich Trupps, aus den Kneipen, aus den Hinterhöfen strömten sie, aus Pankow und aus der Weißenseer Klapsmühle Kutte Wanski mit Handwagen und Mundharmonika, in vollem Ordensschmuck an der Spitze der angeblich Verrückten, die alle brüllten *Egon, wir kommen!* ... Am lebendigsten ist eine Gesellschaft, wenn sie stirbt. Da zucken ihre Gliederchen, die Augen lodern, und jeder fängt zum Beweis, daß er noch am Leben ist, wie wild an zu schreien. Bei mir äußerte sich das besonders darin, daß meine Beine ununterbrochen hin- und herrennen wollten. Wie ein junges Reh bin ich gesprungen, völlig schmerzfrei und ohne Gewicht. Könnt ihr euch das herrliche Gefühl vorstellen, das einen als Teil einer Bevölkerung ergreift, die ihre Straßen in Besitz nimmt? Der Besitz der Straße ist nämlich der einzige der zählt. Bis vor kurzem war ich nur einquartiert hier und schlich die Hauswände lang, nun aber marschierten wir mitten auf dem Damm, ja ich marschierte, obwohl ich das haßte und mich stets geweigert hatte, bei den Maiumzügen mitzutraben. Wollen Sie etwa, sagte ich zu meinem Chef, der ein besonders blödes Chefexemplar war, wollen Sie etwa, daß alle denken, ich parodiere Rosa Luxemburg, wenn ich da langhinke? ... Also von Hinken war nicht mehr die Rede, als wir die Stargarder vor auf die Schönhauser Allee zogen.

Seht ihr die Straße dort, wo unten die Autos und oben die Hochbahnen langrauschen? Das ist sie, die Schönhauser, der große Broadway unserer kleinen Welt. Obwohl sie revolutionsgeschichtlich ausgesprochen bedeutsam ist, werden wir lieber Nebenstraßen benutzen, weil wir sonst von einer Baugrube in die nächste stürzen würden. Erdarbeiten, Brüder und Schwestern,

Erdarbeiten wegen maroder Wasser- und Gasleitungen und was sich sonst noch unter unseren Füßen windet. Sollen sie buddeln noch und nöcher, für uns wird die Schönhauser die Allee Neunzehnhundertneunundachtzig bleiben, in dessen Oktober sich der erste freie Demonstrationszug seit mehr als fünfzig Jahren hier entlangwälzte, wobei ich schon den der Kommunisten mitrechne, obwohl die viel weniger waren als wir ... Zu beiden Seiten der Hochbahn bewegten wir uns vorwärts, Erwin und seine Leute unter den Stahlbögen, an die sie mit Schlüsseln und Flaschenöffnern den Takt zu *Egon, wir kommen!* hämmerten. Inzwischen gab es noch andere Slogans. Regelrechte Reimwellen schüttelten die Menge. Wißt ihr, was gerufen wurde, als über uns die Fenster aufgingen und sich mehr Köpfe zeigten als bei der Friedensfahrt oder einem Staatsbesuch? ... *Bürger, laß das Fernsehn sein, komm heraus und reih dich ein* ... Deutlich hörte ich das sonore Organ meines Freundes Spaghetti, eines fanatischen Antifernsehers, den ich sogar in Verdacht hatte, diesen Vers verbrochen zu haben. Heute weiß ich, daß das schon eure Achtundsechziger brüllten. Nichts passiert zum erstenmal auf dieser Erde. Aber gewirkt hat der Spruch! Die Straße füllte und die Fenster leerten sich und dann ... dann bot sich mir der kurioseste Anblick des Tages. An die leeren Fenster kamen die Alten und Gebrechlichen und hielten zum Beweis, daß sie nicht mitkonnten, ihre Krückstöcke heraus und schwenkten sie. Das war ein Bild! Statt Bettlaken oder schwarzrotgoldnen oder roten Fahnen hingen im Prenzlauer Berg nun Krücken aus den Fenstern.

Parolen

Wir brauchen die SED so dringend wie der
Fisch ein Fahrrad

Vorschlag für den 1. Mai:
Die Führung zieht am Volk vorbei

Wir wollen nicht andere Herren,
wir wollen gar keine

Die Wahrheit geht auf die Straße,
die SED hinkt hinterher

Stasi in die Produktion,
nur für Arbeit gibt es Lohn

Rücktritt ist Fortschritt

Pässe für alle – Laufpaß für die SED

Die friedliche Revolution

GERHART MAIER

»Wir sind das Volk«, mit diesen vier einfachen und großen Worten wurde ein ganzes System erschüttert und zu Fall gebracht. In
ihnen verkörpert sich der Wille der Menschen, das Gemeinwesen,
die Res publica, selbst in die Hand zu nehmen. So wurde die friedliche Revolution in Deutschland wahrhaft republikanisch. Daß sie
nach beinahe sechzig Jahren bitterer Unterdrückung erfolgte,
machte sie nur um so erstaunlicher und glaubwürdiger. Demo-

kraten hatten sich zusammengefunden mit dem Ziel der Freiheit und der Solidarität, beides in einem ein Auftrag für uns alle.

Hans Becker/Sophinette Becker

Die Opposition einzelner Gruppen in der früheren DDR seit vielen Jahren ist unbestritten. Die Rede jedoch von der erfolgreichen friedlichen Revolution der DDR-Bürger im Herbst 1989 stellt eine Geschichtsverfälschung dar. Es ist unzweifelhaft, daß die Veränderungen in der Sowjetunion erst einen friedlichen Wandel und eine massenhafte Erhebung in den Ostblockstaaten und damit auch in der ehemaligen DDR ermöglichten. Nur die eindeutige Erklärung der Sowjetunion, nicht militärisch zu intervenieren (ganz im Gegensatz zu den USA in den lateinamerikanischen Staaten), ermöglichte die Demokratisierung.

Damit ist nicht gemeint, daß eine Revolution nur dann eine »echte« Revolution genannt werden kann, wenn die Revoltierenden erhebliche Selbstgefährdung in Kauf nehmen; aber auch wenn man – ohne die legitime Forderung nach Utopien – von einem ganz pragmatischen Verständnis von Revolution ausgeht als dem Zusammentreffen davon, daß die oben nicht mehr können und die unten nicht mehr wollen, trifft dies viel eher für andere Länder des Warschauer Paktes als für die Ex-DDR zu: Erst die Öffnung der Grenzen (besonders durch Ungarn und die Tschechoslowakei) mobilisierte in erheblicher Zahl das Nicht-mehr-Wollen der »unten« durch massenhafte Flucht in den Westen, die dann das definitive Nicht-mehr-Können der »oben« auslöste.

Die Legende von der ersten, friedlichen, deutschen Revolution, die bezeichnenderweise zunächst bei uns entstand und dann erst von der damaligen DDR übernommen wurde und sogar Eingang in den ersten »Staatsvertrag« fand, erfüllt mehrere Abwehrfunktionen zugleich: In der früheren DDR ist sie vor allem als Folge der Verdrängung der Scham über die eigene Anpassung zu verstehen, was sich in der gleichzeitigen Feindseligkeit gegenüber jenen zeigt, die wirklich revoltiert haben. Weil jene immer an das eigene

Nicht-Aufbegehren erinnern, müssen sie vergessen gemacht oder beschimpft werden. Der historische Kontext der »Revolution«, insbesondere die Nicht-Einmischung der Sowjetunion, wird ausgeblendet. Sollte ausgerechnet der Untergang des real existierenden Sozialismus von Kommunisten bewirkt worden sein (für die DDR quasi eine zweite Befreiung durch die Rote Armee)? Der Antikommunismus hat weiter der alten Schuldabwehr zu dienen.

STURZ HONECKERS
Ein Ende in Chile

Patrick Chapatte: Karikatur in ›L'Hebdo‹, Februar 1993

Abgang

FRANK-WOLF MATTHIES

zwölf hände reichen
nicht mehr aus zu zählen
den abgang in den eignen
reihn. die republik läuft aus
wie rostige spritkanister
: bald bin ich hier
mit honecker
allein

CORDT SCHNIBBEN

Am 17. Oktober 1989 kommt Erich Honecker* wie immer als letzter in den Saal des Politbüros. Er geht reihum, begrüßt jeden Genossen, der sich dabei vom Stuhl erhebt, mit Handschlag, nimmt hinter seinem sechs Meter breiten Tisch Platz und will mit dem Monolog beginnen. Stoph** meldet sich.

»Ich stelle den Antrag, den Genossen Honecker von seiner Funktion als Generalsekretär zu entbinden«, sagt er mit Nußknackermiene, »und auch die Genossen Mittag und Herrmann von ihren Funktionen zu entbinden.«*** Schweigen. Keiner meldet sich. Honecker tut so, als habe er nichts gehört, will zum ersten Punkt der Tagesordnung übergehen. Nein, protestie-

---

* 1912–1994. In Nachfolge von Walter Ulbricht 1971 1. Sekretär des Zentralkomitees der SED, seit 1976 Generalsekretär und Staatsratsvorsitzender der DDR.
** Willi Stoph, geb. 1914. Seit 1976 Vorsitzender des Ministerrats der DDR.
*** Günter Mittag, 1926–1994. Leiter der 1976 gebildeten Wirtschaftskommission des ZK und Mitglied des Nationalen Verteidigungsrates. Frank-Joachim Hermann, geb. 1931. Seit 1968 Persönlicher Mitarbeiter des Generalsekretärs des ZK der SED und ab 1980 Staatssekretär und Leiter der Kanzlei des Vorsitzenden des Staatsrats.

ren Stoph und andere, darüber müsse man jetzt reden. Stoph beginnt.

Alle reden dann, bis auf Honecker, und alle sagen ihm die Wahrheit ins Gesicht, die einen emphatisch, die anderen stotternd. Selbst sein Jagdfreund Mittag und sein Sprachrohr Herrmann senken den Daumen; Honecker sei untragbar, sagt Mittag, und erntet Hohngelächter und Empörung: »Und zu dir sagst du nichts?«

Die artige Klassenatmosphäre bricht auseinander, »das war überhaupt keine Politbürositzung mehr, da kamen dauernd Zwischenrufe« (Schabowski).**** Honecker versucht die Form zu wahren, läßt sich das Recht nicht nehmen, den nächsten Redner mit einer kurzen Handbewegung zu ermächtigen, obwohl jeder, den er drannimmt, seine Ohnmacht vergrößert, selbst die, die er anderen vorzieht, damit sie endlich für ihn Partei ergreifen. [...]

Mielke hat die interne 0/228 in der Tasche, in der die Stimmung im Land so eingeschätzt wird, daß mit Streiks der Arbeiter gerechnet werden muß, wenn nicht kurzfristig Reformen eingeleitet würden und den Forderungen nach einer Kaderverjüngung nachgegeben werde.

Der Verurteilte findet keinen Satz der Verteidigung, versteinert sitzt er da, unbeteiligt wie eine Lenin-Büste. Im Vorraum lauern vier Abteilungsleiter des ZK, »man weiß ja nie, was bei einem Sturz so alles passiert«, aber Honecker läßt sich widerstandslos entmachten. Der Mann, der über 18 Jahre lang die DDR kommandiert hat, geht klanglos. Das Politbüro läuft auseinander, die Genossen verziehen sich in ihre Zimmer.

Schabowski: »Da war keine Euphorie. Alle waren bemüht, es so wie üblich aussehen zu lassen. Das war eine Quälerei, das Ganze. Wir haben das ja als eine Unlauterkeit empfunden. Ich kam mir vor wie ein kaltblütiger Kerl, der skrupellos den Mann, von dem er bis dahin sein Geld kriegt, über den Jordan schickt.«

**** Günter Schabowski, geb. 1929. Seit 1985 1. Sekretär der SED-Bezirksleitung Berlin; seit 1986 Sekretär des ZK der SED.

Der Prozeß

Gegen Erich Honecker wurde am 8.9.1989 von der DDR-Staats-
anwaltschaft Anklage wegen »Hochverrats in Tateinheit mit Amts-
mißbrauch, schwerer Untreue und Korruption« erhoben, dann
aber wegen einer Krebsoperation Haftunfähigkeit verfügt; doch
konnte für den abgehalfterten Staatschef keine angemessene Un-
terkunft gefunden werden. Nach einem Aufenthalt im Mili-
tärkrankenhaus der Roten Armee in Beelitz bei Potsdam – die
Auslieferung an die deutschen Behörden aufgrund eines neuen
Haftbefehls wegen »gemeinschaftlichen Totschlags in mehreren
Fällen« wurde verweigert – ging er mit seiner Frau Margot, die als
Ministerin für Volksbildung (1963 bis 1989) durch besonderen
ideologischen Dogmatismus hervorgetreten war, nach Moskau.
Im Juli 1991 wurde er nach Berlin zurückgebracht, in Untersu-
chungshaft genommen und vor der 27. Großen Strafkammer des
Berliner Landgerichts angeklagt.

IRENE DISCHE

Die Bundesregierung unter Helmut Kohl, der fünf Jahre zuvor
den roten Teppich für Honecker ausgerollt hatte, ließ Ende 1990
gegen das abgesetzte Staatsoberhaupt wg. Totschlags an der Mauer in 13 Fällen Anklage erheben. Doch zum Bedauern jener, die
ihm eine Strafe wünschten, und auch zu seinem eigenen Leidwe-
sen stellte sich heraus, daß er todkrank war. Wie immer das Urteil
aussehen mochte – Honecker würde ihm entkommen. Tief verär-
gert reagierten Staatsanwaltschaft und andere, unparteiische Ge-
richtsmitglieder, unter ihnen der Vorsitzende, auf die Krankheit;
der Tumor schien sich rücksichtslos der Rechtsprechung in den
Weg zu legen. Ganz offensichtlich würde der Prozeß zu Honeckers
Lebzeiten nicht beendet werden. Also galt es im Dezember 1992
zu entscheiden, ob man ungeachtet älterer prozessualer Gepflo-
genheiten das Verfahren so lange fortsetzen sollte, wie der Ange-

klagte durchhielt, oder nicht. Kurzum, der Prozeß entpuppte sich als eine fortgesetzte Diskussion über die Krankheit Honeckers. Sein Gesundheitszustand verwandelte sich in ein Objekt penibler Überwachung und größten Interesses, ganz als wäre der Patient noch an der Macht. [...]

Honecker selbst strahlt noch eine strenge Intensität aus. Groß ist er nicht, doch sitzt er gerade, ein Symbol deutscher Unbeugsamkeit. Seine Hände sind knochig. Krankheit zeichnet sein Gesicht, oder vielleicht ist es nur Nervosität; auf seiner Haut steht kalter Schweiß, die Wangen sind eingefallen, die Knochen stehen hervor. Er trägt eine große Brille mit dunklem Rand, sie deckt ein Drittel seines Gesichts ab. Sein Mund öffnet und schließt sich mit der Unabänderlichkeit einer Amtstür, die fest in den Angeln seines inneren Gesetzes hängt, an das er sich ein Leben lang gehalten hat. Sein Benehmen ist ruhig. Für die Prozeßbesucher ist er nicht einfach zu erfassen: Sie sehen einen Schurken. Sie sollten genauer hinschauen, doch das können sie nicht. Vielleicht sähen sie einen Jungkommunisten in der Verkleidung eines alten Muffels. Vielleicht erkennen sie sogar die Reste eines Helden, Ruinen von Heroismus.

Erich Honecker, von Beruf Dachdecker und überzeugtes Mitglied der Kommunistischen Partei, war in den dreißiger und vierziger Jahren ein unerbittlicher Gegner des Dritten Reichs. Damit war er Mitglied einer auserlesenen Gesellschaft. Er zählte zu einer Gruppe organisierter Feinde des Nazi-Regimes, die entweder aus dem Land flohen, um eine Rückkehr aus der Fremde vorzubereiten, oder die blieben, weil sie verhaftet worden waren. Honecker blieb. Zu den eher beschämenden Aspekten des Prozesses zählt die Tatsache, daß er damals zwei Jahre, von 1935 bis 1937, in demselben Gericht in Moabit eingesessen hatte, bevor er ins Brandenburger Gefängnis kam, wo er 1945 befreit wurde. Damals, nach Kriegsende, kehrten seine Freunde, fast alle unter 40, aus dem Exil zurück, um ihre Republik in Besitz zu nehmen. Die Köpfe waren voller Visionen vom Arbeiterparadies. Es muß eine aufregende Zeit utopischer Hoffnungen gewesen sein, vergleichbar vielleicht mit dem Moment, als Václav Havel in Prag an die Macht kam.

Honeckers Begeisterung für »die Arbeiterklasse« und den Kommunismus ist immer noch ungebrochen, gleichsam jungenhaft. An einem der ersten Morgen seiner neuerlichen Gefangenschaft in Moabit hörte er vertraute Schritte im Hof, und als er aus dem Zellenfenster schaute, sah er seinen Genossen Erich Mielke, der im Hof seine Runden zog. »Erich! Rotfront!« rief er durch die Stäbe. Alter und jahrelange Herrschaft haben Honeckers Ideale nicht berührt. An materiellen Dingen war er nie interessiert. Besucher empfängt er im Schlafanzug. Zu seinem 80. Geburtstag wurde ihm ein Geschenk erlaubt, und er erbat sich eine Schachtel »Mon Chérie«. Wegen der Alkoholfüllung durfte er die Pralinen aber nicht essen, also verlangte er ein Buch. Er ist kein Nörgler. Als er zum erstenmal vor Gericht erschien, sagte einer seiner Verteidiger, als er ihm die Hand gab: »Oh, wie heiß«, und Honecker meinte: »Es geht mir gut.«

UWE WESEL

Am 12. Januar 1993 hat das Berliner Landesverfassungsgericht einer erstaunten Öffentlichkeit kundgetan, daß es ein Berliner Verfassungsgericht gibt, indem es auf eine Verfassungsbeschwerde Honeckers einige Beschlüsse des Berliner Landgerichts und des Kammergerichts aufhob und das Landgericht anwies, das Verfahren gegen ihn einzustellen, weil es gegen die Würde des Menschen verstößt, einen Prozeß gegen einen sterbenden Angeklagten zu führen, wenn man mit Sicherheit davon ausgehen muß, daß er das Urteil nicht mehr erleben wird. Das Landgericht ist dieser Weisung gefolgt, am 13. Januar 1993 hat der Staatsratsvorsitzende das Untersuchungsgefängnis in Moabit verlassen, ist zu seiner »geliebten Frau und tapferen Genossin« ins Exil nach Chile geflogen und hat nun nur noch das Urteil der Geschichte zu fürchten, nicht mehr das der 27. Strafkammer.

MAUERFALL
Triumph der Demokratie

Auf der Mauerkrone am Brandenburger Tor, 10. November 1989

Haben wir Ostern?

ALBRECHT HINZE/CATHRIN KAHLWEIT/WILHELM SCHMID

Berlin, 10. November 1989 – Eine Nacht, wie es so schnell keine mehr geben wird. Wann wäre der Streitwagen mit der Siegesgöttin auf dem Brandenburger Tor je derart im Licht gestanden? Die Scheinwerfer der Welt sind auf den Platz gerichtet, zu dem in dieser Nacht Tausende strömen. Es sind bewegende Stunden. Die Menschen überschwemmen einen Ort, an dem die Mauer am symbolträchtigsten ist, wo sie 28 Jahre lang jene versteinerte Absage an die Menschlichkeit dargestellt hat, von der Bundespräsident Richard von Weizsäcker einmal sprach. Und jetzt ist sie mit einem Male kein Hindernis mehr. Menschen haben sie erklettert, haben sich hinaufhieven lassen, balancieren auf ihr, fallen sich in die Arme, schwenken Sektflaschen. Ein Kordon von Uniformierten hat eine Weile auf der östlichen Seite versucht, mit Wasserwerfern die Menschen von der Mauer wegzuspritzen, als ob es gälte, das scheußliche Bauwerk zu säubern. Aber es sind zu viele, welche die Mauer stürmen, welche nachdrängen. Plötzlich tropfen von der Mauer die Menschen. Sie fallen vom Westen in den Osten und vom Osten in den Westen. Die Ostberliner Grenzwächter geben es auf, sich ihnen in den Weg zu stellen. »Das«, sagt einer, »glaubt einem ja kein Schwein.«

Die Nacht zum 10. November 1989 wird in die deutsche Geschichte als jene Nacht eingehen, in der die Grenzen zwischen den politischen Systemen aufgehoben sind. Keiner weiß, was nach dieser Nacht sein wird. Jeder lebt für den Augenblick. Wann und wie hatte es begonnen? Es war 18:55 Uhr am Donnerstag, als im Internationalen Pressezentrum in Ostberlin das Politbüromitglied Günter Schabowski am Ende einer langweilig verlaufenen Pressekonferenz auf die Frage eines Journalisten nach den künftigen Reisemodalitäten für DDR-Bürger einen Zettel aus seinen Taschen kramte. In gestelztem Bürokratendeutsch begann Schabowski eine Sensation vorzulesen, deren Tragweite zunächst nicht von allen begriffen wurde: »Privatreisen nach dem Ausland können ohne Vorliegen von Voraussetzungen, Reiseanlässen und Verwandtschaftsverhältnissen beantragt werden … VP-Kreisämter in der DDR sind angewiesen, Visa zur ständigen Ausreise unverzüglich zu erteilen … ständige Ausreisen können über alle Grenzübergangsstellen der DDR zur BRD erfolgen.« Ein Reporter hakte nach: Gelte das auch für Berlin-West? Schabowski: »Ja, alle Grenzübergangsstellen der DDR zur BRD, beziehungsweise zu Berlin-West.«

Die knappe Antwort löste eine Flut von Fragen aus, für die es auf der Pressekonferenz keine Antwort gab: Benötigte man für die Ausreise einen Reisepaß oder reichte ein Personalausweis? Welches sollten die Ausnahmefälle sein? Durfte man wieder zurückkehren? Es waren solche Unklarheiten, welche das Begreifen verzögerten. Ein, zwei Stunden an diesem regnerischen, dunklen Novemberabend vergingen, bis der Massenaufbruch in Richtung Westen einsetzte. In eigenartiger Stille füllten sich Straßenbahnen, Stadtzüge und Untergrundbahnen. In einer Art Sternfahrt brachen Kolonnen von Trabbis in Richtung Sektorenübergänge auf. Bald stauten sich die Autos kilometerweit. Kurz vor Mitternacht gingen dann die Schlagbäume hoch, die Gittertüren schwangen auf, die Grenzposten traten wort- und ratlos zurück: Die Schleusen für die Flut in den Westen waren geöffnet.

FRIEDRICH DIECKMANN

Sonnabend nachmittag fünfzehn Uhr; der Nachbar, der gerade die defekte Hofmauer ausbessert (»Paßt das in die Zeit?« frage ich ihn aus dem Fenster), hat seine tschechischen Gäste in die nahe Puschkinallee geschickt; an deren Ende habe man eine Bresche in die Mauer geschlagen. Da hält es mich nicht im Hause, ich gehe los, durch die große Platanenallee mit den alten, abblätternden Villen; viele ziehen in die gleiche Richtung; man läuft schnell, als fürchte man, zu spät zu kommen. Kleine Schlangenbildung an einer Art Schalter; bekommt man hier das Visum, einfach in den

Personalausweis? Ich habe nur den, nicht den Reisepaß mit und will mich anstellen, ein Offizier winkt: Sie kommen auch so durch! Vorsichtshalber frage ich noch einen Grauuniformierten (das ist der Zoll, wird mir unversehens klar) – ja, man kann einfach durchgehen, zunächst bis zu einem Soldaten im Overall; der mag von den Grenztruppen sein. Der Andrang ist lebhaft, ohne daß sich Stauungen bilden; der Mann im Overall sieht aufs Paßfoto, dann drückt ein anderer den Datumsstempel auf eine der freien Seiten des visumlosen Ausweises. Nun weiß man doch, warum der so viele leere Seiten hat, denke ich und sage: Sie haben aber heute eine schöne Arbeit!

Die Bresche ist groß, die eine unsichtbare Macht über Nacht geschlagen hat, man geht, flanierend gewissermaßen, durch die Sperrzone, den Sandstreifen, dann: die Mauer, mit dem Rundbalken obenauf; das ist ein sehr merkwürdiges Gefühl. Offenbar bin ich einer der ersten, denn auf der andern, der Kreuzberger Seite stehen West-Berliner Spalier; es ist wie bei einem Staatsbesuch: die Einheimischen spenden zweireihig Applaus. Einen Moment bin ich, nach östlicher Protokollsitte, versucht zurückzuklatschen, aber das ist kein Augenblick für humoristische Repliken; ich schreite gefaßt, bewegt durch die Empfangsreihen. Blick zurück: ein bunter Zug quillt hastlos aus der Betonbresche. »Aus dem hohlen finstern Tor« – haben wir Ostern?

Das glücklichste Volk der Welt

Man sitzt davor und heult. Warum soll ich mich genieren?

DIETER DORN

Es bewegt mich sehr, allerdings zwiespältig. Ich möchte Fontane zitieren: »Die Freiheit, wie alles im Leben, kocht auch nur mit Wasser.«

THOMAS LANGHOFF

Es ist ein gewaltiger Triumph der Demokratie. Man kann nur hoffen, daß es so bleibt.

BRUNO KREISKY

Ich habe fünfundzwanzig Jahre gesungen und gesprochen, als die meisten in der DDR schwiegen oder schweigen mußten. Für heute kann endlich mal ich schweigen. Ich muß weinen vor Freude, daß es so schnell und einfach ging. Und ich muß weinen vor Zorn, daß es so elend lange dauerte. In vier Tagen soll ich in Ost-Berlin auftreten. Meine Phantasie reicht nicht aus, mir das vorzustellen.

WOLF BIERMANN

Unsere ganze Stadt und alle ihre Bürgerinnen und Bürger werden diesen 9. November 1989 nie mehr vergessen. Das war der Moment, auf den wir solange gewartet haben. 28 Jahre lang, seit dem Bau der Mauer am 13. August 1961, haben wir diesen Tag herbeigesehnt und herbeigehofft. Wir Deutschen sind jetzt das glücklichste Volk auf der Welt!

WALTER MOMPER

Ernüchterung

PATRICK SÜSKIND

Ich weiß nicht, war es vor oder nach Mitternacht, also noch der 9. oder schon der 10. November – jedenfalls schaltete ich das Radio an, diesmal den Deutschlandfunk, gerate in eine Direktreportage aus Berlin, wo unterdessen eine Art Karnevalsstimmung ausgebrochen zu sein scheint, und höre ein Interview mit dem Regierenden Bürgermeister Walter Momper, dessen Einlassungen in dem Satz gipfeln: »Heute nacht ist das deutsche Volk das glück-lichste Volk auf der Welt!«

Ich war wie vom Schlag getroffen. Ich glaubte mich verhört zu haben. Ich mußte den Satz laut nachsprechen, um ihn zu begreifen: »Heute nacht ist das deutsche Volk das glücklichste Volk auf der Welt!« – und begriff ihn trotzdem nicht. Hatte der Mann nicht mehr alle Tassen im Schrank? War er betrunken? War ich's? Was meinte er mit »das deutsche Volk«? Die Bürger der Bundesrepublik oder die der DDR? Die West- oder die Ost-Berliner? Alle zusammen? Womöglich sogar uns Bayern? Am Ende gar mich selbst? Und wieso glücklich? Seit wann kann ein Volk – gesetzt es gäbe überhaupt so etwas wie *das* deutsche Volk – *glücklich* sein? Bin etwa ich glücklich? Und weshalb befindet Walter Momper darüber? Und ich erinnere mich eines Wortes von Gustav Heinemann, dem sprödesten, un-spektakulärsten und deshalb vielleicht typischsten Präsidenten der Bundesrepublik, der auf die Frage eines Journalisten, ob er Deutsch-land liebe, trocken geantwortet hat: »Ich liebe meine Frau.« […]

Kaum erholt von diesem Schock, entnehme ich ein paar Tage später der Zeitung, daß Willy Brandt, das Idol meiner Jugend, So-zialdemokrat wie Momper, die Parole ausgegeben hat: »Jetzt wächst zusammen, was zusammengehört«, womit er, ein Zweifel war nicht möglich, die DDR und die Bundesrepublik gemeint ha-ben mußte, inklusive ganz Berlin.

Senilität denke ich. Ein klarer Fall von Alzheimer oder einer sonstigen altersbedingten Störung des Denk- und Urteilsvermö-gens. Denn was gehört denn da zusammen, bitte sehr? Gar nichts! Im Gegenteil. Nichts Unzusammenhängenderes läßt sich denken als DDR und BRD! Verschiedene Gesellschaften, verschiedene Regierungen, verschiedene Wirtschaftssysteme, verschiedene Er-ziehungssysteme, verschiedener Lebensstandard, verschiedene Blockzugehörigkeit, verschiedene Geschichte, verschiedene Pro-millegrenze – gar nichts wächst da zusammen, weil gar nichts zu-sammengehört. Schade um Willy Brandt, der sich doch wahrlich in Ehren aufs Altenteil zurückziehen könnte! Warum muß er sich exponieren und solchen Unsinn verzapfen und damit seinen gut-en Ruf aufs Spiel setzen?

Maueröffnung – ganz anders

THOMAS BRUSSIG

Brachte eigentlich Klaus Uhltzscht die Berliner Mauer zum Einsturz? Als Sohn eines Stasi-Spitzels und einer Hygieneinspektorin, mit dem unerfüllten Traum, ein Stasi-Topagent zu werden, verfügt er über einen so beeindruckenden Penis, daß er damit Weltgeschichte zu machen vermag; er packt aus und erzählt von seinem ruhmreichen Leben.

Die Volksmassen waren, was ich nicht wußte, durch eine undurchsichtige Formulierung auf der Pressekonferenz von Günter Schabowski aufgescheucht: Wer ausreisen will, wollte Schabowski sagen, muß nicht mehr den Umweg über die tschechisch-westdeutsche Grenze nehmen, sondern könne gleich über die deutsch-deutsche Grenze ausreisen – doch wie es sich für einen Parteifunktionär gehört, drückte er diesen einfachen Sachverhalt so umständlich aus, daß es alles mögliche heißen konnte, worauf Minuten später im Bundestag aufgeregt die Sitzung unterbrochen wurde, »Wie wir soeben erfahren haben …«, sich ein Häuflein Parlamentarier erhob, spontan das Deutschlandlied anstimmte und die Grenze für geöffnet hielt. So sah es auch die *Tagesschau*, worauf sich Zehntausende Berliner auf die Beine machten, um an den Grenzübergängen enttäuscht festzustellen, daß sie sich falschen Hoffnungen hingaben. Aber, wie die Zeiten damals waren – alles schien möglich, und so blieben sie stehen, warteten und riefen *Wir sind das Volk!* Und so trafen wir uns: Sie wollten *einfach so* in den Westen, und ich war mit meinem großen Schwanz unterwegs zur Wurstfrau.

Es war ein Bild des Jammers. Da standen die Tausenden ein paar Dutzend Grenzsoldaten gegenüber und trauten sich nicht. Sie riefen *Wir sind das Volk!*, den wichtigsten Ruf der letzten Wochen – und irgendwie traf das ins Schwarze. So artig und gehemmt wie sie dastanden, wie sie von einem Bein aufs andere traten und darauf hofften, sie dürften mal – kein Zweifel, sie waren wirklich das Volk. So kannte ich sie, so brav und häschenhaft und auf Verlierer programmiert, und irgendwie hatte ich Mitleid mit ihnen, denn ich war einer von ihnen. Ich *war* einer von ihnen. Ein Volk, das sich von einer LKW-Pritsche herab die Befreiung der Sprache als revolutionäre Errungenschaft preisen läßt, ein Volk, das mit dem Hinweis aufgemuntert wird, daß es mit behördlicher Genehmigung protestiert, ein Volk, das ratlos vor ein paar Grenzsoldaten stehenbleibt, ein solches Volk hat einen zu kleinen Pimmel – in diesen Dingen kenne ich mich aus. Wenn es Panzer wären, von denen sie sich schrecken ließen! Nein, es waren zehn, zwölf Grenzsoldaten, die bleich und schlotternd ihre Pflicht taten, indem sie sich gegen das Tor stemmten und ansonsten die Schreihälse und Aufwiegler der vordersten Reihe unter beleidigten »Keine Gewalt!«-Rufen des wartenden Publikums herausgriffen und abführten. Ein seltsames Ritual. Was fehlte, war der Ausbruch des gerechten Volkszorns. [...]

Aber ehe dieses Publikum, was zu befürchten war, auch heute wieder nach Hause gehen und noch in fünfzig Jahren mit romantisch verklärten Augen ihren Enkeln erzählen würde, daß sie damals, am 9. November 1989, beinahe im Westen gewesen wären, »sogar die Grenzer hatten weiche Knie, so viele waren wir«, ehe es dazu kommt, wollte *ich* mich kümmern, ich, der Erlöser mit dem großen Schwanz, und als das Tor wieder einen Spalt geöffnet war, sah ich den Grenzern fest in die Augen, und als sie sich gegen das Tor stemmten, um das symbolisch schiebende Volk zurückzudrängen, schrie ich so laut ich konnte: »Na los! Ihr müßt mehr drücken, verdammt noch mal! Volle Pulle! Ihr schafft es! Ich weiß, ihr könnt es schaffen!«

Das Volk hörte den Ruf »Ihr schafft es!«. Und es dachte, wenn *einer von uns* in der ersten Reihe, Auge in Auge mit den Grenzern, todesmutig einen Schlachtruf riskiert, dann sollten wir demjenigen unsere Unterstützung nicht versagen. Was ruft der – *Volle Pulle schieben?* Warum eigentlich nicht? Aber sie schoben trotzdem nur symbolisch, so daß die Grenzer das Tor mehr und mehr schließen konnten, obwohl sie – und hier werde ich Ihnen ein weiteres streng gehütetes deutsches Geheimnis aus jener Nacht anvertrauen –, obwohl sie das Tor gar nicht mehr schließen wollten. Als ich das Volk aufrief, und, um mich abzusichern, die Grenzer dabei in aller Unschuld anschaute, als ob ich sie meinte, winkte der Befehlshaber der Torwache nur resigniert ab. Er erwartete ein Anschwellen des Drucks und verzichtete auf ein letztes Aufbäumen. Niemand wollte die Mauer in diesem Moment noch haben. Sogar die Grenzer waren es leid, sie zu bewachen. Auch sie waren froh, daß endlich einer kam, der das Ding wegputzen wollte.

Schließlich griff noch ein Typ Mensch ins Geschehen ein, der sich in Momenten wie diesen immer findet: Der besonnene Rebell, der mit den Worten »Ich möchte mal den Verantwortlichen sprechen!« auf den Plan trat. Er war ungefähr dreißig und wirkte moderationserprobt, geschult in zahllosen basisdemokratischen Diskussionen. Auch er wurde aufgespürt, allerdings lange vor mir; sein Name ist Aram Radomski. »Es muß doch einen Verantwortlichen geben!« rief er. Und, ans Volk gewandt: »Das kann doch nicht sein, daß es keinen Verantwortlichen gibt!« Das Volk war gespannt, wie das mit dem Verantwortlichen wohl weitergehen würde, und wartete. Schließlich fand sich einer, der als der Verantwortliche gelten wollte. »Sind Sie der Verantwortliche?« fragte Radomski. Und als er anfing, den Verantwortlichen davon zu überzeugen, daß der jetzt das Tor aufmachen müsse, hatte ich eine Idee, eine Art Eingebung ... Vielleicht waren auch diese Grenzer Söhne von Müttern, die mit *Hastewiederdranrumgespielt* in Schach gehalten wurden – wie soll ich sagen, es war eben eine *Eingebung*. Ich öffnete langsam den Mantel, dann den Gürtel und schließlich die Hosen und sah den Grenzern fest in die Augen. Seitdem ich »Ihr schafft es! Na los! Volle Pulle schieben!« gerufen hatte, wurde ich mit besonderer Aufmerksamkeit behandelt; um genau zu sein, sie ließen mich nicht aus dem Auge. Um so besser. Mit einem Grinsen zog ich meine Unterhose herunter – daß Grinsen dazugehört, wußte ich seit diesem Exhibitionisten, der mir mal in der S-Bahn begegnet war. Und während Aram Radomski mit klaren und engagierten Worten auf den Verantwortlichen einredete, ohne zu bemerken, was ich neben ihm tat, starrten die Grenzer wie gebannt auf das, was ich ihnen zeigte. Als alle Grenzer wie gelähmt am Tor standen, wandte ich mich an den Verantwortlichen, worauf seine Widerrede abrupt endete. »Dann können Sie uns doch rüberlassen!« sagte der immer noch ahnungslose Aram Radomski, und der Verantwortliche fand keine Kraft zum Widerspruch. Er war auch nicht mehr in der Lage, sich auf eine Vorschrift zu berufen. Er starrte mich nur an, mit Augen, die immer größer wurden. Es passierte so viel in diesen Tagen, was einfach nicht zu glauben war, und ich war mir sicher, daß ihm und den übrigen Grenzern *das* den Rest geben würde. So was hatten sie noch nie gesehen! So was hätten sie nie für möglich gehalten! Was sich ihnen darbot, war so unglaublich, daß sie mit niemandem darüber sprechen konnten, weil ihnen niemand glauben wird. Ich ließ mir Zeit, viel Zeit, ich sah nacheinander allen in die Augen, und schließlich entriegelte einer von ihnen wie hypnotisiert das Tor. Ehe sie es sich wieder anders überlegten – Radomski hörte gar nicht mehr auf zu argumentieren, *vernünftig* zu reden –, hatte ich die Gitterstäbe gepackt und das Tor aufgestoßen. »So«, schrie ich, laut genug, daß mich das hinter mir versammelte Volk hören konnte, dem ich mich aber nicht mit dem Gesicht zuwenden wollte, solange ich meine Hosen nicht wieder geschlossen hatte, »loslaufen müßt ihr selber!«.

Hammer und Meißel

Peter Schneider

In den Tagen nach der Maueröffnung machte auch das Staatsemblem der DDR eine wundersame Wandlung durch. Das Hammer-und-Zirkel-Symbol, an das in vielen DDR-Fahnen nur noch ein kreisrundes Loch erinnert, tauchte leicht vergröbert in den Händen von zigtausend Berlinern und Berlintouristen wieder auf, die der Mauer seit dem 9. November mit Hammer und Meißel zu Leibe rücken. Auf 165 Kilometer Länge wird seit Wochen Tag und Nacht auf die Mauer eingeschlagen. Das Pochen an die plötzlich wehrlose Wand ist von weit her und von morgens bis tief in die Nacht zu hören, weder zehn Grad Kälte noch Dauerregen, noch Dunkelheit halten die Mauerspechte ab. Sie arbeiten mit den Werkzeugen, die der Heimwerkerkasten hergibt: manche wuchten mit der Rückseite von Äxten auf zugespitzte Eisenstangen, andere klöppeln mit zierlichen Hämmern geduldig auf winzige Schraubenzieher, die rasch brechen, auch Spontanarbeiter, die mit Steinen auf Taschenmesser dreschen, sind gesehen worden. Nur wenige haben das geeignete Gerät zur Hand, und im Bauhaus sind die Meißel ausverkauft. Seit dem 9. November erkennt man sich in Berlin an den geschwollenen Fingerknöcheln und den blauen Daumennägeln.

Harald Hartung

In der Nähe der Glienicker Brücke*

Selbst an dieser Stelle im Wald hatte die Mauer
Löcher, größere Lücken. Wir sahen die beiden Männer.
Der eine, mit Hammer und Meißel, mühte
sich ab ein größeres Stück herauszuschlagen. Wie
hart der Beton war zeigte sein Gesicht. Der andre
hatte die Videokamera im Anschlag. Wir
gingen vorüber. Wir werden das Filmchen nicht sehn
doch stelln es uns vor. Das Wertstück samt Zertifikat

Rückblick auf die Mauer

Klaus Schlesinger

Würde ich gefragt werden, welches politische Ereignis zu den wichtigsten meines Lebens gehörte, könnte ich ohne Zögern antworten: Der Bau der Mauer. – Als sie stand, war ich vierundzwanzig, als sie fiel, dreiundfünfzig. Fast ein Menschenalter lang hat sie

---

* Bekannter Übergang zwischen West- und Ostberlin in der Zeit der geteilten Stadt

51

in mein Leben eingegriffen, hat mein Denken, mein Handeln beeinflußt, ob ich es wollte oder nicht. Die letzten zehn Jahre ihrer Existenz habe ich sie von der bunten, der westlichen Seite her erlebt. Sie war um keinen Deut weniger beherrschend.

Die Wochen, die Monate nach dem 13. August sind mir als eine Zeit äußerster Anspannung in Erinnerung. Wir lebten wie im Fieber. Kein Gespräch, weder auf der Arbeit, in der Kneipe, noch zu Hause, das nicht von der Mauer beherrscht war. Sätze wie: Das geht nicht auf Dauer. Denkt doch nur an die Familien! – In der ersten Zeit liefen wir jeden Tag an die Grenze und winkten über die provisorische Absperrung und die Köpfe der Bewacher hinweg unseren Verwandten zu. Eine Demonstration. Jeden Tag wieder. Dann sperrte die Volkspolizei die letzten einhundert Meter vor der Sektorengrenze mit einem Seil ab, und hindurch kam nur noch, wer in Grenznähe wohnte.

Das Gefühl in dieser Zeit: Zorn – im Wechsel mit Melancholie. Das Herz schrie, der Kopf ahnte Zusammenhänge. Der Ton dieser Zeit: Trotz. Auch Sarkasmus. Einmal, in einer Gewerkschaftsversammlung, als ein Funktionär auf die bedrohliche Lage auch im Innern hinwies, sagte ich betont lässig, er solle sich nicht aufregen, die Leute gewöhnten sich an alles, und nach einem halben Jahr würde niemand mehr davon sprechen. – Ich sah in erstaunte Gesichter; einige lachten unsicher. Natürlich glaubte ich nicht daran, hielt Sarkasmus aber für eine subversive Tat. […]

Wann ich mich an die Mauer gewöhnt hatte, weiß ich nicht mehr. Es müssen Jahre vergangen sein, bis ich sie wahrnahm wie die Transparente mit den Parolen vom Sieg des Sozialismus oder heute die Reklame. Bis sie nicht mehr mein Bewußtsein beherrschte. Nur die Träume, periodisch wiederkehrend. Ich fahre mit der U-Bahn Richtung Ruhleben, ein Gefühl äußerster Spannung, wenn die Kontrolleure am Grenzbahnhof Potsdamer Platz in den Zug treten. Glücklicherweise werde ich nicht erkannt und stehe irgendwann erleichtert auf dem Wittenbergplatz, gleich neben dem KaDeWe. Jetzt will ich zurück, unbedingt, aber wie –? Ich habe kein Westgeld! – Oder: Ich gehe durch die Hoftür eines Eckhauses, trete unbehelligt durch die Tür des anderen Hauses hinaus und weiß, ich bin im Westen. Wieder das Problem der Rückkehr. Die Posten in Höhe des ersten Stockwerks sehe ich genau. Noch haben sie mich, der ich mich unter ein Fenster ducke, nicht entdeckt. Eng an die Wand gedrückt und mit rasendem Herzschlag schleiche ich zurück. Aufwachen, schweißnaß.

Über die Mauer schreiben konnte ich erst, als ich sie überwunden hatte, mit einem 5-Tage-Visum, Anfang der Siebziger. Als ich durch die Katakomben des Bahnhofs Friedrichstraße gelaufen, als ich das erste Mal mit der U-Bahn ohne Halt unter dem Osten hindurchgefahren war. Voltastraße. Noch immer die warnende Stimme, dies sei der letzte Bahnhof in Westberlin, der Zug fuhr an, wieder Herzklopfen, das Gefühl der Enge um die Brust herum. Bernauer Straße. Ich starrte in das dämmrige Licht, sah schattenhaft die Umrisse eines Bahnpolizisten. Rosenthaler Platz. Uralte Reklameschilder, die schmutzigen, schwefelgoldenen Kacheln des Bahnhofs, und ungefähr auf der Höhe des zweiten Stationsschildes hatte ich plötzlich das Bild der Straße fünf Meter über mir vor Augen, das Haus Nummer fünf, es war gegen eins, die Kinder mußten aus der Schule gekommen sein, saßen im Vorderzimmer unter einem Druck von Miró beim Mittagessen – da, in diesem Augenblick zog sich alles in mir zusammen, und ich konnte sekundenlang keine Luft holen.

Irgendwann muß ich die Mauer akzeptiert haben. Unsinn, nicht die Mauer, die Teilung. Die Teilung Deutschlands. Wann –? Vielleicht zwischen der Lektüre der Jalta-Protokolle, einem Besuch in Auschwitz und den Fahrten auf der ehemaligen Reichsstraße 1, die einst von Aachen nach Königsberg führte. Einmal, ich weiß es noch genau, stand ich in der weichen Landschaft der Masuren, kurz vor der schroffen, wie mit einem Lineal gezogenen Grenze zur Sowjetunion. Ich hielt den Atem an und dachte, das war für zweihundert Jahre einmal Deutschland gewesen, und da wußte ich – nein, da bekam ich eine sinnliche Vorstellung von der Größe jenes Landes, das einst *Deutsches Reich* hieß, und es kam mir riesig vor, dieses Reich, das durch einen Krieg entstanden war und seit seiner Gründung zwei Weltkriege ausgelöst hatte, ehe es wieder zerfiel, und als ich mich ins Auto setzte, war mir mit einemmal klar, daß es vielleicht zu groß gewesen war für eine Mittelmacht und zu klein für eine Großmacht. Und auf der Rückfahrt nach Gdańsk fiel mir ein, es könnte in der Geopolitik ähnlich sein wie in der Kernphysik: wenn eine kritische Masse erreicht ist, kracht es.

Natürlich habe ich mich gefragt, ob mein Verständnis für die deutsche Teilung nicht einer Not gehorchte, die zur Tugend wurde. Ob ich nicht einen Grund suchte, eine geschichtliche Determinante, an der ich nichts, aber auch gar nichts ändern konnte, für mich lebbar zu machen. Ich habe die Antwort nicht gefunden.

In den Wochen, in denen die Mauer verschwand, kam es mir jedenfalls vor, als liefe die Zeit rückwärts und ich bewegte mich auf etwas zu, für das das Wort Unglück zu klein, das Wort Tragödie zu groß gewählt wäre. Wie in jenen Augusttagen des Jahres 1961 befiel mich eine Melancholie, die mich bis heute nicht losgelassen hat. Doch wenn ich mir die Mauer vorstellen will, muß ich schon die Augen schließen.

EIN VOLK
Lebensstandard als Magnet

Kurt Westergaard: Das deutsche Janus-Gesicht, in ›Jyllands Posten‹, April 1991

Übergewicht des Westens

PETER BENDER

Im Mai 1947 entwickelte der SPD-Vorsitzende Kurt Schumacher, was man später die »Magnet-Theorie« nannte: »Man muß soziale und ökonomische Tatsachen schaffen, die das Übergewicht der drei Westzonen über die Ostzone deklarieren.« Es sei, fuhr Schumacher fort, »kein anderer Weg zur Erringung der deutschen Einheit möglich als diese ökonomische Magnetisierung des Westens, die ihre Anziehungskraft auf den Osten so stark ausüben muß, daß auf die Dauer die bloße Innehabung des Machtapparates dagegen kein sicheres Mittel ist. Es ist gewiß ein schwerer und vermutlich langer Weg.«

Über vierzig Jahre dauerte es, bis der Weg zurückgelegt war. Schumachers Theorie hatte sich allerdings in ihrem ersten Teil sehr bald bestätigt: Die drei Westzonen und die Bundesrepublik übten starke und anhaltende Anziehungskraft auf die DDR aus. Mehr als drei Millionen Ost-Bewohner siedelten bis zum Mauerbau 1961 in den Westen über; und als in den achtziger Jahren wieder eine »Ausreise« möglich wurde, begann der Strom erneut zu fließen. Die Wirtschaft der Bundesrepublik, nicht ihre Struktur, aber ihre Leistung, wurde zum Vorbild für die DDR; westlicher Standard, auch Lebensstandard unter Wahrung der Parteiherrschaft – davon träumten Ulbricht und Honecker.

Doch so gut der Magnetismus funktionierte – die Macht des SED-Apparats war größer und währte länger, als Schumacher vermutlich angenommen hatte. Die deutsche Einheit rückte erst wieder auf die Tagesordnung, als sich die Macht des Ostens dramatisch abgeschwächt hatte. Jahrzehntelang behaupteten die Propagandisten von Moskau bis Ost-Berlin, das Kräfteverhältnis zwischen West und Ost verändere sich zu ihren Gunsten. Soweit es um die militärischen Kräfte ging, hatten sie zeitweise recht, doch spätestens seit den sechziger Jahren verfiel der europäische Kommunismus innerlich. Das System versagte wirtschaftlich und politisch so unübersehbar und unbestreitbar, daß auch die Gläubigen aufhörten zu glauben und die Herrschenden nicht viel mehr vermochten, als noch zu herrschen. Die Schwierigkeiten wuchsen, aber kein kommunistisches Regime wurde mehr mit ihnen fertig, am wenigsten die Sowjetunion.

Hoffnung aufs Wirtschaftswunderland

LUTZ RATHENOW

Es war im Frühjahr 1989 in einem Nachtzug von Eisenach nach Greifswald. Ich kam von einer Lesung und fuhr bis Berlin mit Thüringer Bauarbeitern, die im Atomkraftwerk Greifswald jobbten und auf den Untergang der DDR anstießen. Als ein braver Reisender aus dem Zug sich am Buffet im Speisewagen zu vorgerückter Stunde eine Bockwurst erbat, fuhr ihn der Hüter des Ausschanks mit trunkener Stimme an: »Bist du ein Kommunist, an Kommunisten verkaufe ich nichts.« Der unauffällige Herr verneinte eilig und bekam seine Wurst. Mit zwei Arbeitern kam ich ins Gespräch. Sie waren Anfang Zwanzig, verdienten für DDR-Verhältnisse glänzend und träumten von den Löhnen bundesdeutscher Kollegen. Über ihr schönes Atomkraftwerk witzelten sie nur. Würde ja bald in die Luft fliegen, der Zement sei zu schlecht. Das amüsierte und gab Anlaß zu einem neuen Prost. Rasch war wieder vom Kollegen aus Duisburg oder Dortmund die Rede, den man in Ungarn getroffen hatte. »Wenn ich daran denke, daß er für die gleiche Arbeit Westgeld verdient, daran darf ich gar nicht denken. Da arbeite ich drei, vier Stunden gar nicht. Bis ich das wieder vergesse.«

All jene, die den Satz »Wir sind das Volk« auf der Leipziger Herbstdemonstration 1989 in Umlauf setzten, beriefen sich damit auf ihr Bürgerrecht gegen eine Obrigkeit, die, ohnehin dem Volk entwöhnt, den falschen Anspruch erhob, vom Willen des Volkes getragen zu sein. Auch der Satz »Wir sind ein Volk« richtete sich gegen diese Obrigkeit. Insofern ist das erste politische Postulat in ihm mit enthalten. Hinzu kommt hier jedoch ein zweites politisches Postulat, welches sich nicht allein gegen die auf unwahren Vorgaben begründete Gewaltherrschaft richtet, sondern in positiver Hinsicht eine nationale Einheit einklagt, die durch die willkürliche Eingrenzung Ostdeutschlands das deutsche Volk in zwei separate Staaten spaltete. Das zweite politische Postulat hat also nicht schlechthin das erste in sein Gegenteil verkehrt, auch wenn es sich für viele Leipziger Montagsdemonstranten so dargestellt haben mag. Beide sind Forderungen, »die ihrem ursprünglichen Sinn nach mit dem Widerstand gegen alle Herrschaftsmonopole und mit der Überzeugung verbunden sind, daß die Staatsgewalt im Volkswillen begründet sein müsse«.

Die Idee des Sozialismus ist diskreditiert, und es ist in unserem Zusammenhang müßig, darüber zu spekulieren, ob und inwiefern diese Idee noch einmal geschichtsmächtig werden kann. Das Wahlergebnis vom 18. März 1990 in der ehemaligen DDR zeigte mit aller wünschenswerten Klarheit, daß eine Mehrzahl der Wähler »nie wieder Sozialismus« wählte. [...]

Es war freilich nur das negative Resultat von vierzig Jahren »Volksherrschaft«. Was das Ost-Volk positiv wählte, hatte eine Dame auf einer Kundgebung in Leipzig angesichts des Bundeskanzlers mit fröhlicher Naivität plakatiert: »Helmut, nimm uns an die Hand, zeig uns den Weg ins Wirtschaftswunderland.«

Gewiß. Man kann die Naivität und Einfalt der Dame aus Leipzig belächeln. Und doch drückt sie präzise die Wünsche all jener aus, die nicht mehr »das Volk«, sondern »ein Volk« sein wollten. Ich bin mir nicht sicher, ob der verständliche Wunsch nach einem westlichen Lebensstandard, der den Bürgern der ehemaligen DDR durch die Kontingenz der Zuschlagung zum Ostblock über vier Jahrzehnte vorenthalten wurde, in einen Gegensatz zu der Forderung nach mehr Freiheit und Demokratie gebracht werden kann. Aus der Tatsache, daß die meisten der ehemaligen DDR-Bürger es vorzogen, im »Wirtschaftswunderland« für Lohn in DM zu arbeiten statt für Lohn in DDR-Mark in volkseigenen Betrieben, folgt ja nicht, daß die deutsch-deutsche Vereinigung aus schnödem Egoismus zustande gebracht wurde. Denn der Ruf nach Freiheit, nach Menschen- und Bürgerrechten galt nicht zuerst der Freiheit des DM-Konsumenten, sondern der Freiheit im Sinn der Volkssouveränität. Zudem vergißt diese im Grunde moralisierende Litanei, daß das volkswirtschaftliche Innovationspotential mit der ökonomischen Anerkennung der Persönlichkeit des Menschen steht und fällt. Und diese ökonomische Anerkennung der Persönlichkeit des Menschen setzt eben den Markt als Medium der Selektion wertbevorteilter Produkte und Leistungen voraus. So wie demokratische Gesellschaften den politisch freien und mündigen Bürger zu ihrer Voraussetzung haben, so haben Volkswirtschaften die ökonomisch souveräne Persönlichkeit als Vertragspartner zu ihrer Voraussetzung.

Eine sozialistische Alternative

APPELL VON SCHRIFTSTELLERN UND KÜNSTLERN DER DDR AM 26.11.1989

Unser Land steckt in einer tiefen Krise. Wie wir bisher gelebt haben, können und wollen wir nicht mehr leben. Die Führung einer Partei hatte sich die Herrschaft über das Volk und seine Vertretungen angemaßt, vom Stalinismus geprägte Strukturen hatten alle Lebensbereiche durchdrungen. Gewaltfrei, durch Massendemonstrationen hat das Volk den Prozeß der revolutionären Erneuerung erzwungen, der sich in atemberaubender Geschwindigkeit vollzieht. Uns bleibt nur wenig Zeit, auf die verschiedenen Möglichkeiten Einfluß zu nehmen, die sich als Auswege aus der Krise anbieten.

Entweder
können wir auf der Eigenständigkeit der DDR bestehen und versuchen, mit allen unseren Kräften und in Zusammenarbeit mit denjenigen Staaten und Interessengruppen, die dazu bereit sind, in unserem Land eine solidarische Gesellschaft zu entwickeln, in der Frieden und soziale Gerechtigkeit, Freiheit des einzelnen, Freizügigkeit aller und die Bewahrung der Umwelt gewährleistet sind.

Oder
wir müssen dulden, daß, veranlaßt durch starke ökonomische Zwänge und durch unzumutbare Bedingungen, an die einflußreiche Kreise aus Wirtschaft und Politik in der Bundesrepublik ihre Hilfe für die DDR knüpfen, ein Ausverkauf unserer materiellen und moralischen Werte beginnt und über kurz oder lang die Deutsche Demokratische Republik durch die Bundesrepublik Deutschland vereinnahmt wird.

Laßt uns den ersten Weg gehen. *Noch* haben wir die Chance, in gleichberechtigter Nachbarschaft zu allen Staaten Europas eine sozialistische Alternative zur Bundesrepublik zu entwickeln. *Noch* können wir uns besinnen auf die antifaschistischen und humanistischen Ideale, von denen wir einst ausgegangen sind. Alle Bürgerinnen und Bürger, die unsere Hoffnung und unsere Sorge teilen, rufen wir auf, sich diesem Appell durch ihre Unterschrift anzuschließen.

F. SCH., LESERBRIEF

Dem Aufruf »Für unser Land« kann ich nicht zustimmen. Ich sehe hier bereits, wie sich gewisse Leute bestehende Privilegien sichern wollen. In der Frage von Wiedervereinigung bzw. Konföderation sollte es zu einem Volksentscheid kommen. Wir sind es unserem Volk schuldig. 40 Jahre wurden die Vorzüge des Sozialismus in allen Tönen gepriesen, aber die traurige Realität sehen wir heute. Viele historische Städte gleichen einem Trümmerhaufen. Freunde und Bekannte haben uns verlassen. Noch einmal Versuche eines Sozialismus, welche Jahre oder Jahrzehnte andauern, um am Ende noch tiefer zu stehen? Bedenkt, wir Menschen haben nur ein Leben! Unsere wirtschaftliche Lage kann nur mit bundesdeutscher Hilfe verbessert werden. Nehmen wir also das Angebot vom deutschen Nachbarstaat an, denn der Preis dafür ist nicht zu hoch. Ein Volk, das »noch« die gleiche Sprache spricht, gehört zusammen.

Die Menschen wurden ungeduldig

KONRAD WEISS

Als vor einem Jahr (1989) die Bürgerbewegungen entstanden, dachte kaum jemand an die deutsche Einheit, und wenn, war es ein fernes historisches Ziel. Die Zerschlagung des SED-Regimes, die Erringung der Menschenrechte, der Kampf um elementare Freiheiten, soziale Reformen, eine neue Außenpolitik, all das stand auf der Tagesordnung, auch ein besseres Verhältnis zum anderen deutschen Staat, aber die Vereinigung war kein Thema. Allein die Bürgerbewegung Demokratie Jetzt, die am 12. September gegründet worden war, hatte bereits in ihrem Gründungsaufruf deutschlandpolitische Aussagen getroffen. Als Basis für eine künftige Einheit der Deutschen wurden Reformen in beiden Staaten angesehen. In den Papieren des Neuen Forums, des Demokratischen Aufbruchs, auch der entstehenden SPD und der anderen neuen Bewegungen fand sich kein Wort zur deutschen Einheit. Erst recht war das kein Thema für die SED, die CDU und die anderen Blockparteien, die jahrzehntelang die Zweistaatlichkeit als unumstößliches Dogma behandelt hatten. Und wohl auch die meisten Bürgerinnen und Bürger dachten nicht im Traum daran,

daß die beiden deutschen Staaten sich in naher Zukunft vereinigen könnten. Gemeinsames Ziel war es, die Mauer durchlässiger
zu machen. Um an ihren baldigen Fall zu glauben, waren wir alle
zu kleinmütig. Es war ein kleines Häuflein von Utopisten, die sich
nicht damit abfinden konnten, daß es Deutschland für alle Zeit
doppelt geben müsse.

Das wurde nach dem 9. November anders. Aus dem Ruf »Wir
sind das Volk« wurde »Wir sind ein Volk«. Der Aufruf »Für unser
Land«, von Intellektuellen verfaßt und von einigen Hundert-
tausend unterschrieben, war der Versuch, die DDR als Alternative
zum anderen Deutschland zu verändern. Er war der Versuch, die
Ideale, die in den zurückliegenden Jahrzehnten mit Füßen getreten
worden waren, neu aufzurichten und ein besseres Land zu bauen.
Dieses Konzept erregte heftigen Widerstand. Damals zeichnete sich
der Beginn einer Wandlung im Land ab. Die Menschen wurden
ungeduldig. Sie wollten nicht mehr unter den alten Verhältnissen
leben, doch sie wollten nicht nur die Demokratisierung, sondern
auch einen Lebensstandard, der dem im anderen Deutschland entsprach. Sie wollten die gleichen Freiheiten, die gleichen Chancen.

Das wurde von den Bürgerbewegungen die einen ganz und gar
idealistischen Ansatz hatten, zu jenem Zeitpunkt verkannt. Ihnen
ging es zuerst um die Demokratisierung, um die Wiederherstel-
lung der Menschenrechte, um die Zerschlagung der SED und des
Staatssicherheitsdienstes. Aber an die elementaren Bedürfnisse
der Bürgerinnen und Bürger dachten sie zu wenig.

FRIEDRICH DIECKMANN

Die DDR war nie schöner als in ihrem Untergang. Das war nicht
der Effekt, der sich dem Durstigen einstellt, wenn er die Quelle
endlich erreicht hat, oder dem im Stau gefangenen Autofahrer,
wenn die Normalität des Fahrens sich wiederherstellt. Vergehend
gelang dem monarchiegewordenen Sozialismus zu realisieren, was
ihm zu Gründerzeiten programmatisch vorgeschwebt hatte: das
Absterben des Staates. Der wie ein eigenwilliges Kunstwerk von

allen Wirklichkeitsbezügen abgelöste Staat verflüchtigte sich wie ein seinen Halteseilen entschwebender Luftballon; das erstaunt auf dem Boden der Tatsachen zurückbleibende Volk fand sich, ehe neue Mächte sich der Staatswaise annahmen, auf einem von Gewaltausübung phantastisch befreiten Plan. Nicht dieser chaosfreie Zustand wirklicher Anarchie aktivierte das Gewaltpotential der Asozialität, sondern erst der ihm folgende neuer Machtergreifung.

Denn das befreite Volk hielt es nicht aus, im Freien zu stehen. Der Zustand der Staatsentlastung zeigte sich als utopischer dadurch an, daß er nicht dauerte. In die von der Auflösung des Patriarchats hinterlassene Leere trat unwiderstehlich die Verheißung eines nährenden Mutterreichs – Marktwirtschaft als eine *alma mater*, die sich in der riesenhaft-mütterlichen Figur ihres politischen Vorstands sinnfällig verkörperte. Gleich der Diana von Ephesos mit ihren unendlichen Brüsten und wunderbaren Bildzeichen trat die neue Leitfigur die Nachfolge eines abgewirtschafteten Sonnenkönigs an, der sich und den Staat ohne weiteres gleichgesetzt und einige Anstrengungen unternommen hatte, auch das Volk in die Gleichung zu pressen. Mit Ferdinand Schills, des Freiheitskriegers, unerschrockener Losung lief sein aufatmendes Staatsvolk zu dem scheinbaren Matriarchat über: »Lieber ein Ende mit Schrecken als ein Schrecken ohne Ende!«

Das Eigentum

VOLKER BRAUN

Da bin ich noch: mein Land geht in den Westen.
KRIEG DEN HÜTTEN FRIEDE DEN PALÄSTEN.
Ich selber habe ihm den Tritt versetzt.
Es wirft sich weg und seine magre Zierde.
Dem Winter folgt der Sommer der Begierde.
Und ich kann *bleiben wo der Pfeffer wächst.*

Und unverständlich wird mein ganzer Text.*
Was ich niemals besaß, wird mir entrissen.
Was ich nicht lebte, werd ich ewig missen.
Die Hoffnung lag im Weg wie eine Falle.
Mein Eigentum, jetzt habt ihrs auf der Kralle.
Wann sag ich wieder *mein* und meine alle.

* In Friedrich Hölderlins Gedicht ›Mein Eigentum‹ ist Eigentum »nur der Gesang, mein freundliches Asyl«. Für Braun sind selbst die eigenen Texte (auch der »Lebenstext«) nun fragwürdig geworden.

WENDE
Der Blick zurück nach vorn

Sieghard Pohl: Flucht nach drüben

Ein ambivalenter Begriff

LUDGER KÜHNHARDT

Der Begriff der »Wende« hat sich im Zusammenhang mit den Vorgängen von 1989/90 und dem Weg zur deutschen Einheit vielerorts eingebürgert. Er geht so rasch und leicht über die Lippen, erscheint unkontrovers, harmlos und »irgendwie« nicht falsch. Dabei haftet ihm, mehr noch als jedem anderen in diesem Zusammenhang verwendeten Wort, bei genauerer Betrachtung eine ärgerliche ideologische Konnotation an. Geprägt wurde das Wort von der »Wende« nämlich nicht von behutsamen Interpreten des Gewesenen, sondern von Akteuren der Verhinderung einer wirklichen Veränderung. Genauer gesagt von Egon Krenz. Am 18. Oktober 1989 wurde dieser vom Politbüro der Sozialistischen Einheitspartei Deutschlands zum Generalsekretär und damit in dieser Funktion zum Nachfolger von Erich Honecker berufen. In seiner ersten Rede beschwor er »die längst als unglaubwürdig diskreditierte Politik der Einheit von Kontinuität und Erneuerung«, nicht ohne dabei uneingeschränkt das politisch-ideologische Herrschaftsmonopol der Partei zu reklamieren. In diesem Zusammenhang benutzte Krenz den Begriff der »Wende«, die er einleiten wolle [...]. Bald machte das Wort von den »Wendehälsen« die Runde.

Krenz' »Wende« beschleunigte die Veränderungsprozesse entgegen seiner eigentlichen Zielsetzung. Der Begriff der »Wende« aber überlebte die DDR und wird seither umgangssprachlich sowohl zur Charakterisierung der Veränderungen in der krisenhaften Endphase der DDR als auch zur Benennung des gesamten Prozesses, einschließlich der deutschen Einheit, verwendet. Das »Copyright« von Krenz und die damit intendierte Politik eines »gewendeten Sozialismus« sind weithin vergessen. Analytische Schärfe besitzt der Begriff ohnehin nicht. Im Gegenteil: Noch eindeutiger, als dies für gewisse Verwendungen des Begriffs »Umbruch« gilt, ist der Begriff der »Wende« in seiner seinerzeitigen politischen Absicht zu erkennen; er ist eine Verharmlosungsformel gegenüber Charakter und Qualität der DDR.

Befreiung und Revolution

Timothy Garton Ash

Das Wort »Befreiung« hat eine lange, problematische Geschichte in Mitteleuropa, ganz besonders seit der sowjetischen »Befreiung« von 1945; doch es gibt Zeiten, wo wir selbst die beflecktesten Worte zurückfordern sollten. Dies war, in einem einzelnen Leben, Befreiung.

Als ich dann am 3. Oktober gegen halb drei Uhr morgens durch Frankfurts Straßen schlenderte, fragte mich Adam Michnik, einer der Helden der polnischen Selbstbefreiung: »Jetzt sag mir mal, Tim, was empfindest du *wirklich* bei der deutschen Vereinigung?« Ich antwortete: »Weißt du, ich bin *wirklich* froh drüber. Denn jetzt sind sechzehn Millionen Menschen frei, die es zuvor nicht waren.« Und für mich ist dies das Eigentliche. Für mich ist der 3. Oktober nicht so sehr der Tag der deutschen Einheit. Es ist der Tag der deutschen Freiheit. Natürlich hat diese Freiheit ihre Grenzen, auch ihre Schattenseiten. Aber es war Unfreiheit, die ich vor zehn Jahren aus erster Hand in Ost-Berlin erlebte, erniedrigende, quälende, lähmende Unfreiheit; und es ist Freiheit, die meine ehemaligen Nachbarn aus der Erich-Weinert-Straße am Prenzlauer Berg heute erleben, unbequeme, beängstigende, vielleicht sogar gefährliche Freiheit – aber trotzdem Freiheit.

Zum zweiten Mal in meinem Leben genoß ich das Glück, den Zusammenbruch einer Macht erleben zu können, die sich selbst weisgemacht hatte, auf Dauer gegründet zu sein. Ein tausendjähriges Reich und die staatliche Verkörperung einer ganzen Geschichtsepoche, einschließlich seiner, nach Honeckers Meinung, mindestens noch hundert Jahre stehenden Mauer, überlebt zu haben, berechtigt doch wohl zu Triumphgefühlen. Und wenn auch der Zauber des Neubeginns nicht so mächtig war wie mit neunzehn Jahren, so war doch die Neugierde auf das Kommende und auf die Enthüllungen des Vergangenen nicht weniger groß. Wieder war das befreite Aufatmenkönnen, diesmal, Gott sei es gedankt, ohne Zerstörung und Blutvergießen, Frucht einer Niederlage gewesen, und wieder würde die Grenze zwischen den Jubelnden und den Klagenden nicht an den Landesgrenzen entlang, sondern quer durch die Bevölkerung gehn. Jeder Tag der Befreiung ist auch einer der Niederlage; der Chef des Staatssicherheitsdienstes wird das anders als der politische Häftling in Bautzen sehen.

Hätte ich damals schon ahnen können, daß später manche vom Verlauf der Geschichte enttäuschten Leute alle Ostdeutschen als Verlierer oder Besiegte bezeichnen würden, hätte ich, da ich mich ungern mit Mielke und Hager, mit Oberzensoren und Parteifunktionären, Mauerschützen und willfährigen Strafrichtern in einen Topf werfen lasse, mich schon im voraus beleidigt gefühlt. Ich war ein Gewinner der Niederlage, der, wenn er nicht stellvertretend für Arbeitslose und unschuldige Opfer der Eigentumsrückgabe sprechen wollte, höchstens zur Klage über eignes Ungenügen berechtigt war. Vierzig Jahre lang hatte ich den anderen Teil Deutschlands, mit dem ich kritisch immer mitgelebt hatte, als den freieren empfunden, war aber, hauptsächlich aus Gründen der Bodenhaftung, nicht in ihn übergewechselt und schließlich, ohne die Gegend, die es mir angetan hatte, aufgeben zu müssen, doch in ihm angelangt.

Zum erstenmal in diesem Jahrhundert, daß deutsche Geschichte gut verläuft. Zum erstenmal, daß eine deutsche Revolution gelingt. Die Deutschen in der DDR haben eine Revolution geschaffen, die in der Geschichte der Revolutionen wirklich neu ist: die sanfte Revolution. Das ist eine Revolution, die die Leute selbst vollbringen, ohne importierte Theorie. Diese sanfte Revolution wird die Welt davon überzeugen, daß die Deutschen eine neue politische Form brauchen. Nachkriegszeit und Kalter Krieg haben gedauert bis zum 9. November 1989. Wir sind jetzt friedfertig. [...]

Deutsche Geschichte darf auch einmal gut gehen.

Um die Wünsche der Deutschen zu erfüllen, hat es keine neue Stalin-Note gegeben und keine Viermächtekonferenz. Die Menschen selber haben sich auf den Weg gemacht und damit auch der Politik den Weg gewiesen. Was sich im Osten von Berlin und an den Grenzen ereignet hat, war eine Revolution, vielleicht die erste in der deutschen Geschichte. Gegen die Tradition, die den Umsturz immer nur von oben kannte, kam er diesmal von unten. Eine Volksdemokratie erlebte zum ersten Mal, wer das Volk ist und was es will. Was immer aus dieser Erfahrung wird, vergessen läßt sie sich nicht mehr. Dies war das eine Wunder. Das andere bestand in der Friedfertigkeit der Revolutionäre. Das Mißverhältnis zwischen dem, was sie erreicht haben, und den Mitteln, mit denen es zustande kam, war überwältigend. Es war, als wäre Goliath zum zweiten Mal von David zur Strecke gebracht worden, ganz ohne Schleuder und ohne Steine. Die gewohnte Kulisse der Revolution, die Brände, Plünderungen und bewaffneten Milizen, fehlte. Wenn die größten Siege die sind, die mit begrenzten Mitteln errungen werden, war dies ein großer Sieg.

Die überstandene Wende

HEINZ CZECHOWSKI

Was hinter uns liegt,
Wissen wir. Was vor uns liegt,
Wird uns unbekannt bleiben,
Bis wir es
Hinter uns haben.

STAATSNATION
Fragen der Identität

Ewert Karlsson: Karikatur in ›Aftonbladet‹, September 1989

Deutschland, einig Vaterland

A.H. HOFFMANN VON FALLERSLEBEN, 1841

Einigkeit und Recht und Freiheit
Für das deutsche Vaterland!
Danach laßt uns alle streben
Brüderlich mit Herz und Hand!
Einigkeit und Recht und Freiheit
Sind des Glückes Unterpfand –
Blüh' im Glanze dieses Glückes,
Blühe deutsches Vaterland!*

JOHANNES R. BECHER, 1949

Auferstanden aus Ruinen
Und der Zukunft zugewandt,
Laß uns dir zum Guten dienen,
Deutschland, einig Vaterland.
Alte Not gilt es zu zwingen,
Und wir zwingen sie vereint;
Denn es muß uns doch gelingen,
Daß die Sonne schön wie nie
Über Deutschland scheint.

Glück und Frieden sei beschieden
Deutschland, unsrem Vaterland!
Alle Welt sehnt sich nach Frieden!
Reicht den Völkern eure Hand.

* Durch einen Briefwechsel zwischen Bundespräsident Theodor Heuss und Bundeskanzler Konrad Adenauer wurde das Deutschlandlied am 2. Mai 1952 als Nationalhymne der Bundesrepublik Deutschland bestätigt. Dabei wurde festgelegt, daß bei staatlichen Anlässen nur die dritte Strophe Verwendung finden soll.

Wenn wir brüderlich uns einen,
Schlagen wir des Volkes Feind.
Laßt das Licht des Friedens scheinen,
Daß nie eine Mutter mehr
Ihren Sohn beweint!

Laßt uns pflügen, laßt uns bauen,
Lernt und schafft wie nie zuvor,
Und der eignen Kraft vertrauend,
Steigt ein frei Geschlecht empor.
Deutsche Jugend, bestes Streben
Unsres Volks in dir vereint,
Wirst du Deutschlands neues Leben,
Und die Sonne schön wie nie
Über Deutschland scheint.*

FRIEDRICH DIECKMANN

Ist die DDR-Nationalhymne, von Johannes R. Becher, Musik
Hanns Eisler, ein guter Text? Sein vierter Vers hat es dank der
neuesten Leipziger Demos zu starker Popularität gebracht:
»Deutschland, einig Vaterland«, es gab dort sogar einen sakralen
Komparativ: »Deutschland, *heilig* Vaterland«. Die Steigerung hält
sich in der Sphäre des Dichters, der die Nation hoch und sogar
heilig hielt, auch in der Zeit ihrer tiefen Erniedrigung. Merkwür-
dig, daß auch Eisler die Variante unterlaufen ist. In einer am
8. November 1949, einen Tag nach der Uraufführung der Hymne,
niedergeschriebenen Klavierfassung setzte er statt »einig« »heilig«
zwischen die Noten, vielleicht in unbewußtem Anklang an ein äl-
teres Lied von Rudolf Alexander Schröder, »Heilig Vaterland« mit

* Nationalhymne der DDR von 1949. Weil der Text den Gedanken der Einigung
Deutschlands bewahrte, wurde er in der DDR seit Anfang der siebziger Jahre bei offiziellen Anlässen nicht mehr verwendet. Nur die zugehörige Musik Hanns Eislers
wurde noch als Hymne gespielt.

Namen. Auch Schröder, der bedeutende Jugendstil-Lyriker, hat in der Gründerzeit der deutschen Nachkriegsrepubliken eine Nationalhymne geschrieben. Er tat es auf die Bitte des Bundespräsidenten Heuss; statt der Zukunft war das Lied Vätern und Erben zugewandt:

Land des Glaubens, deutsches Land,
Land der Väter und der Erben,
Uns im Leben und im Sterben
Haus und Herberg, Trost und Pfand.
Sei den Toten zum Gedächtnis,
Den Lebend'gen zum Vermächtnis
Freudig vor der Welt bekannt,
Land des Glaubens, deutsches Land.

Bechers erste Strophe zeigt gegenüber diesem ihrem Gegenstück von 1950 eine deutliche Überlegenheit, obschon die metaphorische Pointe, auf die sie zuläuft, einigermaßen leer dasteht: »Daß die Sonne schön wie nie / über Deutschland scheint« . Besonders schön, erinnern sich Zeitgenossen, schien die Sonne bei den Aufmärschen des NS-Regimes. Es besteht ein fundamentales Unverhältnis zwischen der Gunst der Witterung und der Befindlichkeit der Gesellschaft, zwischen Meteorologie und Geschichte. [...]

Deutschland und Vaterland kommen auch in der zweiten Strophe vor, ersteres nur einmal, gegenüber zweimaliger Anrufung in den beiden andern Strophen. Also eine wahrhaft nationale Hymne, die sich nunmehr dem Frieden zuwendet, mit einer Einlage, die alles andere als friedlich klingt: »Wenn wir brüderlich uns einen, / schlagen wir des Volkes Feind.« »Vereint« war das politische Schlüsselwort der ersten Strophe gewesen; es wurde mit der »alten Not« begründet, die es »vereint« zu zwingen gelte – warum nicht gemeinsam? Weil dann die Sonne nicht schön wie nie hätte *scheinen* können? Einheit ist auch hier wieder geboten, nämlich um »des Volkes Feind« zu schlagen. Das war der Nazi, der geschlagen, aber keineswegs verschwunden war; die Verse hatten ihren Sinn. Nur daß »des Volkes Feind« starke Anklänge an das Wort

»Volksfeind« hatte, jene Ibsensche Titelprägung (*Et folkefiende* heißt das Stück), die in Stalins Sowjetunion das Brandmal derer gewesen war, die auszumerzen befohlen war wie in Hitlers Deutschland die Juden.

Vaterland, Einheit, Frieden sind Haupt- und Zielworte der ersten beiden Strophen; die dritte sieht es auf die Jugend ab, nicht ohne aus dem Reimtritt zu kommen. »Bauen« und »vertrauend«, das geht nicht gut zusammen; der Text scheint in großer Eile verfaßt worden zu sein. Galt es, einem andern zuvorzukommen? Am Ende der dritten Strophe hakt nicht der Reim, aber eine Konjunktion aus: das »und« zu Anfang des vorletzten Verses ist offenbar unsinnig; mit dem »daß« des entsprechenden Verses der ersten Strophe wäre es besser gegangen. Die Deutsch-Häufung in diesem Schlußteil ist übermäßig. Zu den beiden Deutschland kommt noch die deutsche Jugend; daß auch sie vereint ist, schon, weil am Ende, wie auf dem Emblem der FDJ, wieder die Sonne scheint, nimmt nicht wunder.

Bechers Text zeigt sich als eine Versifikation der politischen Leitbegriffe, auf denen die Gründung des Ein-Zonen-Staates, der der Formierung des Drei-Zonen-Staates entgegnete, ruhte: nationale Einheit (das war der Kampf gegen die Zerreißung Deutschlands an der Frontlinie der beiden Großmächte), Friedenspolitik (das hieß Aussöhnung mit allen von Hitlers Armeen überfallenen Völkern, insbesondere die Anerkennung der aus dem Krieg hervorgegangenen deutschen Ostgrenze), Antifaschismus. Ein wie zwiespältiges Wort das stereotyp wiederholte »vereint« war, zeigte sich ein Jahr nach der Gründung der neuen Republik an den Wahlen, die ihrer parlamentarischen Legitimierung dienen sollten; die Einheitspartei, die der Wille der Wähler 1946 zur stärksten Partei berufen hatte, erzwang eine Einheitsliste. »Und der eignen Kraft vertrauend, / steigt ein frei Geschlecht empor«? Man war davon entfernt, der eignen Kraft zu vertrauen; man vertraute lieber – – – Nein, hier halte ich inne; ich müßte sonst die Geschichte der deutschen Teilung repetieren. Und die läßt sich nicht auf griffige Formeln bringen; es war ein Ding mit zwei Seiten.

Plädoyer für eine Konföderation

Am Ende werden wir knapp achtzig Millionen zählen. Wir werden wieder einig, stark und – selbst beim Versuch, leise zu sprechen – laut vernehmlich sein. Schließlich – weil genug nie genug ist – wird es uns gelingen, mit bewährt harter D-Mark – und nach Anerkennung der polnischen Westgrenze – ein gut Stück Schlesien, ein Stückchen Pommern wirtschaftlich untertänig zu machen und – nach deutschem Bilderbuchmuster – wieder einmal zum Fürchten und isoliert sein.

Dieses Vaterland verrate ich jetzt schon; mein Vaterland müßte vielfältiger, bunter, nachbarlicher, durch Schaden klüger und europäisch verträglicher sein.

Alptraum steht gegen Traum. Was hindert uns, der Deutschen Demokratischen Republik und ihren Bürgern durch einen gerechten, langst fälligen Lastenausgleich dergestalt zu helfen, daß der Staat sich wirtschaftlich und demokratisch festigen kann und seine Bürger weniger Mühe haben, daheim zu bleiben? Warum muß der deutschen Konföderation, die unseren Nachbarn erträglich sein könnte, immer wieder eins draufgesattelt werden, mal nach vagem Paulskirchen-Konzept als Bundesstaat, dann wieder, als müßte das so sein, in Gestalt einer Groß-Bundesrepublik? Ist denn eine deutsche Konföderation nicht mehr, als wir jemals erhoffen konnten? Sind denn umfassende Einheit, größere Staatsfläche, geballte Wirtschaftskraft ein erstrebenswerter Zuwachs? Ist das nicht alles wiederum viel zuviel?

In Reden und Aufsätzen habe ich mich seit Mitte der sechziger Jahre gegen die Wiedervereinigung und für eine Konföderation ausgesprochen. Hier gebe ich abermals Antwort auf die Deutsche Frage. Nicht in zehn, in fünf Punkten will ich mich kurzfassen:

Erstens: Eine deutsche Konföderation hebt das Nachkriegsverhältnis der beiden deutschen Staaten von Ausland zu Ausland auf, legt eine nichtswürdige, auch Europa trennende Grenze nieder und nimmt dennoch Rücksicht auf die Besorgnisse oder gar Ängste ihrer Nachbarn, indem sie in verfassungsgebender Versammlung auf die Wiedervereinigung als Einheitsstaat verzichtet.

Zweitens: Eine Konföderation der beiden deutschen Staaten tut weder der nachkriegsgeschichtlichen Entwicklung des einen noch des anderen Staates Gewalt an, sie erlaubt vielmehr Neues: eigenständige Gemeinsamkeit; und sie ist zugleich souverän genug, den jeweils eingegangenen Bündnisverpflichtungen nachzukommen und so dem europäischen Sicherheitskonzept zu entsprechen.

Drittens: Eine Konföderation der beiden deutschen Staaten steht dem europäischen Einigungsprozeß näher als ein übergewichtiger Einheitsstaat, zumal das geeinte Europa ein konföderiertes sein wird und deshalb die herkömmliche Nationalstaatlichkeit überwinden muß.

Viertens: Eine Konföderation der beiden deutschen Staaten geht den Weg eines anderen, wünschenswert neuen Selbstverständnisses. Der deutschen Geschichte gegenüber trägt sie als Kulturnation gemeinsam Verantwortung. Dieses Verständnis von Nation nimmt die gescheiterten Bemühungen der Paulskirchen-Versammlung auf, versteht sich als erweiterter Kulturbegriff unserer Zeit und eint die Vielfalt deutscher Kultur, ohne nationalstaatliche Einheit proklamieren zu müssen.

Und fünftens: Eine Konföderation der beiden deutschen Staaten einer Kulturnation gäbe durch ihre konfliktlösende Existenz Anstoß für die Lösung weltweit unterschiedlicher und dennoch vergleichbarer Konflikte, sei es in Korea, in Irland, auf Zypern und auch im Nahen Osten, überall dort, wo nationalstaatliches Handeln aggressiv Grenzen gesetzt hat oder erweitern will. Die Lösung der Deutschen Frage durch Konföderation könnte beispielhaft werden.

Deutsche sein

EIN MANIFEST

Was heißt es für uns: Deutsche zu sein? Die Antwort muß lauten: nichts Besonderes, aber etwas Bestimmtes. Es heißt, daß wir uns zu unserer Geschichte, unserer Kultur und unserem Zusammengehören bekennen. Demjenigen, der sagt: »Ich bin stolz, ein Deutscher zu sein«, können wir gut deutsch antworten: »Dummheit und Stolz wachsen auf einem Holz.« Unsere deutsche Geschichte ist kein Ruhmesblatt, sie enthält auch schwarze Kapitel. Wir machen uns bei unseren Nachbarn unglaubwürdig, wenn wir dies unterschlagen.

Auch für das Gelingen der deutschen Einigung brauchen wir ein unbefangenes Verhältnis zur Einheit der Nation. Die Deutschen haben gemeinsam einen Krieg verloren, den Deutschland unter Hitler vom Zaun gebrochen hat. Die beiden deutschen Staaten haben die Kriegsfolgen in ungleicher Weise zu spüren bekommen. Während der Westen eine ganz vernünftige politische und wirtschaftliche Ordnung von seinen Siegermächten verordnet bekommen hat, ist der Osten von seiner Besatzungsmacht und ihren Helfern nur bedrückt und gemolken worden.

Es wäre nicht gut, dies in Ansprüchen des Ostens an den Westen aufzurechnen. Aber es ist wahr, daß die Lasten der deutschen Einigung in einem weiteren Sinne Kriegsfolgen sind. Wir sollten akzeptieren, daß wir durch unsere gemeinsame Geschichte in gemeinsame Haftung genommen sind, für diese Geschichte und füreinander. Das Fremdwort für gemeinsame Haftung lautet: Solidarität.

Wer genau ist Deutscher? Die Antwort muß korrekt lauten: Wer die deutsche Staatsbürgerschaft besitzt. Dies hat mit Hautfarbe, Rasse oder Religion nichts zu tun, sondern allein mit definierten Rechten und Pflichten und allerdings auch mit dem Willen, zu dieser Gesellschaft zu gehören. Ausländer werden Deutsche, wenn ihnen die deutsche Staatsbürgerschaft verliehen wird. Und die

Sorben, die sich ihre slawische Kultur erhalten haben, sind ohne jede Einschränkung Deutsche.

Das größer gewordene Deutschland mag die Nachbarn ängstigen. Dem begegnen wir am besten dadurch, daß sich Deutschland in den europäischen Zusammenhang fest einbindet und so jedem Verdacht auf deutsche Alleingänge entgegenwirkt. Nachdem die westeuropäische Einbindung der Bundesrepublik auch im Blick auf die menschlichen Beziehungen so gut vorangeschritten ist, sollten wir uns nun um vergleichbar gute Beziehungen zu unseren östlichen Nachbarn bemühen. Es wäre eine gefährliche Selbstüberschätzung der Deutschen, wenn sie sich als Vermittler zwischen Osteuropa und Westeuropa verstünden. Auch das vereinte Deutschland muß ein Staat der westeuropäischen Tradition bleiben; auch unsere östlichen Nachbarn wollen dies werden und sein.

VEREINIGUNG
Der innenpolitische Prozeß

Vor dem Brandenburger Tor in der Nacht vom 2. auf den 3. Oktober 1990

Die DDR wird zu Grabe getragen

Dieter Korger

Die Öffnung der Grenze beschleunigte den Abwärtstrend der ökonomischen Leistungskraft der DDR. Für eigenständige marktwirtschaftliche Experimente hatten große Teile der ostdeutschen Bevölkerung kein Verständnis und forderten auf der allwöchentlichen Montagsdemonstration in Leipzig und auf Massenkundgebungen in vielen anderen Städten ab dem 4. Dezember 1989 eine rasche Vereinigung, während ein immer kleiner werdender Kreis von SED-Parteigängern und Oppositionellen vor einem wirtschaftlichen Ausverkauf der DDR warnte. Somit wurde die Furcht vor einer Massenabwanderung in die Bundesrepublik Deutschland und damit verknüpften Implosion der in ein machtpolitisches Vakuum geratenen DDR zur Triebfeder bundesdeutscher Einigungspolitik, die den »Zehn-Punkte-Plan« von Bundeskanzler Helmut Kohl, der eine stufenweise Verzahnung beider Staaten von einer Konföderation zur Föderation vorsah, obsolet werden ließ und der sich die neue Ostberliner Regierung nicht entziehen konnte. Deren erneuerte Führungsspitze unter Ministerpräsident Hans Modrow sah sich nach der Streichung des SED-Führungsanspruchs aus der Verfassung am 1. Dezember 1989 mit einem grassierenden Zerfall ihrer politischen Stoßkraft konfrontiert: Zunehmende Parteiaustritte, die Entstehung neuer politischer Parteien und Organisationen, der Zerfall der Blockparteien sowie die Einrichtung eines »Runden Tisches« degradierten die SED zu einer politischen Kraft unter vielen. Der »Runde Tisch«, an dem am 7. Dezember 1989 Vertreter der Oppositionsgruppen, der fünf Blockparteien und des zerfallenden Regimes zum erstenmal Platz nahmen, konnte einige politische Erfolge verbuchen. So konnte er die Auflösung des Amtes für Nationale Sicherheit – im Volksmund kurz als »Stasi« bezeichnet – durchsetzen. Überdies ging auf seine Teilnehmer die Empfehlung zurück, am 6. Mai 1990 die ersten Kommunal- und Volkskammerwahlen durchzuführen, wobei letztere allerdings schließlich vorverlegt wurde. Die letzte Sitzung des »Runden Tisches« fand am 12. März 1990 statt, auf der die Übernahme des bundesdeutschen Grundgesetzes für die DDR abgelehnt wurde.

Mit der Diversifizierung der wirtschaftlichen und politischen Machtverhältnisse in der DDR bei gleichzeitiger Neuorientierung an der Bundesrepublik Deutschland (z.B. in bezug auf Banken- und Unternehmensbeteiligungen und Angleichung des Parteiensystems) wurde der Weg zur deutschen Einheit faktisch schon beschritten, noch bevor Hans Modrow am 1. Februar 1990 die politische Fusion beider Staaten zu einem »einig Vaterland aller Bürger deutscher Nation« als Ziel seiner Regierung definierte. Modrows Vorstellungen von einem wiedervereinten Deutschland wichen jedoch in einem zentralen Punkt von den Interessen der Bundesregierung ab. Der DDR-Ministerratsvorsitzende schlug nämlich in einer »Erklärung über den Weg zur deutschen Einheit« vor, daß sich beide deutsche Staaten schrittweise aus ihren Bündnisverpflichtungen gegenüber dritten Ländern lösen und den Status militärischer Neutralität erlangen sollten. Dieses Konzept mußte Bundeskanzler Kohl ablehnen, da für ihn – ungeachtet des dramatischen Wandels in Osteuropa – die Bindung an die westliche Staatengemeinschaft die außenpolitische Maxime der Bundesrepublik darstellte. Integraler Bestandteil dieser sogenannten Westbindung ist auch die Zugehörigkeit zur NATO und die nukleare Schutzgarantie der USA. Weil darüber hinaus der enge Schulterschluß zwischen der westlichen Wertewelt und der Bundesrepublik die Funktion erfüllte, einen deutschen Sonderweg zu verhindern, bestand zu keiner Zeit eine Chance für die Option eines neutralen Deutschlands. Der Umstand, daß Modrow diesen Vorschlag einige Tage später wieder zurückzog, zeigte vielmehr, daß die SED-Führung spürbar von Ratlosigkeit und Schwäche geprägt war.

Um den Einigungsprozeß zügig voranzutreiben, strebten sowohl die Übergangsregierung Modrow als auch die Regierung Kohl ab Februar 1990 als ersten großen Schritt die baldige Realisierung einer Währungs-, Wirtschafts- und Sozialunion zwischen beiden Staaten an, jedoch wurde von Ost-Berlin am 19. Februar klargestellt, daß eine Preisgabe der Währungshoheit verfassungsrechtlich nicht möglich sei, solange die Volkskammer nicht neu gewählt und eine reguläre Regierung gebildet sei. Anläßlich des Besuchs des DDR-Ministerpräsidenten an jenem Tag in Bonn unterstrichen Modrow und Kohl gleichwohl, daß über eine ökonomische und monetäre Union hinaus das Ziel aller Anstrengungen ein deutscher Bundesstaat sein sollte. Somit war die wichtigste Aufgabe und zugleich die Lebensdauer des noch nicht gewählten Parlaments der DDR bereits vorgegeben: Es mußte über die kommenden Schritte zur Wiedervereinigung abstimmen und – weil ja das vereinigte Deutschland das politische System der Bundesrepublik erben würde – letztlich die DDR selbst zu Grabe tragen.

Die Vorverlegung der Volkskammerwahl vom 6. Mai auf den 18. März 1990, auf die sich der »Runde Tisch« mit Modrow verständigte, machte in dieser Hinsicht deutlich, wie sehr die meisten politischen Gruppierungen in der DDR und die in Massen für die Einheit demonstrierende Bevölkerung am Ende des ersten deutschen »Arbeiter- und Bauern-Staates« interessiert waren. Nur wenige Intellektuelle aus beiden Teilen Deutschlands, die Grünen und zahlreiche Anhänger und Parteimitglieder der SED-PDS, die bei der Wahl schließlich nur noch unter dem Kürzel PDS antrat, setzten sich für einen eigenen Weg der DDR ein. Die Annäherung der bislang getrennten deutschen Parteien, die im Laufe des Sommers 1990 in Zusammenschlüssen bzw. Fusionen gipfelte, verdeutlicht ebenfalls, daß der Wille zur Einheit eine Dynamik entwickelt hatte, die ein schnelles Verlöschen des Staatsgebildes DDR absehen ließ. Lediglich die SPD (West) stand bis zum 7. März 1990 einer raschen Vereinigung skeptisch gegenüber. Sie hatte mehrheitlich für eine Konföderation beider deutscher Staaten plädiert, doch vollzog ihr Parteivorstand an eben jenem Tag eine Kurskorrektur: Das Ziel der Wiedervereinigung fand nun auch das Plazet der Sozialdemokraten.

Uneinigkeit zwischen den Parteien bestand indes über die Frage, nach welchem Modus die deutsche Einheit vollendet werden sollte. Das bundesdeutsche Grundgesetz bot hierzu zwei Wege an:

den gemäß Art. 146 GG oder den des Art. 23 GG. Artikel 146 GG, der von der SPD (West) bevorzugt wurde, hätte die deutsche Einigung verzögert, weil in diesem Falle zunächst eine gesamtdeutsche Verfassung hätte erarbeitet und parlamentarisch verabschiedet werden müssen. Erst danach hätte die Einheit vollzogen werden können. Hingegen eröffnete Art. 23 GG den von der Bundesrepublik angestrebten schnelleren Weg, weil in diesem Fall die DDR einfach dem Grundgesetz beitrat. Dies war und wurde möglich aufgrund des darin enthaltenen Passus, daß »anderen Teilen Deutschlands« die Übernahme der bundesdeutschen Verfassungsordnung freisteht. Diese Option hatte den Vorteil, daß das geeinte Deutschland keine Neuverhandlungen über den Beitritt zur Europäischen Gemeinschaft führen mußte – denn mit Art. 146 GG hätte es keine Bundesrepublik Deutschland mehr gegeben.

Das Ergebnis der Volkskammerwahl zeigte allerdings deutlich, daß eine klare Mehrheit der Bürger der DDR für den Beitritt zum Grundgesetz nach Art. 23 GG war. Die für die Wahl gebildete »Allianz für Deutschland«, bestehend aus CDU, Deutsche Soziale Union (DSU) und Demokratischer Aufbruch (DA), die für diesen Weg eingetreten war, erhielt 48,1% der Stimmen. Daß die SPD nur mit 21,8% abschnitt, wurde von Wahlbeobachtern als Quittung für die zögerliche Haltung der Sozialdemokraten in der Frage der Wiedervereinigung interpretiert. Die PDS erreichte immerhin noch einen Stimmenanteil von 16,3%, während das Bündnis 90, dessen Mitglieder sich zu den Initiatoren der friedlichen Revolution in der DDR zählten, mit 2,9% hinter seinen eigenen Erwartungen zurückblieb. Die »Allianz« bildete zusammen mit der SPD und dem Bund Freier Demokraten, auf den 5,3% der Stimmen entfallen waren, eine große Koalition. Ziel dieses politischen Schulterschlusses war die rasche Vollendung der Einheit Deutschlands.

Es geht in diesen Tagen nicht um mehr und besseren Sozialismus. Es geht in diesen Tagen darum, ihn vor dieser Welt zu legitimieren, ihm überhaupt eine Überlebenschance, eine Daseinsberechtigung zu geben.

Durch wieviel Korruptheit, Machtmißbrauch und Entscheidungswillkür haben führende Kräfte der SED diese Krise des Sozialismus herbeigeführt? Und wie sehr ist jeder einzelne Genosse in diese Schuld eingebunden?

Die Selbstgerechtigkeit unserer Parteiführung ist unerträglich. Sie ließ noch keine Worte der Analyse hören. Wie kam es zu dieser Deformation des Sozialismus? Wer trägt die Hauptverantwortung? Welche Machtmechanismen machten Machtmißbrauch möglich? Wie werden die jetzt Zurückgetretenen oder von ihren Funktionen entbundenen Parteikader zur harten, offenen, unmißverständlichen und zum Teil auch strafrechtlichen Verantwortung gezogen?

Ich fordere deshalb eindeutige, radikale personelle Konsequenzen, öffentliche Parteiverfahren und strafrechtliche Verfolgung derjenigen, die sich am Eigentum des Volkes und am tragischen Schicksal aufrechter Menschen schuldig gemacht haben.

Ich fordere den Verzicht auf Paragraph 1 der Verfassung, der den Anspruch auf die Führungsrolle der Partei festschreibt. Niemand hat ein Monopol auf Wahrheit. Zur Rolle des Führers gehören jene, die geführt werden wollen – ich betone wollen.

Das Ringen um den rechten Weg

Auszug aus dem Grundgesetz

Art. 23: Dieses Grundgesetz gilt zunächst im Gebiete der Länder Baden, Bayern, Bremen, Groß-Berlin, Hamburg, Hessen, Niedersachsen, Nordrhein-Westfalen, Rheinland-Pfalz, Schleswig-Holstein, Württemberg-Baden und Württemberg-Hohenzollern. In anderen Teilen Deutschlands ist es nach deren Beitritt in Kraft zu setzen.

Art. 146: Dieses Grundgesetz verliert seine Gültigkeit an dem Tage, an dem eine Verfassung in Kraft tritt, die von dem deutschen Volke in freier Entscheidung beschlossen worden ist.

Am 23.9.1990 ist der Artikel 23 aufgehoben und der Artikel 146 geändert worden:
Dieses Grundgesetz, das nach Vollendung der Einheit und Freiheit Deutschlands für das gesamte deutsche Volk gilt, verliert seine Gültigkeit an dem Tage, an dem eine Verfassung in Kraft tritt, die von dem deutschen Volk in freier Entscheidung beschlossen worden ist.

Gerd Roellecke

Die neue Fassung des Artikel 146 GG ist unsinnig. Man kann in einer geltenden Verfassung nicht gleichzeitig sagen: die Freiheit Deutschlands sei vollendet, und: das Volk habe über die Verfassung noch nicht frei entschieden. Ein solcher Widerspruch entlarvt die verfassungspolitische Volksfreundlichkeit als Heuchelei. Artikel 146 GG bedeutet daher nur noch: Das Grundgesetz kann durch eine neue Verfassung ersetzt werden. Das ist zwar trivial. Alle Verfassungen können jederzeit aufgehoben werden. Aber gerade deshalb sollte man es nicht in eine Verfassung schreiben.

Viele fanden den Artikel 146 GG wunderschön, weil dort von

der freien Entscheidung des deutschen Volkes die Rede ist, und allein darum ging es. Freiheit ist selbstverständlich vernünftige Freiheit. Die Freiheit, das Grundrecht auf Asyl abzuschaffen oder die Todesstrafe wieder einzuführen, sollte das deutsche Volk nie haben, nur die Freiheit, zur Vernunft Ja zu sagen und dem zuzustimmen, was ein – natürlich demokratisch gewählter – Kreis von Vernünftigen vorschlug.

Der Streit um den Artikel 146 GG war also genaugenommen ein Streit darüber, ob das Volk über die Verfassung entscheiden sollte. Das scheint selbstverständlich zu sein. Deshalb hatten die, die dagegen waren, keine guten Karten, und so haben sie, wenn auch zähneknirschend, der Neufassung des Artikels 146 zugestimmt.

JOSEF ISENSEE

Für die Anwendbarkeit des Artikels 23 spricht ein gewichtiges Argument aus der Präambel: Das deutsche Teilvolk der westlichen Länder hat bei der Schaffung des Grundgesetzes »auch für jene Deutschen gehandelt, denen mitzuwirken versagt war«. Das Grundgesetz war also von seinem Ursprung her als Verfassung für das ganze deutsche Volk entworfen. Der westdeutsche Verfassungsgeber betrachtete sich als Treuhänder auch für die Deutschen außerhalb des Bundesgebietes, vornehmlich damit für die, denen die sowjetische Besatzungsmacht die Mitwirkung versagte. Mit dem Beitritt zum Staat des Grundgesetzes bestätigen diese Deutschen die Intention des Treuhänders.

BESCHLUSS DER VOLKSKAMMER DER DEUTSCHEN DEMOKRATISCHEN REPUBLIK VOM 23. AUGUST 1990

Die Volkskammer erklärt den Beitritt der Deutschen Demokratischen Republik zum Geltungsbereich des Grundgesetzes der Bundesrepublik Deutschland gemäß Artikel 23 des Grundgesetzes mit Wirkung vom 3. Oktober 1990.

Sie geht davon aus,

– daß die Beratungen zum Einigungsvertrag zu diesem Termin abgeschlossen sind,

– die Zwei-plus-Vier-Verhandlungen einen Stand erreicht haben, der die außen- und sicherheitspolitischen Bedingungen der deutschen Einheit regelt,

– die Länderbildung soweit vorbereitet ist, daß die Wahl in den Länderparlamenten am 14. Oktober 1990 durchgeführt werden kann.

Einigungsvertrag

DDR-Ministerpräsident Lothar de Maizière

Wir erfüllen heute [31.8.1990] eine wichtige Voraussetzung auf dem Weg zur deutschen Einheit. Der Einigungsvertrag, der in wenigen Augenblicken unterschrieben wird, ist ein gründlich ausgehandeltes, in konstruktivem Geist gestaltetes Werk, das den Beitritt und die damit zusammenhängenden Fragen in ausgewogener Balance hält. Dieser Vertrag ist sicher eines der bedeutendsten Vertragswerke in der deutschen Nachkriegsgeschichte. Er schafft Sicherheit und Klarheit über die vielen Fragen, die sich beim Vollzug der Einheit stellen.

Im Vertrag ist geregelt, was wir für wichtig und richtig hielten. Gestatten Sie mir, sieben Punkte zu erwähnen. die ich besonders hervorheben möchte:

1. Der Vertrag schafft Klarheit über die Eigentumsfragen. Für die Menschen in der DDR und für den inneren Frieden im vereinten Deutschland ist die Festschreibung der Ergebnisse der Bodenreform von 1945 bis 1949 von zentraler Bedeutung. Der Einigungsvertrag schafft einen angemessenen Ausgleich zwischen dem Recht auf Eigentum und der Tatsache, daß man Geschichte nicht einfach ungeschehen machen kann. Er macht rasche Investi-

tionsentscheidungen möglich, auch dort, wo Eigentumsfragen noch nicht abschließend geklärt sind; eine für die wirtschaftliche Entwicklung besonders zukunftsweisende Regelung.

2. Der Einigungsvertrag schafft die Voraussetzungen für Investitionen in der DDR und damit auch für Arbeitsplätze. Er wird ein umfangreiches Programm zur Regionalförderung in der DDR einleiten. Damit sind wichtige Weichen gestellt. Allein 1,2 Millionen Arbeitsplätze können dadurch gesichert oder neu geschaffen werden.

3. Es wird das System der sozialen Sicherheit, das in der Bundesrepublik gilt, übernommen. Das bringt für die Menschen in unserem Land große Vorteile. Dieses Netz der sozialen Sicherung ist beispielgebend für die großen Industrienationen. Übergangsregelungen sichern soziale Gerechtigkeit in den wenigen Fällen, wo das DDR-Recht bisher günstiger war. Gerade hier wird deutlich, daß in der sozialen Marktwirtschaft Wirtschafts- und Sozialpolitik auf das engste miteinander verbunden sind.

4. Zu den schwierigsten Verhandlungsthemen gehörten die Fragen der Finanzausstattung der künftigen Länder und Gemeinden. Hier mußten Kompromisse gefunden werden. Die jetzige Regelung schafft die Voraussetzungen, daß die neuen Länder an der Wirtschaftskraft des geeinten Deutschlands angemessen teilhaben werden.

5. Der Einigungsvertrag reicht weit über die Wirtschafts- und Sozialpolitik hinaus. Der Schutz der natürlichen Lebensgrundlagen der Menschen und die Verbesserung der Umweltsituation auf dem Gebiet der heutigen DDR nehmen im Vertrag einen hohen Rang ein. Wir brauchen saubere Luft zum Atmen, den Schutz der Seen, Flüsse und Trinkwasservorräte, und wir wollen den Erhalt und die Pflege unserer schönen Naturlandschaften – sei es die Schorfheide, der Thüringer Wald oder die Sächsische Schweiz, die Mecklenburgische Seenplatte oder der Harz mit seinem Brocken. Umweltschutz ist Menschenschutz. Wir wissen, wovon wir reden.

6. Mit dem Vollzug der deutschen Einigung wachsen nicht nur zwei Staaten zusammen. Durch die Auflösung der zentralistisch gesteuerten DDR entstehen auf diesem Gebiet gleichzeitig fünf

neue Bundesländer. Sie knüpfen an die große föderative Tradition in Deutschland an, die lange bei uns unterdrückt war. Sachsen und Thüringen, Sachsen-Anhalt und Brandenburg sowie Mecklenburg-Vorpommern: Mit diesen Namen verbindet sich ein Stück deutsche Geschichte und für die Menschen, die dort leben, das Gefühl der Heimat. Dieser Wandel in der Grundstruktur schafft viele Übergangsphänomene, die es zu lösen gilt. Zur Überbrückung dieser Probleme sieht der Vertrag sinnvolle und konstruktive Regelungen vor.

7. Mit ihrem Variationsreichtum gehört die Kultur zu unseren elementaren Lebensnotwendigkeiten. Ihr Fortbestand, ihre Pflege und Förderung bedeutet für die Menschen ein Stück Selbstachtung. Der Vertrag legt fest, daß die geerbte und neu entstandene kulturelle Substanz auf dem Gebiet der früheren DDR keinen Schaden nehmen darf.

VEREINIGUNG
Außenpolitische Regelung

Bundeskanzler Helmut Kohl und Staatspräsident Michail Gorba-
tschow in Archiz/Kaukasus am 17. Juli 1990

Zwei-plus-Vier

STEFAN BRAUBURGER

Nach der deutschlandpolitischen Wende am 9. November 1989 war es an den Vier Mächten, zu den Ereignissen Stellung zu beziehen. US-Außenminister Baker erklärte, daß die Deutschen in West und Ost selbst über ihre Einheit zu entscheiden hätten, doch müsse ein vereinigtes Deutschland der NATO und der EG angehören. Michail Gorbatschow und François Mitterrand trafen sich Anfang Dezember 1989 in Kiew, beide warnten vor deutschen Alleingängen in der Frage der künftigen Beziehungen beider deutscher Staaten. Das Gleichgewicht und die historischen Bedingungen müßten berücksichtigt werden. Die Sowjetunion beharrte zunächst auf der Neutralität des vereinten Deutschlands, Polen bestand auf einer formalen Anerkennung der polnischen Westgrenze.

An diesen Positionen orientierte die Bundesregierung ihre diplomatischen Initiativen. Am 14. Februar 1990 bereits waren in Ottawa die Außenminister der Bundesrepublik Deutschland und der DDR sowie der Vier Mächte zusammengekommen. Dabei vereinbarten sie die Abhaltung von Konferenzen nach der Formel »Zwei-plus-Vier«, um die äußeren Aspekte der Herstellung der deutschen Einheit einschließlich der Fragen der Sicherheit der Nachbarn zu besprechen. Beim ersten »Zwei-plus-Vier«-Treffen am 5. Mai 1990 verständigten sich die Konferenzteilnehmer, den deutschen Einigungsprozeß zügig und ohne Zeitverlust auf den Weg zu bringen. Übereinstimmung herrschte über das Recht der Deutschen, eigenständig über ihre Vereinigung zu entscheiden, und darüber, daß die polnische Westgrenze in völkerrechtlich verbindlicher Form anzuerkennen sei. Die Debatte um die künftige bündnispolitische Einordnung Gesamtdeutschlands blieb zunächst ohne Ergebnis. Weitere bilaterale und internationale Gespräche folgten. Der entscheidende Durchbruch wurde bei dem Besuch Helmut Kohls in der Sowjetunion, am 16. Juli 1990, erzielt: Deutschland sollte nach seiner Einigung die volle Souveränität erhalten und hätte das Recht, frei über seine Bündniszugehörigkeit zu entscheiden.

Mit dieser Vereinbarung gab die Sowjetunion ihren bisherigen Widerstand gegen die NATO-Mitgliedschaft Deutschlands auf, die außenpolitischen Probleme der Wiedervereinigung waren damit gelöst. Die Regierungen der Westmächte hatten zuvor bereits versichert, daß sie einem Vertrag unter der Bedingung der NATO-Zugehörigkeit Deutschlands zustimmen würden. Am 19. September 1990 unterzeichneten die sechs Außenminister der »Zwei-plus-Vier«-Runde den »Vertrag über die abschließende Regelung in bezug auf Deutschland«. Mit der Aussetzung ihrer Sonderrechte zum Zeitpunkt der staatlichen Wiedervereinigung der Deutschen, dem 3. Oktober 1990, trat der Vertrag noch vor der Ratifizierung durch die einzelnen Parlamente der Vier Mächte in Kraft.

Im Geist des neuen Denkens

MICHAIL GORBATSCHOW

In Moskau hat man schon immer von den Bestrebungen der Deutschen in der DDR nach Wiedervereinigung gewußt. Das war deutlich zu erkennen. Und diese Bestrebungen nahmen unter dem Einfluß der Demokratisierungsbestrebungen in der Sowjetunion zu. Die Demokratisierung verwandelte die Hoffnungen, die Erwartungen in etwas real Mögliches. Aber daß diese Erwartungen und Hoffnungen gerade vom Sommer bis zum Herbst 1989 zum Durchbruch kamen, das lag ohne Zweifel an dem radikalen Umbruch in den Beziehungen zwischen der Sowjetunion und der Bundesrepublik, zu Europa und der Welt generell.

Ich werde oft gefragt, wann genau ich eigentlich in die Wiedervereinigung eingewilligt habe. So einen Tag gibt es nicht. Wir handelten im Geiste des neuen Denkens: Es durfte, erstens, nicht zugelassen werden, daß der Aufbruch der Deutschen zur Einheit den Prozeß der Beendigung des Kalten Krieges sprengen würde. Deshalb sollte alles schrittweise gehen. Zweitens: Die Deutschen hatten das Recht, selbst über ihr eigenes nationales Schicksal zu entscheiden – aber unter Berücksichtigung der Interessen anderer Nationen. Drittens: Es konnte und durfte keine Gewalt angewendet werden.

Nur unter der Berücksichtigung dieser drei Grundsätze kann man alle meine darauf folgenden Handlungen erklären. Ich muß sagen, daß für das Verständnis der damaligen Situation die Haltung der Ostdeutschen eine besondere Rolle gespielt hat, so wie sie während der Feierlichkeiten des vierzigjährigen Bestehens der DDR in Berlin zum Ausdruck gekommen ist. Als ich an jenem Abend damals auf der Tribüne stand, neben führenden Persönlichkeiten der DDR und der Staaten des Warschauer Vertrages, sahen wir den Fackelzug mit Vertretern sämtlicher Bezirke der DDR. Sie zogen an uns vorbei, und ich sah, mit welcher Stimmung, wie frei, wie zuversichtlich diese jungen Menschen marschierten. Aber gleichzeitig kam dabei auch ihr innigster Wunsch nach Veränderungen zum Ausdruck. Dort hörte ich direkte Aufrufe an meine Adresse.

Der damalige Ministerpräsident Polens, Rakowski – er spricht gut Deutsch –, fragte mich, ob ich verstehe, was die Deutschen da riefen und was sie von mir in diesem Moment wollten. Ich sagte: »Ja, ich verstehe das schon.« Und er sagte: »Das bedeutet das Ende«. – »Ja«, habe ich gesagt.

Finanzhilfe

WERNER WEIDENFELD/PETER M. WAGNER

Als Gorbatschow Anfang Mai 1990 durch [seinen Außenminister Eduard A.] Schewardnadse zudem vertraulich nach westdeutscher Finanzhilfe fragen ließ, hatte Kohl sofort reagiert: Wenige Tage später waren sein außenpolitischer Mitarbeiter Horst Teltschik und die beiden Bankiers Hilmar Kopper (Deutsche Bank) und Wolfgang Röller (Dresdner Bank) zu Gesprächen mit der Spitze des sowjetischen Staates nach Moskau geflogen. Die Ergebnisse der geheimen Sondierung gaben Grund zum Optimismus, da Schewardnadse und Gorbatschow Teltschiks Hinweis akzeptiert hatten, daß jede Wirtschaftshilfe durch die Bundesrepublik Teil eines Gesamtpakets zur Lösung der »deutschen Frage« sei. Diese Gespräche waren so vertraulich, daß die Piloten der Regierungsmaschine ihr Ziel erst kurz vor Köln-Bonn mitgeteilt bekamen, das Auswärtige Amt erst davon erfuhr, als die Gesandten des Kanzlers schon im Anflug auf Moskau waren und Teltschik sogar auf einen eigenen Dolmetscher verzichtete. Statt dessen übersetzte der ehemalige sowjetische Botschafter in Bonn, Julij Kwizinskij, das Gespräch mit Gorbatschow und anderen führenden Politikern.

Diese Geheimhaltung hatte verschiedene Gründe. Zum einen wollte die UdSSR nicht, daß ihre drohende Zahlungsunfähigkeit auf dem internationalen Markt bekannt wurde, zum anderen wollte das Bundeskanzleramt sich diese Chance zur außenpolitischen Profilierung gegenüber dem Außenminister und Koalitionspartner nicht entgehen lassen. Helmut Kohl hatte deshalb auch seit Frühjahr 1990 die Europapolitik weitgehend monopolisiert: Er und seine engsten Mitarbeiter im Kanzleramt kümmerten sich im ständigen Dialog mit Frankreichs Staatspräsident François Mitterrand und dessen Vertrauten im Elysee darum, den westlichen Partner durch gemeinsame europapolitische Initiativen in den deutsch-deutschen Vereinigungsprozeß einzubinden.

In Archiz

HANS-DIETRICH GENSCHER

In Archiz* angekommen, wies man uns zunächst unsere Quartiere zu. Ich wurde in einem größeren alten russischen Holzbau untergebracht, in dem eine behagliche Atmosphäre herrschte, wie sie nur Holz ausstrahlen kann. Ich wohnte in einer Art Suite: ein kleiner Vorraum, ein Wohnraum, eine Loggia, Schlafzimmer und Bad. In dem Gebäude war auch der medizinische Dienst untergebracht, der sowjetische wie der deutsche. Mich begleitete die Oberstabsärztin Frau Dr. Lupi; ohne die Fürsorge, mit der sie und ihre Kollegen vom Bundeswehrkrankenhaus Ulm, die Oberfeldärzte Dr. Meyer und Dr. Thomas, mich damals medizinisch betreuten, hätte ich die Strapazen des Jahres 1990 vermutlich kaum bewältigt. Auch diesmal mußte ich Frau Dr. Lupi noch am späten Abend konsultieren. Mein Kreislauf sackte ab, und intensive Herzrhythmusstörungen stellten sich ein, die bis zur Rückkehr am nächsten Tag anhielten. Dieser große Tag wurde für mich körperlich schwer.

Als ich mich unmittelbar nach der Ankunft frisch gemacht hatte, ging ich zum Haupthaus. Von dort begann später der aus dem Fernsehen und von zahlreichen Fotografien bekannte Spaziergang, der am Flußufer endete. Helmut Kohl und Michail Gorbatschow nahmen an einem massiven Holztisch auf zwei Baumstümpfen Platz. Ein dritter war frei. In einem großen Kreis gruppierten sich die anderen Delegationsmitglieder beider Seiten darum, die Minister Schewardnadse und Sitarjan, Waigel, Klein und ich. Gorbatschow bat mich, mich zu setzen. Ich winkte Eduard Schewardnadse zu, er solle dies an meiner Stelle tun, doch er lehnte ab. Wir sahen uns an, und ich nahm den Platz ein.

---

* Während seines Besuchs in der Sowjetunion im Juli 1990 kamen Helmut Kohl und die deutsche Delegation mit Michail Gorbatschow zu einem informellen Treffen am 15. Juli in dessen kaukasischer Heimat, in Archiz, zusammen.

Meine Gedanken waren weit, weit weg: bei meinen Eltern und meinen Großeltern, und das heißt zu Hause in Halle, in Reideburg, in Klepzig. Meine Mutter war am 13. Oktober 1988 gestorben und konnte nicht mehr erleben, was sie sich immer gewünscht hatte. Auch an den 1. Januar 1946 dachte ich, als mein Großvater Otto Kreime prophezeite, es werde fünfzig Jahre dauern, bis die Rote Armee unser Land verlassen und wir wieder eins sein würden.

Auf dem Weg zu diesem Tisch war etwas geschehen, was mich zuversichtlich machte, aber auch den ganzen Ernst der Lage andeutete. Als wir zu unserem gemeinsamen Spaziergang aufbrachen – nach den Gesetzen der modernen Mediengesellschaft wurde er eher zu einem gemeinsamen Schaulaufen – gingen in einer Vierergruppe Gorbatschow, Kohl, Schewardnadse und ich voran, zwischen uns die Dolmetscher. Plötzlich zog mich eine Hand am Unterarm zurück. Ich blickte mich um und sah Raissa Gorbatschowa. Sie suchte noch einmal das Gespräch mit mir: Ob wir wüßten, was das, was hier beraten und entschieden werde, bedeute? Ob uns klar sei, welche Verantwortung, ja welches Risiko ihr Mann damit auf sich nehme? Ich nickte. Dann fuhr sie fort: »Herr Genscher, auch Deutschland macht hier Zusagen, auch Deutschland muß etwas geben. Herr Genscher, Sie müssen das einhalten – alles.« Das klang geradezu beschwörend. Für einen Moment blieb ich stehen und gab ihr die Hand. »Sie können sich darauf verlassen. Wir haben in jeder Hinsicht unsere Lehren aus der Geschichte gezogen. Ich weiß sehr genau, was Ihr Mann hier tut. Alles wird gut werden.«

Politische Geschwindigkeit

LOTHAR BAIER

Aus der Distanz betrachtet, stellt sich der deutsche Vereinigungsprozeß als eine äußerst originelle Operation dar, bei der die ökonomische Verzeitlichung in die Politik transplantiert worden ist. Auf diesen gelungenen Überraschungscoup war aber niemand vorbereitet, was auch seinen Erfolg erklärt: So als hätte überall das Immunsystem versagt, streckten [der amerikanische Präsident George] Bush und Gorbatschow, Mitterrand und [die englische Premierministerin] Margaret Thatcher vor der deutschen Beschleunigung die Waffen. Prozeduren, die sonst viele Jahre dauern, zum Beispiel die Aufnahme eines neuen Mitglieds in die Europäische Gemeinschaft, war im Fall der DDR in wenigen Monaten über die Bühne gebracht. Die Bevölkerungen der EG-Mitgliedstaaten, die künftig für Strukturverbesserungen in der DDR-Region mitbezahlen müssen, darunter Portugal und Griechenland, denen schon die realsozialistische DDR an Wirtschaftskraft weit überlegen war, sind nicht gefragt worden. Wo Geschwindigkeit das Tempo angibt, muß zeitraubende Demokratie zurücktreten. [...]

Gegen die Faszination der Beschleunigung ist kein Kraut gewachsen: Die deutsche Vereinigung gleicht dem Start einer Verkehrsmaschine, bei dem die Passagiere zuerst ihre unangenehm eigene Trägheit spüren, sich dann aber dem wachsenden Tempo unterwerfen, bis sie selbst dem erlösenden Aufstieg entgegenfiebern.

VEREINIGUNG
Die Berliner Republik

Computersimulation des neuen Stadtzentrums von Berlin im Jahre 2010

Mehrheit für Berlin

HANS-DIETRICH GENSCHER

Während am 19. und 20. Juni 1991 in Berlin die erste KSZE*-Außenministerkonferenz stattfand, lief in Bonn die Debatte über den zukünftigen Sitz von Parlament und Bundesregierung. Die F.D.P.-Fraktion rief mich im Reichstag an: Ich möge bitte so schnell wie möglich nach Abschluß der Konferenz nach Bonn kommen und im Bundestag sprechen, denn die Mehrheit für Berlin sei keineswegs gesichert. Meine Außenministerkollegen, mit denen ich darüber sprach, waren verblüfft; sie konnten nicht verstehen, daß die Entscheidung für Berlin umstritten war. Unmittelbar nach Ende der Konferenz traf ich die Repräsentanten der drei baltischen Staaten, dann flog ich in die Bundeshauptstadt.

Als ich im Deutschen Bundestag das Wort erhielt, hatten schon einundneunzig Redner gesprochen; nach mir kamen noch vierzehn weitere. Für mich fiel die Entscheidung für Berlin nicht erst am 20. Juni 1991. Das Festhalten an meiner Auffassung war längst mehr als eine Frage der persönlichen Glaubwürdigkeit: Es ging auch um die Glaubwürdigkeit der Verfassungsorgane Bundesregierung und Bundestag. Deshalb sagte ich: »Solange ich während der deutschen Spaltung auf die deutsche Einheit gewartet und gehofft und für sie gearbeitet habe, so lange habe ich auch darauf gehofft, daß Berlin wieder deutsche Hauptstadt wird. Ich verstehe Hauptstadt nicht als Aushängeschild, sondern als Sitz des frei gewählten Parlaments und der frei gewählten Regierung aller Deutschen. Nachdem wir nun unsere Einheit und die Freiheit wiedergewonnen haben, selbst über den Sitz unserer Hauptstadt zu entscheiden, möchte ich nicht von dem abweichen, was ich in der Vergangenheit gedacht, gewünscht, gewollt und versprochen habe. Als Außenminister habe ich mich für Berlin als deutsche Hauptstadt eingesetzt. Ich habe es meinen Gesprächspartnern im

---

* Konferenz über Sicherheit und Zusammenarbeit in Europa

Ausland gesagt. Ich habe sie gebeten, als Zeichen ihrer Verbundenheit nach Berlin zu kommen. Ich habe um jeden Zentimeter gerungen, um mehr Bundespräsenz in Berlin zu ermöglichen. Jetzt ist die ganze Bundespräsenz möglich. Dafür möchte ich im Deutschen Bundestag stimmen … Die deutsche Geschichte ist überall in Deutschland zu Hause, mit ihren guten und ihren schlechten Zeiten. Das taugt nicht als Argument, weder gegen Bonn noch gegen Berlin.«

Es ging aber auch um den politischen Standort des vereinigten Deutschlands: Die Wertebestimmung kann und darf sich nicht ändern, die europäische Orientierung des vereinigten Deutschland muß, im Gegenteil, noch deutlicher werden. Unumkehrbare Zugehörigkeit zur westlichen Wertegemeinschaft und unsere gesamtdeutsche und gesamteuropäische Bestimmung und Verantwortung dürfen nicht zu Gegensätzen verfälscht werden; deshalb fuhr ich fort: »Man wende nicht ein, die Entscheidung für Berlin würde unsere Einbindung in die demokratische Wertegemeinschaft in Frage stellen. Wir erleben doch gerade, wie sich diese demokratische Wertegemeinschaft immer weiter nach Osten ausdehnt. Europa – das kann nicht oft genug gesagt werden – ist mehr als die Europäische Gemeinschaft. Unsere Nachbarn im Osten bedeuten uns nicht weniger als unsere Nachbarn im Westen. War nicht Berlin über Jahrzehnte das Symbol der Freiheit? Es ist schon richtig, daß der Vereinigungsvertrag sagt: Unsere Hauptstadt ist Berlin. Diese Stadt bringt die Erfahrung der Deutschen aus dem Osten und aus dem Westen ein. Diese Stadt ist auch mit dem Volksaufstand vom 17. Juni 1953 und der Öffnung der Mauer verbunden. Jeder von uns muß heute die Frage beantworten, was er mit Hauptstadt meint: nur eine symbolische Hauptstadtbezeichnung oder die Stadt, in der die Entscheidungen über die Zukunft unseres Volkes getroffen werden. Meine Antwort ist: Ich stimme für Berlin.«

PETER BENDER

Berlin war durch die ganze Nachkriegsgeschichte beides: Es war Stolperstein und Klammer. Den Deutschen und manchmal sogar der Welt wäre viel erspart geblieben, wenn es die Stadt nicht gegeben hätte. Berlin war ständiges Sorgenkind des Westens und eine permanente Herausforderung des Ostens, es war Zankapfel, Kampfplatz und Krisenherd, kleinste Ursachen konnten in der geteilten Stadt gefährlichste Folgen haben. Ohne Berlin hätten alle Deutschen ruhiger gelebt, aber sie hätten sich noch weiter auseinander gelebt.

Und wenn sie einander näher- und am Ende zusammenkommen, dann kann und muß das zuerst in Berlin geschehen. Hier ging am 9. November 1989 zuerst die Grenze auf. Hier bilden Deutsche mit Ost- und West-Biographie eine Gemeinde. Hier muß man sich öfter begegnen, mehr miteinander regeln, enger zusammenleben, auch wenn man es nicht will. Noch haben wir zwei Gesellschaften in einer Stadt, aber eben in einer Stadt und nicht soweit voneinander entfernt wie die Leute in Frankfurt/ Oder und Frankfurt/Main. Berlin wird Hauptstadt Deutschlands werden, weil Parlament und Regierung irgendwann endlich herkommen. Es wird aber Hauptstadt der Deutschen werden, weil sich hier die Deutschen zuerst vereinigen – als Beispiel für das ganze Land.

THOMAS SCHMID

Wer Berlin als Haupt- und Regierungsstadt haben möchte, sagt auch gerne, sie sei nötig, um die Integration der fünf neuen Länder gelingen zu lassen. Nur so, heißt es etwa, könne der Bevölkerung der ehemaligen DDR die Gewißheit vermittelt werden, die alte Bundesrepublik akzeptiere sie und berücksichtige ihre Interessen. Dazu hat der Historiker Eberhard Jäckel knapp, aber zutreffend das Nötige gesagt: »Im übrigen ist es eine sachfremde Vorstellung, den Regierungssitz zu verlegen, um einem Bevölkerungsteil einen Gefallen zu erweisen.«

Im Juni 1990 – zu einer Zeit also, als die erhabenen Reden noch en gros zu haben waren – meinte der Hallenser Hans-Dietrich Genscher: »Es gibt bestimmte Fragen, die man nicht offenlassen kann. Dazu gehört auch die Hauptstadtfrage. Berlin ist das Symbol des deutschen Freiheitswillens. Berlin als Hauptstadt würde auch die volle Integration des Gesamtstaates ausdrücken.« Bei aller Nachsicht für den AA-eigenen Zwang zum semantischen Nebelwerfen: Das ist Unsinn. Denn die volle Integration des Gesamtstaates muß nicht *ausgedrückt* werden (schon gar nicht an *einem* Ort, denn dann wäre es Integration des Ganzen nur unter der Voraussetzung, daß – der älteren preußischen Tradition folgend – das Ganze mit diesem einen Ort identisch wäre); die »volle Integration« muß vielmehr ganz praktisch *bewerkstelligt* werden, und zwar von Land zu Land, von Region zu Region, von Kommune zu Kommune – nicht von Berlin nach Berlin. Ausdrücken könnte sich diese »volle Integration« dann am besten in einem zivilen Selbstverständnis der gesamten neuen Bundesrepublik. Berlin wäre – wenn's denn dafür reicht: als Primus inter pares – ganz einfach dabei.

Das letzte argumentative Geschütz, das die Beschwörer der Hauptstadt Berlin auffahren, ist ein ganz besonders schweres. Sie, die das durchaus nationale Interesse an einer Hauptstadt der *Deutschen* vertreten, sprechen im Namen der *internationalen* Solidarität. Richard von Weizsäcker hat das so formuliert: »Westbindung heißt aber durchaus nicht, uns geographisch auf den Westen zurückzuziehen oder gar eine westeuropäische Festung auszubauen. Das genaue Gegenteil ist unser Ziel: Die Stärkung des Westens hat zum Inhalt, daß er in voller Offenheit auf den Osten zugehen kann. Niemand sieht dies deutlicher, niemand hat ein vitaleres Interesse daran als wir Deutschen. Der Erfolg des Westens wird sich im Osten erweisen. – Und welche Konsequenzen hat dies für die Hauptstadtfrage? Bonn hat eine gute Tradition und Übung in den Aufgaben der Gemeinschaft. Berlin scheint durch Lage und Erfahrung für ostpolitische Zusammenarbeit prädestiniert.« Es wird ein Geheimnis des Präsidenten bleiben, warum ausgerechnet die Deutschen, die sich mit einem zivilen Verhältnis zum nicht-deutschen Osten schon immer sehr schwergetan haben, auf einmal das vitalste Interesse daran haben sollen; es wird ein weiteres Geheimnis des Präsidenten bleiben, warum ausgerechnet Berlin, das vierzig Jahre lang gen Westen geblickt und zuvor als Reichshauptstadt nicht gerade das beste Verhältnis zu Europas Osten unterhalten hat, für ostpolitische Zusammenarbeit prädestiniert sein soll – offensichtlich verwechselt der Präsident einen Teil des Problems mit dessen Lösung; und schließlich wird es auch ein Geheimnis des Präsidenten bleiben, warum die im Osten anstehende Probe auf den Erfolg des Westens – zu dem ja auch Wien, London, Paris, Brüssel, Mailand, New York, München, Hamburg, Frankfurt am Main und Hongkong gehören – ohne die Hauptstadt Berlin nicht bestanden werden kann.

Frohbotschaft vom Neuen

JOHANNES WILLMS

Ein Begriff geht um, von dem keiner zu sagen weiß, was genau er begreift: Die »Berliner Republik« leuchtet einem immer öfter aus dem Satzgeröll von Leitartikeln entgegen. Was ist damit gemeint?

So vage der Begriff ist, so sehr geht von ihm ein geradezu eschatologischer Sog aus, scheint er doch aufgeladen zu sein mit dem Versprechen eines neuen Himmels und einer neuen Erde. Von einer »Neuen Mitte« wußte das Evangelium allerdings noch nichts. Soll also der Begriff die Frohbotschaft verkünden, daß wir am Beginn einer neuen, einer Dritten Republik stehen? Ließe sich dies dann aber allein damit begründen, zwar sei die neue Hauptstadt einerseits die alte, zugleich aber doch in dem Sinne neu, daß der in fünfzig Bonner Jahren gereifte demokratische Wein nun in frische, eben in Berliner Schläuche gegossen wird? Reflektiert demzufolge der Begriff »Berliner Republik« eine irgendwie gemutmaßte Magie des Ortes? Spricht sich darin gar das Sehnen der

Deutschen nach Einheit, nach Mitte und Metropole aus, das nun endlich in einem multikulturell aufgeschlossenen, jedenfalls europäisch gewandeten, postnationalen deutschen Nationalstaat seine Erfüllung erfährt? […]

Mit dem Regierungswechsel 1998 in Deutschland gelangte eine Politikergeneration an die Macht, die für sich tatsächlich die »Gnade der späten Geburt« in Anspruch nehmen kann: Ausnahmslos wuchsen sie in und mit der Zweiten Republik, der Bundesrepublik, auf; ausschließlich ihr verdanken sie ihre politische und kulturelle Sozialisation. Allein dieser Umstand unterscheidet diese Politikergeneration fundamental von all denen, die ihr vorausgingen. Darin liegt eine große Chance, manche Dinge unbefangener zu sehen, bislang nicht erkannte Probleme als solche rechtzeitig zu erkennen und für alte Problemfelder ganz neue Lösungsvorschläge zu finden.

Außerdem könnte dieser Generation von Apple und Nike die Einsicht entschieden leichter fallen als ihren Vorgängern, daß das Konzept einer post-industriellen, ökologischen Fragen gegenüber wesentlich aufgeschlosseneren Gesellschaft keineswegs im Widerspruch zu einer Wissensgesellschaft stehen muß. Entsprechendes gilt aber auch für jenes Bündel von Fragen, das aufgedröselt und beantwortet werden will, welches sich mit den Stichworten Globalisierung und Transnationalisierung bezeichnen läßt, denn daß die Asienkrise diesen Entwicklungen jäh Einhalt geboten hätte, werden nur die Köhler glauben.

Ganz konkret gilt es, in diesem Zusammenhang etwa folgende Fragen zu beantworten: Wieviel Demokratie, wieviel Sozialstaat läßt sich mit den Erfordernissen der Globalisierung vereinbaren? Wie kann das Prinzip der Gleichheit der Lebenschancen unter diesen Umständen verwirklicht werden? Welche Reformen gilt es anzupacken, um die Arbeit in Zukunft für möglichst viele zu sichern? Ja, wie ließe sich Arbeit überhaupt noch definieren, nachdem der überkommenen Vorstellung von einer Lebensarbeitszeit längst unüberhörbar die Sterbeglocke geläutet wurde? Schließlich: Welche Auswirkungen wird dies alles auf die vorhandenen gesellschaftlichen Kräfte und Institutionen haben, auf Gewerkschaften,

Kirchen und den öffentlichen Dienst, kurz, auf das komplexe Gewebe, das sich als Verfassungswirklichkeit bezeichnen läßt? In dem Maße, in dem sich diese verändert, wird die Chance, die sich jetzt noch vermeintlich spielerisch stellt, die Republik neu zu buchstabieren, zu einer unausweichlichen Notwendigkeit.

Das Ergebnis wird eine runderneuerte Republik sein, nicht im Sinne einer verfassungsrechtlichen Neubegründung, sondern der Anpassung ihrer Verfassungswirklichkeit an neue Herausforderungen. Ob diese dann aus Gründen publizistischer Bequemlichkeit als »Berliner Republik« firmiert oder sonstwie, ist ziemlich wohlfeil.

GERHARD SCHRÖDER

Es geht um mehr als einen Umzug. Es geht … um einen Aufbruch. Wir gehen nicht nach Berlin, weil wir in Bonn gescheitert wären – ganz im Gegenteil: Das vierzigjährige Gelingen der Bonner Demokratie, die Politik der Verständigung und guten Nachbarschaft, die Leuchtkraft eines Lebens in Freiheit haben dazu beigetragen, die deutsche Teilung zu überwinden und das zu ermöglichen, was heute gemeinhin »Berliner Republik« genannt wird. […] Manchen klingt »Berlin« immer noch zu preußisch-autoritär, zu zentralistisch. Dem setzen wir unsere ganz und gar unaggressive Vision einer »Republik der Neuen Mitte« entgegen. Diese Neue Mitte grenzt niemanden aus. Sie steht für Solidarität und Innovation, für Unternehmungslust und Bürgersinn, für ökologische Verantwortung und eine politische Führung, die sich als modernes Chancen-Management begreift. Symbolisch nimmt diese neue Mitte Gestalt an in Berlin – mitten in Deutschland und mitten in Europa.

INTELLEKTUELLE,
LITERATEN UND KÜNSTLER

Ein richtiges Leben im falschen?

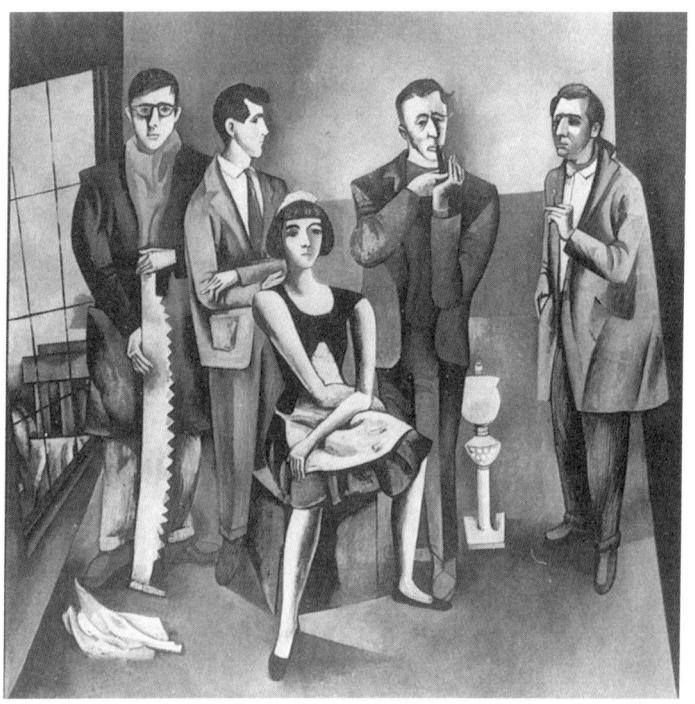

Harald Metzkes: Die Freunde

Das Kriechen der zeitgenössischen Intelligenz

GERALD ZSCHORSCH

Wenn um Mitternacht Lichter verlöschen
und ein kleiner, erschöpfter Staat für
immer untergeht. Stellt Schuld sich ein.
Derer, die durch Kulturträger im Ramsch
der Selbstgefälligkeit Abortdienste
versahen. Es war: ein hündisches Kriechen
der zeitgenössischen Intelligenz der
vormaligen DDR vor den politischen Begriffen.

ROLF SCHNEIDER

Personell waren die Künstler in der politischen Klasse des Übergangs äußerst schwach vertreten. Die allermeisten blieben so sehr mit sich selber beschäftigt, daß sie den Gang der Ereignisse bloß undeutlich wahrnahmen und ihre öffentlichen Stellungnahmen den allgemeinen Ereignissen auf peinliche Weise hinterherliefen. Ihre Interessenvertretungen, das waren die Künstlerverbände, fochten quälende Personalkämpfe aus, statt sich auf die anstehenden gewerkschaftlichen Aufgaben zu besinnen. Am Ende blieb ihnen gerade, die eigene Auflösung zu beschließen.

Daß ihre Behauptung, sie hätten ihr Publikum in der DDR für einen grundsätzlichen politischen Wandel konditioniert, eine Lebenslüge war, beweist auch die Forderung einiger prominenter Künstler nach einer erneuerten, aber selbständigen DDR, vorgetragen zu Zeiten, da alle Zeichen schon auf Wiedervereinigung standen.

Das Publikum, mit dem sie bisher in einer aus Not geborenen Symbiose gelebt hatten, lief ihnen daraufhin davon. Zunächst merkten sie es nicht. Als sie dessen inne wurden, beschimpften sie es. Die Sezession wurde daraufhin tiefer. Anders als in Polen, wo es den Senator [Andrzej] Szczypiorski gab, anders als in der Tschechoslowakei, wo Václav Havel sogar Staatspräsident werden konnte, blieb der politische Mainstream in Ostdeutschland fast gänzlich ohne Begleitung durch das kulturelle Milieu.

Jens Reich

Ich staune über den Mut vieler Intellektueller, die es fertigbringen, den Pharisäer zu spielen. Ich kann es nicht, ich schäme mich, und der Gedanke an mein eigenes Verhalten verbietet mir, über andere zu Gericht zu sitzen. Jahre, Jahrzehnte lang haben wir geschwiegen. Genauer: unseren Protest in den Bart gemurmelt. Hinter verschlossenen Türen artikuliert. Wir haben Robert Havemann allein gelassen, uns hinter Vorbehalten gegen seine Person, gegen die Handlungen seiner stalinistischen Phase versteckt. Mit Unbehagen erinnere ich mich an einen Zwischenfall anläßlich einer reichlich verquasten Liebhaberaufführung einer Kafka-Adaptation auf dem Boden eines Hinterhauses im Prenzlauer Berg. Wolf Biermann war unter den Zuschauern und las in der Diskussion die Leviten: »Ihr feigen Intellektuellen! Wie könnt ihr euch hier analytisch selbst bespiegeln, euch an eurem inneren Kafka weiden? Eure Widersacher sind doch nicht, wie im ›Prozeß‹, anonym, rätselhaft, ihre Taten sind nicht versteckt und undurchsichtig. Alles liegt klar zutage. Ihr müßt nur sagen, was ihr seht und hört! Wie sollen die armen Werktätigen zur Klarsicht kommen, wenn ihr hier feinsinnigen Nebel versprüht?«

Wir fanden auch hier Entschuldigungen, weshalb wir Biermann nicht folgen wollten. Er war zu rüde, zu illegal, hatte sich früher selbst mit Teer beschmiert.

Auch für mich persönlich habe ich ein schlechtes Gewissen. Ich habe zum Beispiel jahrelang ein Manuskript im Schreibtisch versteckt, mit dem ich versuchte, des Stasi-Syndroms im Alltagsleben Herr zu werden. Wenn die Stasi (noch) nicht der direkte Gegner im Boxring war, der dich mit knallharten Kinnhaken nieder-

111

streckt. Wenn sie wie ein Strumpf auf dem Herzen wirkte, Angst vor einem Gegner erzeugte, dem man früher oder später gegenüberstehen würde mit dem unbehaglichen Gefühl, ihm trotz unserer intellektuellen Feinheit charakterlich nicht gewachsen zu sein. Die Beschreibung des Schattenlichts, in die die Allgegenwart dieser Amöbe Stasi unsere Lebenswelt getaucht hielt.

Ich habe mich erst 1987 entschlossen, den Text zu veröffentlichen. In einer westlichen Zeitschrift. Unter Pseudonym. Aus Angst natürlich. Hätte ich meinen eigenen Namen gegeben, dann hätten sie bei der Akademie formal das Recht gehabt, mich wegen Verstoßes gegen die Publikationsbestimmungen aus meinem Brotberuf zu feuern. Genau wie viele Schriftsteller, die ihren Job im Verband nicht riskierten. Ich hatte auch Angst, in den Westen abgedrängt zu werden. Ohnehin schützten mich in meiner Position damals nur das brüchige Arbeitsrecht und der Unwille der Machtverwalter, sich öffentliche Skandale einzuhandeln. Außerdem hoffte ich, die Stasi würde mich unter dem Pseudonym nicht enttarnen. Zu meiner halben Ehrenrettung kann ich noch sagen , daß ich den Text auch einer hektographierten Samisdatzeitschrift* bei uns gegeben habe (wieder nur unter Pseudonym). Aus deren Publikation wurde aber wegen polizeilicher Eingriffe nichts.

Meine kümmerliche Widerstandsbilanz. Ich bin mitverantwortlich. Wir hätten Jahre sparen können, verlorene Jahre unseres Lebens, die wir jetzt beklagen. Der Herbst hat geklärt, daß das Volk nur dann in Ketten bleibt, wenn es sie stillschweigend annimmt. Es ist auch nicht jeder frei, der seiner Ketten spottet. Auch nicht, der seine Ketten im Leidenston kommentiert.

Wir hatten Vorbilder, die uns beschämen. Die Polen, bei denen der kollektive Widerstand nie ermüdete. Die heroischen Finzelkämpfer und Grüppchen in der Sowjetunion; Wladimir Bukowski ist ein dramatisches Beispiel. Viele wurden im Abwehrkampf gegen die paranoide Wahnwelt selbst zu Paranoikern. Und nicht zu vergessen, die jungen Leute bei uns, die langhaarigen, unansehnli-

---

* Kurzform von samoisdatelstwo = Selbstverlag (Selbstverlag in der früheren Sowjetunion, der vom Staat verbotene Bücher publizierte)

chen, die Drop-outs ohne respektierlichen Beruf und geordnete Lebensweise, in den Kutten und Latschen, des Theaterdeutschen nicht mächtig, die Unbequemen der Friedensgruppen, die Kriegsdienstverweigerer, und die »Kirche von unten«. Sie blieben lange verfemt und als kleine Gruppe allein, und jetzt sind sie wieder am Rande.

Wir sollten einzelne nicht zu Sündenböcken für unser gemeinsames Versagen stempeln. Jeder sollte sein eigenes Gewissen erforschen. Wer ohne Fehl ist, der werfe den ersten Stein.

Das Leben hat viel Spaß gemacht

Bärbel Bohley

Verstehen kann es wohl niemand mehr bei Euch, aber vielleicht doch akzeptieren, daß das Leben im Osten sehr viel Spaß gemacht hat. Wir waren traurig, heiter, verzweifelt und haben intensiv gelebt. Auch ein Leben im Osten war ein ganzes Leben. Nicht aus Langeweile haben wir uns mit der Staatsmacht angelegt, auch nicht, weil irgend jemand von uns den Platz von Mielke oder Honecker einnehmen wollte. Wir wollten mehr. Was sich in Bewegung gesetzt hat, war die wachsende Einsicht, daß dieses sozialistische Experiment total in die Hose gehen würde ohne eine wahrhafte Erneuerung seiner ideellen Werte. Es war ungewiß, ob ich den Umbau der Gesellschaft oder aber ihren Zusammenbruch erleben würde. Gewiß aber war, daß ohne ständige Herausforderung der Herrschenden das schleichende Sterben der Gesellschaft weitergehen würde. Ich war zu alt und ungeduldig im Osten geworden, um mich über den Prozeß des Sterbens noch mit kleinen Erfolgen im Elternaktiv oder im Verband Bildender Künstler hinwegtrösten zu können. Rettung konnte es nur im Großen geben und nicht mehr im Kleinen.

Die Ausharrenden

CHRISTA WOLF

Ich ging durch alle Zimmer und drehte alle Lichtschalter aus, bis nur noch die Schreibtischlampe brannte. Diesmal hätten sie [der Staatssicherheitsdienst] mich aber beinahe gehabt. Diesmal haben sie, ob sie es nun darauf angelegt hatten oder nicht, den Punkt getroffen. Den ich eines Tages, in meiner neuen Sprache, benennen würde. Eines Tages, dachte ich, werde ich sprechen können, ganz leicht und frei. Es ist noch zu früh, aber ist es nicht immer zu früh. Sollte ich mich nicht einfach hinsetzen an diesen Tisch, unter diese Lampe, das Papier zurechtrücken, den Stift nehmen und anfangen. Was bleibt. Was meiner Stadt zugrunde liegt und woran sie zugrunde geht. Daß es kein Unglück gibt außer dem, nicht zu leben. Und am Ende keine Verzweiflung außer der, nicht gelebt zu haben.

CHRISTA WOLF

23.5.1992

Lieber Efim Etkind*, Sie glauben nicht – oder vielleicht denken Sie es sich doch –, wie wichtig mir Ihr kleiner Brief zu ›Was bleibt‹ ist. Sie wissen ja wohl, daß gerade diese Erzählung ganz zerrissen wurde; das hat dazu geführt, daß ich sie eine lange Zeit nicht mehr ansehen konnte, geschweige denn daraus lesen (überhaupt habe ich meine öffentlichen Lesungen sehr eingeschränkt). Unter anderem warf man mir ja vor, ich, die ich eigentlich »Staatsdichterin« gewesen sei, würde mich in diesem Text widerrechtlich als Verfolgte aufspielen. Ich mußte mich fragen, ob die Leute, die das sagten, nicht lesen können oder nicht lesen wollen; vielleicht beides. Jedenfalls brachte mich die Einsicht, daß niemand Argumen-

---

* Russischer Schriftsteller und Literaturwissenschaftler

ten zuhören würde, zum Schweigen. Es hatte und hat keinen Sinn, differenzierte Erfahrungen in diesen Hexenkessel zu werfen, der sich auch auf kulturellem Gebiet »deutsche Vereinigung« nennt und in dem massive Interessen (auch solche psychologischer Art natürlich) die nie wiederkehrende Gelegenheit nutzen, endlich einmal zum Zuge zu kommen; diese Triebe sind so übermächtig und unbezähmbar, daß das Bedürfnis nach historischer Wahrheit und Gerechtigkeit dagegen (noch) minimal ist, hauptsächlich in den »neuen Bundesländern« ziemlich schüchtern artikuliert wird. Mit Verblüffung sehen wir, wie sich in diesem Prozeß extreme Gegensätze berühren, »rechts« und »links« nichts mehr gelten angesichts des überwältigenden Wunsches (der aus unterschiedlichen Motiven kommt), bei der strengen Trennung in »Opfer« und »Täter« der richtigen Seite zugeschlagen zu werden.

Nun gut, da kann man nichts machen, Urgewalten brechen sich da Bahn. Was mich, wenn ich mich vom Druck dieser Kräfte innerlich etwas frei machen kann, wirklich beschäftigt, ist diese verdammte Wahrheitsfrage, auf die Sie in Ihrem Brief zielgerichtet zusteuern: »Über die Leichtigkeit zu lügen und die Unmöglichkeit, die Wahrheit zu sagen.« Oder: Wie kommt es, daß, je näher man an »die Wahrheit«, das heißt an sich selber, die multiplen Wesen in sich und besonders an jenes Wesen herangeht, mit dem man sich am wenigsten identifizieren möchte: Wie kommt es, frage ich, daß sich in den Text, der sich auf die Spur dieses Wesens und seiner Wahrheit begibt, auf dem Weg vom Kopf über die Hand bis aufs Papier immer ein Hauch von Unaufrichtigkeit einschleicht?

Im Stich gelassen

KLAUS POCHE

Ich kann mich nicht entsinnen, daß mir nach dem faktischen Berufsverbot (um das fast alle Kollegen wußten, wie ich nach der Wende erfuhr) von irgendeiner Seite oder Person finanzielle Hilfe angeboten worden wäre, die mir in der DDR ein Leben ermöglicht hätte. Kein Buch durfte erscheinen, keinen Film durfte ich mehr schreiben, die Türen des Fernsehens der DDR waren verschlossen, es ging mir so wie auch vielen Schauspielern: Ich war zur Unperson geworden. Wie hätte ich unter diesen Umständen und bei diesem Mangel an Solidarität leben und weiter Widerstand leisten sollen? Arbeit auf einem Friedhof war drin, ich hatte mich erkundigt. Bloß wie dann – bitte – hätten die Leser der DDR erfahren, daß ich noch bei ihnen war und sie nicht im Stich gelassen hatte? [...]

Als wir neun Autoren (Kurt Bartsch, Adolf Endler, Stefan Heym, Karl-Heinz Jakobs, Klaus Poche, Klaus Schlesinger, Rolf Schneider, Dieter Schubert, Joachim Seyppel) 1979 aus dem Schriftstellerverband der DDR ausgeschlossen wurden, hofften wir noch auf eine größere Solidarität. Es müßte sich was bewegen, dachten wir und waren allen Ernstes der Meinung, daß uns andere folgen und den Verband von sich aus verlassen würden, um ein deutliches Zeichen des Protestes gegen das unwürdige und verlogene Tribunal zu setzen.

Irrtum! Niemand folgte. Auch Sie, Herr de Bruyn, beließen es bei einem unveröffentlichten Brief, in dem Sie Ihr »Nichteinverstandensein« erklärten, aber Sie blieben bis zum jämmerlichen Ende der DDR Mitglied dieses Verbandes, und Sie blieben Mitglied über sein Ende hinaus. Dieser Verband – wer wußte das nicht, Stefan Heym hatte es in seiner Rede auf der Ausschlußversammlung deutlich gesagt – war auch zuständig für die begehrten Reisevisa zu Lesungen draußen.

Von etlichen Kollegen, die es in etliche Städte der Bundesrepublik verschlagen hat, weiß ich, was ich aus eigener Erfahrung zur Kenntnis nehmen mußte, daß Sie bei Ihren Westauftritten tunlichst vermieden, diesen oder jenen »Davongegangenen« zu einer Ihrer Lesungen einzuladen. Sicher, es wäre nur eine Geste gewesen. Aber vielleicht auch ein Bekenntnis? Vielen hätte es auf alle Fälle das Gefühl vermittelt, noch nicht ganz vergessen worden zu sein.

Nutznießer des Regimes

BAZON BROCK

Neben den SED-Funktionären gehörten die Künstler zu den Nutznießern des Regimes. Ihre Verbände wurden von der SED großzügig alimentiert. Günther de Bruyn schrieb in der ›Zeit‹ vom 15.3.1990: »Man kam aus kleinen Verhältnissen und wuchs ins Privilegiertendasein hinein. Der herrschenden Ideologie widersprach das durchaus nicht. Die besagte, daß derjenige, welcher für den Staat und die Partei am meisten tat, es auch am besten haben sollte. Viele haben davon profitiert, es wurde offen gesagt. Es ging nicht um Gerechtigkeit, Mitleid, Barmherzigkeit …, die führenden Leute waren natürlich überzeugt, sie hätten sich am meisten verdient gemacht, also nahmen sie sich das Recht, besser zu leben.« Und wie allseits gesagt: Die Künstler lebten in der DDR besser als jede andere Berufsgruppe mit Ausnahme der Politbonzen. Wie bitte?

Hörten wir nicht immer wieder vom heroischen Kampf der DDR-Künstler gegen Bevormundung, Zensur und Exilierung? Offenbar war das alles Mache, so meinen jedenfalls jetzt, sechs Monate nach dem Umsturz, DDR-Schreiber, deren Rang dem unserer ›Zeit‹-Redakteure gleichkommt. »Auf Themen, die Autoren (Künstler der DDR) zur Sprache brachten, reagierten Politiker (der DDR) manchmal mit Verboten und Ausweisungen, meist mit Widerspruch. Das machte die Bücher (und Kunstwerke) populär und ihre Verfasser zu einer moralischen und politischen Instanz.« (Karin Hirdina).

Da haben wir es also: Selbst die Dissidenten waren noch Nutznießer des Regimes; mehr noch, »diese Herrschaften sind Ausreiser, Ausreiser mit Sack und Pack, bei hellichtem Tage, mit schönen Papieren, auf ihre eigene Veranlassung und oft mit freundlicher Verabschiedung … Flüchtlinge sind allein wir. Nur wir, niemand sonst, nur wir Antifaschisten«, reklamierte der bestens DDR-versorgte Stephan Hermlin, der in der Gnade früher Geburt steht und deshalb wissen müßte, wie fatal seine Selbststilisierung zum inneren Emigranten respektive Flüchtling derjenigen gleicht, die nach 1945 die Nutznießer des NS-Regimes vorbrachten. Und da liegt der Skandal, vor dem wir uns alle fürchten, wenn jetzt Künstler, Intellektuelle, Literaten, Wissenschaftler der DDR und BRD auf einem Markt zusammen leben müssen.

Daß sie Nutznießer waren, kleine Opportunisten, feige Hofschranzen, konnte und kann man den NS- und den SED-Kulturschaffenden nicht vorwerfen und gegen sie aufrechnen; aber daß sie ihren Eiertanz nach Ende des Regimes fortführten und fortführen und sich zu den eigentlichen Opfern des geschichtlichen Prozesses hochstilisieren, das war 1945 unerträglich, und das ist heute noch widerwärtiger.

Den Teufelskreis durchbrechen

WOLFGANG THIERSE

Es geht darum, danach zu fragen, ob das, was da passiert ist in der DDR und in den letzten 60 Jahren im realen Sozialismus, nur eine Verfälschung war oder eine Konsequenz aus Marxismus, aus Leninismus, aus Theorien des Sozialismus. Man darf sich das nicht zu leicht machen, und ich sehe allzu viele Intellektuelle damit beschäftigt, fein säuberlich zwischen »realem« und »wirklichem«

Sozialismus zu unterscheiden. Es war ja nur »realer«, es war kein »wirklicher« Sozialismus. Das ist natürlich ein Trick, mit dem man es sich zu leicht macht. Ich erinnere an jene Frage von Ernst Bloch, die er schon in den 30er Jahren gestellt hat: »Hat der Stalinismus den Marxismus bis zur Unkenntlichkeit verzerrt oder nur bis zur Kenntlichkeit gebracht« oder Horkheimer variierend: »Wer vom Stalinismus nicht reden will, soll vom Sozialismus schweigen.« Das steht uns noch bevor, wir müssen schonungslos mit uns selber umgehen, und ich denke, daß das nicht nur die Sache eines politischen Lagers ist, schon deshalb nicht, weil in der Verwirklichungsgeschichte des Sozialismus unsere Lebensgeschichte, die Lebensgeschichte von DDR-Bürgern, hineinverwoben ist.

Das unüberhörbare Schweigen von Intellektuellen beklage ich ja deshalb so, weil es doch ihre Aufgabe wäre für uns, für viele, die die Sprache nicht finden, die sie nicht haben, dieses Verwobensein von Lebensgeschichte und Verwirklichungsgeschichte einer Idee aufzuarbeiten und sich und uns und Ihnen im Westen zu erklären, wie das gewesen ist: daß man einmal angetreten ist für eine große Idee und deshalb auch bereit war, für sie Kompromisse einzugehen, und jetzt – wo man entdeckt, diese Idee ist vielleicht nicht gescheitert, aber doch auf falsche Weise verwirklicht worden – entlarven sich die Kompromisse als das, was sie vielleicht schon immer waren: Opportunismus, peinliche Kompromisse, Unterwerfung! Das muß doch abgearbeitet werden, wenn wir miteinander in diesem demokratischen Deutschland umgehen wollen, und zwar so, daß die einen nicht den Kopf hoch und die anderen den Kopf gesenkt halten.

Erst also in einer solchen Selbstkritik können wir uns ursprünglicher und durchaus unabgegoltener Impulse wieder inne werden und vergewissern, Impulse, die mit dem Namen Sozialismus, die mit der Idee der Gerechtigkeit einmal verbunden gewesen sind, ohne sie reaktionär zu verwalten, wie ich das auf einer Seite des politischen Spektrums, die einen Monopolanspruch auf links erhebt (nämlich die PDS), sehe, und ohne sie – ebenso reaktionär – einfach wegzuwerfen. Letztere Haltung gibt es ja noch viel mehr, das ist das Massenphänomen. Es gibt ein schönes Wort des französischen Sozialistenführers Jean Jaurés: »Tradition heißt nicht eine Asche verwalten, sondern eine Flamme am Leben erhalten.« Um im Bilde zu bleiben, Feuer erzeugt Asche, um es wieder anzufachen, muß man es wieder von Asche befreien, das ist der Vorgang, den wir brauchen.

Anders gesagt: Ich meine nicht eine Kultur der re-education, die an uns, den Ossis, vollzogen wird. Es geht nicht darum, daß uns etwas endgültig ausgetrieben werden muß, sondern es geht um Selbsterziehung, um Lernprozesse mit hoffentlich glücklichem Ausgang. Und dies in der Diskussion, im Streit unter uns Ossis, unter uns Deutschen insgesamt und mit den europäischen Nachbarn. Eine so verstandene Kultur ist notwendig, lebensnotwendig, und weil sie notwendig ist, muß sie eine Chance bekommen!

Es muß durch Taten endlich, nicht mehr nur durch Versprechungen, der Teufelskreis durchbrochen werden, in dem die Menschen im östlichen Deutschland irre laufen zwischen übergroßer Hoffnung und Enttäuschung, zwischen entschlossenem Aktionismus und lähmender Resignation. Es gibt notwendige Verluste, die meisten von ihnen erleben wir mit Erleichterung, manche ertragen wir aus Einsicht mit zusammengebissenen Zähnen. Aber es gibt auch Verluste, die Trauer, die Irritation, Verzweiflung hervorrufen. Die DDR war neben allem, was in den Mülleimer der Geschichte gehört, auch ein Geflecht menschlicher Beziehungen, ein System von Alltagsverhalten und Alltagsverhältnissen, in denen wir uns zurechtgefunden und als Menschen unsere gewiß problematische Identität gefunden haben. Die Kultur, die Künste, waren der wichtigste Teil dieses Raums unserer Identitätsbildung. Es gab, um Adorno umzudrehen, durchaus ein richtiges Leben im falschen.

Theater nach der Wende

WOLFGANG EMMERICH

Das DDR-Theater war vor der Wende nicht nur, aber oft Ersatzöffentlichkeit und moralische Anstalt, die ernsteste Angelegenheiten verhandelte. Häufig wurden solche theatralischen Ereignisse auch überschätzt, und das Theater spielte in Wirklichkeit nur die Rolle eines bei Hofe gelittenen Narren. Gleichwohl, viele Stücke von Hacks, Müller, Braun, Hein, Brasch, Schütz und manchen anderen mußten in der Schublade bleiben oder wurden kurz vor der Premiere wieder in sie versenkt, weil sie als politisch zu brisant galten. Aus solchen Gründen, aber auch aufgrund eines generell hohen künstlerischen Niveaus wie auch mit Hilfe »gesellschaftlich organisierten« Theaterbesuchs vor allem über die Betriebe waren die DDR-Theater vor der Wende zu ca. 90% ausgelastet. In der Wende 1989/90 wurde die Straße der Verhandlungsort des wirklichen Dramas, das für die Mehrheit der Bevölkerung ein gutes Ende fand mit der Öffnung der Mauer und dem Abtreten der alten Funktionärskaste. In den Untersuchungskommissionen zu der voraufgegangenen Repression, an den Runden Tischen und zumal dann bei der Stürmung der MfS-Zentrale in Ost-Berlin und weiteren vergleichbaren Ereignissen wurden fortgesetzt Stücke gespielt, die das Leben schrieb und in denen die Akteure in einer vorher unvorstellbaren Art und Weise ihr eigenes Schicksal bestimmten.

Mit all dem konnte das gute alte Theater-Theater, das Leben immer nur simulierte, nicht mithalten. Das Publikum lief ihm einfach weg. Versuche, es mit bisher verbotenen Stücken von Václav Havel, Daniel Granin oder Heiner Müller zu halten, hielten nicht lange vor. Wo in der Wirklichkeit soviel Verbotenes umgeworfen wurde, war dessen Überschreitung auf der Bühne nur eine zweitrangige Affäre. Gesellschaft wie Theater des Westens, so stellte Heiner Müller treffend fest, kannten eigentlich nur zwei Tabus: Antisemitismus und Terrorismus. Das müsse, so der Dramatiker weiter, automatisch zu einer Niveausenkung führen. So war denn auch die einzige jedermann im Osten aufregende Theaterinszenierung die eines Stücks aus dem Westen, das sich freilich mit den ehemaligen DDR-Bürgern beschäftigte und zudem noch das Thema Terrorismus berührte: Rolf Hochhuths »Wessis in Weimar« (Uraufführung am Berliner Ensemble im Februar 1993). Ansonsten hatten die sechzig ostdeutschen Theater, zumal die vielen in der Provinz, mit gähnend leeren Auditorien bei drastisch sinkenden Etats und Gehältern zu kämpfen. Nach erfolgreichen Anstrengungen der ersten Wendejahre, Theaterschließungen zu vermeiden, kam es ab 1992 doch zu einem kleinen Theatersterben oder zumindest zu dem Wegbrechen von einzelnen Sparten und Zusammenlegungen. Einzig Berlin konnte seinen Standard behaupten, ja sogar – gegen West-Berlin, wo das renommierte Schiller-Theater geschlossen wurde – verbessern. Das Deutsche Theater setzte, jetzt unter der Intendanz von Thomas Langhoff, erfolgreich auf Kontinuität, indem es vorzüglich gearbeitete, aber nur begrenzt risikofreudige Inszenierungen alter und neuer Dramatik vorstellte. Der neue Intendant der Ost-Berliner Volksbühne, Frank Castorf (geb. 1951), der das »nicht sinnlich[e], sondern beamtet[e]« Theater des alten und neuen Deutschland »sehr trostlos« fand, versuchte etwas ganz anderes. Inspiriert von der amerikanischen Popkultur, aber auch von Heiner Müllers Schockästhetik, versuchte er mit den von ihm verantworteten Inszenierungen, Gastspielen und -lesungen ein junges Publikum vom Prenzlauer Berg oder aus Kreuzberg zu gewinnen, was ihm auch gelang. Die Volksbühne am Luxemburgplatz wurde zum Lieblingsort der Szene, selbst wenn sich dort Gregor Gysi und seine Genossen im Hungerstreik übten. Castorf, der gleichzeitig jede DDR-Nostalgie weit von sich wies und an anderer Stelle sogar über die schöpferischen Impulse faschistischen Denkens räsonierte, war nicht zu fassen.

Als das schwierigste Vorhaben erwies sich der Versuch, das *Berliner Ensemble* zu retten, und das hieß erst einmal: es vom Hautgout eines sterilen Brecht-Museums zu befreien. Zu diesem Zweck wurde 1991 ein Fünferdirektorium, bestehend aus Matthias Langhoff, Fritz Marquardt, Heiner Müller, Peter Palitzsch und Peter Zadek eingesetzt (zeitweise gehörte auch Eva Mattes dazu), von dem Anfang des Jahres 1995 – nach dem Weggang Zadeks – nur noch Müller als künstlerischer Direktor übrigblieb (mit Marquardt und Palitzsch als Mit-Gesellschaftern im Hintergrund). Zadek hatte »faschistische Tendenzen« am BE ausgemacht und dabei Müller selbst und den von diesem als Regisseur gewünschten Einar Schleef, der schon »Wessis in Weimar« inszeniert hatte, im Visier. Der Versuch ost-westdeutscher künstlerischer Zusammenarbeit auf hoher Ebene war gescheitert.

Kunst-Streit

Vera Botterbusch/Willi Sitte

Sie haben oft vom »Postulat der Abstrakten« in der Bundesrepublik gesprochen. Werden die verschiedenen avantgardistischen Tendenzen von hier jetzt das, was Sie »Realismus« nennen, in der DDR überschwemmen?

Das war schon vor der Wende so.

Dann ist das eine Art von Selbstaufgabe der Position des sozialistischen Realismus?

Ich verstehe das nicht und ich bedaure es, weil dabei sehr viel Verlust zu verzeichnen ist. Da wird vieles fallen gelassen, vor allem auf handwerklichem Gebiet. Das heißt auf der Grundlage der freiheitlichen Freiheit kann jeder tun, was ihm beliebt. Da frage ich mich, wozu man Ausbildungsstätten überhaupt noch braucht, wenn im Grunde jeder machen kann, was er will.

Sie haben mal ein Triptychon gemalt »Jeder Mensch hat das Recht auf Leben und Freiheit«. Es galt dem Aufbau der DDR, dem Aufbau des Sozialismus in Abgrenzung gegen den Kapitalismus.

Nein, so stimmt das nicht. Gegen das Unrecht in der Welt! Also, das nimmt nicht *für* die DDR Stellung, sondern *gegen* das Unrecht in der Welt. Das war zu der Zeit mein Bekenntnis, und das hat sich im Grundsätzlichen nicht verändert. Das Unrecht in der Welt, vor allem in der Dritten Welt, ist geblieben. Diese furchtbaren Erscheinungen des Nationalitätenkonfliktes, die es mittlerweile auch im Osten gibt. Man bringt sich gegenseitig um, Millionen von Menschen sind ständig von Hunger bedroht Und das ist ja alles nicht einfach durch den lieben Gott so geschaffen worden, das ist letztendlich durch Systeme so geworden, die offensichtlich, genauso wie das Sozialismusmodell, bis jetzt daran gescheitert sind. Ich weiß nicht, ob der Kapitalismus in Zukunft in der Lage sein wird, diese Probleme zu lösen. Er hat ja mit zu dieser Situation beigetragen, nämlich daß die übergroße Mehrheit in der Welt in Armut und teilweise in Hunger lebt und es einem kleinen Teil der Menschheit auf Kosten dieser Armen gut geht.

EBERHARD ROTERS

Die Bildende Kunst in der DDR hat sich unter der Motivation einer präzeptorialen ideologischen Vorgabe entwickelt. Das ist ihr Spezifikum. Sie ist dieser Vorgabe gefolgt, sie hat sich mit ihr herumgeschlagen, sie hat sich ernsthaft (auch unter Leidensdruck) damit auseinandergesetzt, sie hat ihr entgegenzusteuern versucht, sie hat damit fertigzuwerden versucht, sie hat sie subversiv zu unterwandern versucht. Daraus ist eine Entwicklung mit mancherlei Brüchen und Schrunden hervorgegangen, die schließlich zu einem unter diesen Bedingungen erstaunlichen relativen Emanzipationsprozeß geführt hat. Das ist ein eigener Weg, der unsere Beachtung verdient. Unter anderem hat sich infolgedessen die Bildende Kunst in der DDR weit stärker als die in der Bundesrepublik mit der jüngeren deutschen Geschichte befaßt, mit jenem Teil der Geschichte, der den von den Deutschen angezettelten und verlorenen Weltkrieg ausgelöst hat, und der die Ursache dafür ist, daß das Staatsgebilde der DDR – wie auch das der Bundesrepublik – überhaupt erst zustande kommen konnte. Solch ein Motivschwerpunkt ist es, der Günter Grass zu der Feststellung kommen ließ, die Kunst der DDR erscheine ihm »irgendwie deutscher« als die der Bundesrepublik.

WOLFGANG MATTHEUER

Wenn einer sagt, dort »drüben« sind in den vierzig Jahren gar keine Bilder gemalt worden, dann hat er damit doch schon mehr gesagt, als ihm vielleicht recht sein kann. […]

Und ich bin ja auch nicht zimperlich, wenn ich urteile. Zum Beispiel so: Es ist verwunderlich, daß trotz der staatlich garantierten Freiheit der Künste in den vierzig Jahren Bundesrepublik so wenige gute, originale Bilder und so viel Konfektion und Berge monumentalisierter Leere gepinselt und gebastelt wurden. Das alles ist üblicher Kunst- und Künstlerstreit. Behauptung steht gegen Behauptung, und wer recht hat, wird sich zeigen, in der Zukunft oder noch viel später. Basta!

Wenn aber jener weiter sagt: Das sind alles Arschlöcher und ausnahmslos Schufte, und andere sprechen gar von »Kriminellen«, dann ist diese Pauschalisierung Hetze und Verleumdung von Individuen und müßte ein juristischer Fall sein. […]

Der Kunststreit im vereinten Deutschland wird ekelhaft. Es scheint heute so, als seien alle Haltungsunterschiede während der Existenz der DDR, in dieser und zu dieser und in den entscheidenden Monaten 1989 nicht gewesen. Im geschürten Streit werden alle namhaft gewordenen Realisten und Figurativen unter den Bildermachern gleichermaßen mit Schmutz beworfen, die hier im Lande geblieben sind und gearbeitet haben, ohne daß nach ihren Gründen und eben ihrer Haltung, ihrem Tun gefragt würde.

WALTER GRASSKAMP

Es ist ein Streit um zwei sich gegenseitig ausschließende Kunstbegriffe, eine sehr deutsche Debatte also über nichts Geringeres als die Substanz der Kunst. Auf der einen Seite ein radikal moderner

Kunstbegriff, dem Freiheit bis zur surrealistischen Willkür, Subjektivität bis zum van Goghschen Wahn und der Vorrang der Form bis hin zur Abstraktion verbürgt sind. Er wird gegen traditionalistische DDR-Künstler gesetzt, die noch an Motiv und Thema, Symbol und Botschaft sowie an die historische Verbindlichkeit der Form und eine soziale Verbindlichkeit der Kunst glauben wollten. Das Besondere an diesem ästhetischen Frontenverlauf ist, daß beide Kunstbegriffe nach wie vor auf gegenseitige Verachtung geeicht sind, nicht nur der antimoderne des Ostens. Weil der radikal moderne Kunstbegriff im Westen zu Recht als unverzichtbar gilt, wollten seine Anhänger ihn immer schon als den einzig denkbaren ausgeben. Doch gewinnt die Moderne damit eine Eigenschaft, die ihr nie gut gestanden hat, sie wird dogmatisch.

Auf neuen Wegen

Werner Tübke

»Deutscher Maler, lebt in Leipzig« – so empfand ich, und so sehe ich es auch heute. Aber durch die jahrzehntelange Isolierung ist tatsächlich so etwas wie eine DDR-Kunstszene entstanden. Das beweisen Kataloge offizieller Ausstellungen.

Die Besonderheit dieser Szene zu beschreiben, ist sehr kompliziert, da sie sich seit vielen Jahren verändert, aufgelöst hat. Seit etwa zwanzig Jahren sehe ich keine einheitliche Linie mehr. Früher war die offizielle Kunst penetrant langweilig in Inhalt und Form.

Es wird keine DDR-spezifische Kunst mehr geben. Was bleiben wird, ist gute Kunst von guten Künstlern, die gleichrangig ist mit den Leistungen guter Künstler in anderen Ländern.

Politische Freiheit und Kunstarbeit: Es gab sehr schwierige Jahre, da kann ich ein Lied von singen. Aber es war möglich, ausschließlich seinem Gewissen zu folgen und unbeirrt seinen Weg zu gehen. Ich bin sehr glücklich über die Entwicklung in Deutsch-

land. Und da muß man die zweifellos kommenden Schwierigkeiten beim Zusammenkommen beider deutscher Künste in Kauf
nehmen. Eine realisierbare Konstruktion diesbezüglich kann ich
nicht anbieten. Toleranz, Vernunft und besonders Leistung sollten
im Vordergrund stehen.

BERNHARD HEISIG/VIA LEWANDOWSKY/MARKUS LÜPERTZ

›Zeit-Magazin‹: Kürzlich ging in Leverkusen die Ausstellung »Standort Deutschland« zu Ende, in der Bundeskunsthalle in Bonn gibt
es »Deutsche Photographie« zu sehen und jetzt »Deutschlandbilder« in Berlin. Es deutschelt mal wieder ziemlich.
Bernhard Heisig: Ich finde es gar nicht so falsch, das zu betonen.
Man malt in Deutschland, auch wenn sich eine Nivellierung ab-
zeichnet, eben doch anders als in Frankreich oder sonstwo.
Markus Lüpertz: Noch haben wir diese Nation. Aber Europa ist ja
nicht aufzuhalten, und das ist auch sicherlich richtig. Ich glaube
allerdings, wir haben noch gar nicht begriffen, daß da ein ziemlich
großer Verlust kultureller Vielfalt stattfinden wird.
Via Lewandowsky: Egal, was einer von deutscher Identität hält, es
ist ein gemeinsamer Nenner. Dennoch halte ich die Frage nach
der Tradition, nach der damit aufgeladenen Geschichtslast nicht
mehr für ein Problem zwischen Deutschen und Nichtdeutschen,
sondern für ein Generationsproblem.
Heisig: Ich gehöre einem Jahrgang an, der in einer Generation
mehr erlebt hat als manche in zwei oder drei Generationen. Das
kann man nicht ausziehen wie einen Handschuh. Ich kann's jedenfalls nicht. Das spielt eine Rolle, das hat Schicksale bestimmt.
Von dieser Ausstellung erwarte ich mir ein paar Antworten.
Lüpertz: Wir müssen uns aber auch darüber im klaren sein,
daß dieser Begriff »deutsche Kunst«, der ja mißbraucht wurde,
nach dem Nationalsozialismus eine ganz andere Empfindlich-
keit bekommen hat. Wenn wir heute *deutsch* sagen, meinen wir
damit nicht nationale Behauptungen oder Dogmen, sondern
wir meinen das so selbstverständlich, wie der Franzose von

französischer Kunst spricht und der Amerikaner von amerikanischer.

Lewandowsky: Für mich ist das eigentlich noch komplizierter. Man ist deutsch, aber aus welchem Teil? Man muß schon berücksichtigen, in welcher Lage jemand war in den letzten vierzig Jahren. Insofern habe ich die Frage nach der deutschen Identität für mich eigentlich verneint, obwohl ich aus diesem Kontext komme.

Lüpertz: Ich bin geborener Tscheche. Ich bin erst 1950 Deutscher geworden, dann aber Westdeutscher.

Lewandowsky: Als ich 1989, noch vor dem Fall der Mauer, von Dresden nach West-Berlin ausgereist bin, da war mir klar, daß ich mich immer dazwischen befinden werde. Daß ich zwar pendle, als Bote von der einen Seite zur anderen, aber daß ich nie teilhaben werde an beiden.

Lüpertz: Das könnte man ja als deutsch bezeichnen.

Heisig: Es gab mal, 1983, eine Ausstellung in Hamburg, »Zeitvergleich«, da hat Günter Grass im Katalog behauptet: »In der DDR wird deutscher gemalt.« Wahrscheinlich sind wir belasteter von der Geschichte. Wir hatten in der DDR eben einen ganz anderen Druck.

Lewandowsky: Ich glaube, der Begriff der deutschen Kunst wird nicht mehr lange funktionieren. Die jüngere Generation bewegt sich auf einer ganz anderen Ebene. Deutsche Kunst ist maßgeblich mit traditionellen Medien verbunden, vor allem mit Malerei und Bildhauerei. Die Kunst des dritten Jahrtausends wird weniger im Zeichen dieser Medien stehen und damit weniger stigmatisiert durch deren Bedeutung sein.

EDUARD BEAUCAMP

Langsam scheint das Selbstbewußtsein der Künstler im Osten wieder zu erstarken. Gerade die Jüngeren und Inoffiziellen, die am wenigsten verstrickt waren, litten nach der Wende unter einer Deklassierung, welche der westliche Kunstbetrieb mit seinen dröhnenden Überheblichkeits- und Fortschrittsbekundungen

recht brutal über sie verhängte. Inzwischen dämmert den Ost-
künstlern, daß die anmaßende Kunst des Westens selber mit
großen Schwierigkeiten und Ratlosigkeiten zu kämpfen hat und
nicht in bester Verfassung ist. Der vielgerühmte Kunstfortschritt
der Nachkriegszeit stellt kein unerläßliches Pflichtpensum dar,
das nachgeholt und bis hinein in alle Sackgassen verfolgt werden
muß. Dagegen wird immer deutlicher, daß die defensiven Nischen
in der DDR starke und unverwechselbare Charaktere und Werke
gefördert haben. Die besten Künstler des Ostens brauchen keinen
Leistungsvergleich zu scheuen; fürchten müssen sie die Intrigen
und Seilschaften des westlichen Kunstbetriebs. […]

Die neuen Einsichten relativieren die absolute Verbindlichkeit
und geschichtslose Unberührbarkeit dieser Kunst. Sie können
auch die Westkunst von mancher inzwischen lähmenden Dogma-
tik und Traditionalität des 20. Jahrhunderts befreien. In diesem
Licht stellt sich die Malerei aus der verflossenen DDR, voran die
Leipziger in ihrer kontroversen Vielfalt, als Paradefall posttotali-
tärer, aber auch postavantgardistischer Kunst dar, als eine kritische,
dennoch gesellschaftlich integrierte Kunst, die bereits seit langem
den Rückzug aus der Doktrin, aus der Parteilichkeit, aus der Zukunft und Utopie angetreten hatte. Sie war in die Geschichte
zurückgekehrt und hatte zu skeptischer Zeitgenossenschaft gefunden.

OSTDEUTSCHE PSYCHOGRAMME
Anpassung und Neubeginn

Harald Hauswald: U-Bahn-Linie A, Berlin 1986

Kollektiver Abgesang

YAAK KARSUNKE

wir sind es, wie Sie wissen, nicht gewesen.
es war der staat. & das politbüro.
auch ist in jeder Zeitung jetzt zu lesen:
die stasi wars. da sind wir aber froh.

wir alle waren – innerlich – dagegen.
nur: sagen konnten wir das selbstverständlich nicht.
in diktaturen muß man dreimal überlegen,
bevor man, auch nur leise, widerspricht.

verbittert mußten wir die augen wenden
(man hätte uns den Zorn sonst angesehn).
doch war uns klar: das kann nur böse enden.
so ist es, gottseidank, ja auch geschehn.

das einzige, was uns dabei geniert:
daß unser heldentum nun niemand honoriert.

Die verdiente Regierung

HANS-JOACHIM MAAZ

Der »real existierende Sozialismus« hat vierzig Jahre bestehen
können: Die Wahlfarce wurde von 99 Prozent der Bevölkerung
mitgemacht, Millionen von Menschen haben sich regelmäßig an
den großen Jubelaufmärschen beteiligt, die überwiegende Mehrzahl von uns war Mitglied der Jungen Pioniere, der FDJ, ging zur
Sozialistischen Jugendweihe und hat im Freien Deutschen Ge-

werkschaftsbund die eigenen Interessen verraten. Mehr als eine halbe Million Menschen soll sich an der entwürdigenden Schnüffelpraxis des Staatssicherheitsdienstes beteiligt haben. Und es kann bestimmt keiner behaupten, er hätte die gnadenlose Vergiftung und Zerstörung unserer Umwelt, den Verfall unserer Städte, die zynische Verlogenheit in den Medien und öffentlichen Verlautbarungen, die albernen Losungen, den Verfall der Moral und die Zerstörung der Beziehungen durch Korruption, Bespitzelung, Denunziation, Speichelleckerei und Anbiederung an die Macht nicht gesehen, erlebt oder irgendwie mitgemacht. Das auffälligste Symptom ist eher, daß wir duldsam geschwiegen und weggeschaut haben.

Wenn wir also von »Stalinismus« sprechen, dann ist damit die Lebensweise unseres Volkes genannt, dann sind wir alle hier und jetzt gemeint. Aus meiner Erkenntnis ist es also nicht richtig zu behaupten, wir seien nur von einem Unrechtssystem unterdrückt, verbogen und geschunden worden. Dies ist zwar leider auch wahr, doch dieser Staat war auch ein Abbild unserer psychischen Strukturen und setzte etwas äußerlich ins Bild, was wir in unserem Inneren nicht sehen und wahrhaben wollten. Keiner kann sich auf eine Tribüne stellen, wenn es nicht ein Volk gibt, das willig defiliert. Oder in Abwandlung eines psychotherapeutischen Zynismus – Jeder hat den Partner, den er verdient! –: Jedes Volk hat die Regierung, die es verdient!

Verführung und Befreiung

FRIEDRICH SCHORLEMMER

Auch die in der Ideologie Eingeschlossenen wurden 1989 in ihrem Denken und Handeln befreit. Sie besannen sich auf die sie tragenden sozialistisch-humanistischen Werte unter Verzicht auf Alleinvertretungs- und Machtansprüche. Diese plötzliche Erkenntnis wurde unterbrochen, als nicht mehr anerkannt wurde, daß sie eigentlich alle befreit worden sind: die Staatsbürgerkundelehrer von ihrem wissenschaftlichen Aberglauben, die Grenzsoldaten von der Lüge, daß sie den Frieden beschützen, die IM* vom Bespitzeln der Freunde, die Umweltschützer vom Verschweigen der Umweltdaten, die Lehrer vom Prokrustesbett des Lehrplans.

Viele von ihnen waren ursprünglich verführt worden durch die großen Menschheitsträume einer weltweiten Befreiungsperspektive. Die Weltgeschichte werde – so die Verheißung – endlich neu beginnen, das alte Spiel aufhören. Alles Dunkle, Dialektische wurde als »notwendige Widersprüche der Entwicklung« wegretuschiert, weil die grundlegenden Widersprüche – die sogenannten antagonistischen – als beseitigt galten. Man war also im Prinzip auf gutem und richtigem Wege. Dafür stand »die Partei« ein – unter Führung der »ruhmreichen KPdSU«. Eine solche ideologische Verblendung ist auch nachträglich nicht eo ipso als böse oder verbrecherisch zu bezeichnen. Denn die Verführung war als solche nicht erkennbar. Hätten denn alle 17 Millionen Ostdeutschen flüchten sollen, damit sie sich nicht zu rechtfertigen brauchen?

Deutsche Zwillinge

ANNETTE SIMON

Die »Bundis« (wie wir die Westdeutschen vor dem Umbruch genannt haben) hatten uns mehr oder weniger vergessen und wenden uns nun freiwillig oder auch gezwungenermaßen ihre Aufmerksamkeit zu; merkwürdigen Eingeborenen aus einem fremden Land, die nun plötzlich Mitbürgerinnen sein sollen. Wir sprechen eine Sprache, aber auf eine noch schwer zu benennende Weise verstehen wir uns nicht. Wir kennen uns nicht. Ost- und

---

* Inoffizieller Mitarbeiter des Staatssicherheitsdienstes

Westdeutsche sind weiter voneinander entfernt, als wir je geahnt hatten.

Ich habe für mich einmal das Bild von den zwei Zwillingen gefunden: Zwei Zwillinge, von einem deutschen Elternpaar geboren, wachsen unter strenger und rigider Erziehung gemeinsam auf. Sie brechen einen Weltkrieg vom Zaun und verlieren ihn – zum Glück. Als eine der selbstverschuldeten Strafen trifft sie die Trennung.

Zwilling West kommt zu reichen, recht großzügigen und mit demokratischen Umgangsformen ausgestatteten Adoptiveltern, die ihm sagen: Wenn du fleißig arbeitest, unterstützen wir dich in jeder Weise. Deine Schuld ist vergessen, denn du kannst uns im übrigen auch gegen die Verbündeten von Zwilling Ost helfen.

Zwilling Ost kommt zu sehr armen und autoritären Adoptiveltern, die ihn anfangs böse schurigeln und seine Schuldgefühle verstärken und ihm sagen: Du bist so schrecklich schlimm gewesen, daß du durch fleißige Arbeit und Gehorsam alles abarbeiten mußt, und du mußt eine neue Ideologie annehmen, damit nie wieder passiert, was du angerichtet hast.

Zwilling West entwickelt sich recht gut. Er wird locker, dick und bunt. Es gibt viel zu tun, und alles ist zu packen. Er kann seine Schuld in manischer Form verdrängen.

Zwilling Ost trägt an der Bürde der Schaffung eines »neuen Menschen« und eines anderen Staates. Er verinnerlicht seine Schuld, ohne sie wirklich zu bewältigen, und kaut depressiv an ihr herum.

Beide haben anfangs noch Sehnsucht nacheinander. Aber langsam vergißt Zwilling West den anderen, ab und zu denkt er an ihn als an einen, der es schlechter getroffen hat. Er schickt Pakete. Zwilling Ost guckt neidisch auf Zwilling West. Als er wegen der Mauer nicht mehr zu ihm darf, sieht er trotzdem Westfernsehen, hört Westrundfunk und macht sich ständig ein Bild von Zwilling West. Er ist fast gierig nach ihm. Manchmal denkt er aber auch über sich: »Arm, aber ehrlich. Ich arbeite für eine gerechtere Sache.«

Dann ist die Zeit der Trennung abgelaufen: Zwilling Ost durchbricht die Mauer, die sie so lange getrennt hat. Und dieser Moment war eigentlich das Gegenteil von »Wahnsinn«, denn es wurde in einer Nacht die Spaltung aufgehoben – in einem euphorischen Sinne fühlten wir uns für einen Moment wieder »ganz«. Damit wurden aber auch die Möglichkeiten der Abwehr und Projektion aufgehoben: Während die Ostdeutschen gezwungenermaßen die Mauer immer in ihrem Bewußtsein präsent hatten und sich in verschiedensten Formen mit ihr auseinandersetzen mußten, hat sie die Westdeutschen unter anderem auch geschützt vor der Wahrnehmung des tiefen Risses, der die ganze Zeit durch Deutschland gegangen ist. Ein Riß, der neben vielem anderen auch geprägt war durch verschiedene Formen, mit Schuld umzugehen.

Auf einmal stehen sich beide wieder gegenüber, haben sich fast 30 Jahre nicht gesehen und können nach den ersten Freudentränen nichts miteinander anfangen. Und nun sollen sie in einem Land zusammenleben. Wie soll das geschehen?

Zonophobie

MONIKA MARON

Die Einheit ist mir zum Alptraum geworden, weil der Osten, wo er sich als solcher artikuliert, mir unüberwindlichen Ekel verursacht. Alles hat sich in Ekel verwandelt: mein Mitleid, meine Anteilnahme, mein Interesse. Ich weiß, daß ich ungerecht bin, und kann es nicht ändern. Ich halte es für eine Krankheit und weiß nicht, wie man sie heilt. Die Krankheit nenne ich Zonophobie.

Ich will versuchen, die Symptome wahrheitsgetreu zu beschreiben. Möge ein gerechterer Mensch als ich befinden, ob der Defekt bei den Betrachteten liegt oder beim Betrachter oder bei beiden. Ich nehme mir das Recht zur Ungerechtigkeit, ein paar Seiten lang, einmal ausatmen nur, nachdem ich von meiner bemühten Gerechtigkeit schon ganz kurzatmig geworden bin.

Schon auf der Autobahn von Hamburg nach Berlin erkenne ich

sie, ohne ihre Nummernschilder zu entziffern: Wer unbeirrt auf der linken Spur fährt, weil er irgendwo am Horizont einen Trabanten oder Lastwagen vermutet, ist aus dem Osten. Was man hat, das hat man, in diesem Fall die linke Spur. Wer an einer Auffahrt beflissen und todesmutig links rausfährt, ohne sich um heranrasende BMW- und Porscheherden zu kümmern, ist aus dem Osten. Er zeigt, daß er gelernt hat.

Sturer Trotz und peinliche Beflissenheit sind überhaupt die prägenden Züge derzeitigen ostzonalen Verhaltens. (Spätestens hier muß ich wohl sagen, daß ich alle ausnehme, die sich wie vernünftige, auf die Wechselfälle des Lebens vorbereitete Einzelmenschen benehmen. Die waren vor '89 anders und sind es auch jetzt.)

Wenn meine masochistische Neugier mich treibt, in der Pankower Kaufhalle – ehemals HO*, jetzt Spar – einzukaufen und ich sie, mit denen mich eine Vergangenheit als Konsument des Staatlichen Handels eint, bei ihren Beschaffungsaktionen beobachte, reagiere ich wie ein Allergiker, dem eine Katze auf den Schoß springt. Ich muß mich beherrschen, um ihnen ihre ekelhaft großen Fleischpakete oder ein süßes balkanesisches Perlgesöff namens Canei nicht wieder aus den Einkaufswagen zu reißen. Ich möchte die mürrische Frau, die mir gerade mit ihrem Gefährt über die Zehen gefahren ist und mich danach vorwurfsvoll ansieht, fragen: Warum entschuldigen Sie sich nicht? Oder den Mann, mit dem ich fast kollidiert wäre: Warum lächeln Sie nicht? Wie eine Animateuse gehe ich zwischen ihnen umher, lächle und entschuldige mich, entschuldige mich und lächle, hoffend, sie werden meine Botschaft eines Tages verstehen.

Noch schlimmer ist es, wenn der Hunger mich in die Folterstuben der ostdeutschen Gastronomie zwingt. Sobald das Essen genießbar ist, findet sich ein Hinweis auf das Niveau des Etablissements auch schon in der Speisekarte. Niveau sind die letzten beiden Silben des Substantivs Weltniveau; das weiß jeder, der aus der DDR stammt. Wer sich also heute in ein Restaurant mit Niveau

* Handelsorganisation der DDR

verirrt, ahnt, wem es gehört, das mutierte Gästehaus des Ministerrats in Niederschönhausen zum Beispiel, wo wir nicht zu fünft an einem ausreichend großen Tisch sitzen durften, weil wir das Niveau verdorben hätten. Freunde von mir, die keine genuinen Ostmenschen sind, sagen oft, ich übertreibe oder ich müsse mehr Verständnis haben. Ich hingegen glaube, daß meine Freunde nur so nachsichtig sein können, weil ihnen erspart bleibt, wirklich zu verstehen, was sie erleben. Sie müssen nicht zwanghaft, wie ich, jede Situation in eine andere übersetzen; sie wissen nicht, wie es war, als man sich dem Anspruch auf gastronomisches Niveau noch nicht entziehen konnte, indem man zum nächsten Italiener flieht. Sie haben keine Ahnung, welch elendes Leben man unter der Diktatur von Kellnern, Klempnern und Taxifahrern führt. Es mag frivol klingen, aber es ist die Wahrheit. Ich habe unter der Stasi weniger gelitten als unter den Kellnern, Klempnern und Taxifahrern. Die Stasi konnte ich ignorieren, ich brauchte sie nicht.

Am wenigsten ertrage ich an meinen ehemaligen Staatsbürgerschaftsgefährten, daß sie glauben, alle Welt sei ihnen etwas schuldig, insbesondere schulde man ihnen ihre Würde. Sie haben scheinbar vergessen, daß viele von ihnen mit ihrer Würde bis vor drei Jahren ziemlich leichtfertig umgegangen sind und sie auf die Art eines Tages verloren haben. Nun denken sie, Helmut Kohl und die Treuhand hätten sie gefunden und wollten sie nur nicht wieder rausrücken. Das Ungewöhnliche an dieser Würde ist, daß ihr Wert sich ganz einfach in Geld ausrechnen läßt. So viel Würde, wie jetzt Geld gebraucht wird, kann es in diesem Land unmöglich gegeben haben, sonst sähe es anders aus.

Wahrscheinlich meinen sie etwas anderes: Sie vermissen ihre gewohnte Gleichheit. Als sie noch alle eher wenig als viel, eben nur gleichviel hatten, fühlten sie sich offenbar auch gleichwert. Eine der häufigsten Fragen in diesem Land war: Du glaubst wohl, du bist was Besseres. Was Besseres war niemand, und so schlau wie der war man allemal. In Fragen des Geschmacks und der Bildung war die Behauptung, man lebe in der Diktatur des Proletariats, keine Lüge. Und plötzlich ist das vorbei; *die* Kränkung ist die tiefste und kann nicht vermieden werden.

Solange ich unter ihnen lebte, ist mir die außergewöhnliche
Empfindsamkeit meiner ostdeutschen Mitmenschen verborgen
geblieben. Im Gegenteil: Ich bin an ihrer Dumpfheit und Duld-
samkeit, an ihrer Duckmäuserei und ihrem feigen Ordnungssinn
oft verzweifelt. Eigentlich sollte ich mich freuen, daß sie plötzlich
eine Ungerechtigkeit eine Ungerechtigkeit nennen und eine Lüge
eine Lüge. Wenn ich aber sehe, wie sie sich empören, wie sie wieder und wieder in die Kameras sächseln, daß sie sich nicht verar-
schen lassen und schon gar nicht verkohlen, wenn sie in ihrem
ganzen ostdeutschen Mannesmut jedem, der sie nicht vorher gekannt hat und es darum besser weiß, den Eindruck vermitteln
müssen, einem Aufrührer, einem Michael Kohlhaas zu begegnen,
dann kann ich nicht verhindern, daß ich sie wieder vor mir sehe,
wie sie zu den Wahlurnen geschlichen sind, wie sie mit gesenktem
Blick in den Versammlungen gesessen haben, verarscht, verkohlt,
gedemütigt. Damals waren sie nicht auf die Idee gekommen zu
streiken. Und jetzt, will es mir scheinen, ist ihnen das Recht zu
streiken nicht mehr die Schwierigkeiten wert, die es kostet, diesen
Schrotthaufen von einem Land in eine nach europäischem Maß
vernünftige Gesellschaft zu verwandeln.

Lebenslinien

IRENE ZIERKE

Die Zeit der Wende in C erlebte Christa aktiv mit. Sie wurde unmittelbar nach ihrer dritten Entbindung ein engagiertes Mitglied
der Bürgerbewegung in C, sie organisierte gemeinsam mit Freunden und Gleichgesinnten Demonstrationen und Veranstaltungen
und lebte partiell mit ihnen jene Aktionen, die sie im Friedens-
kreis gemeinsam angedacht und für notwendig erachtet hatten.
Mit anderen Frauen gründete sie den Unabhängigen Frauenver-
band in C. Im Mai '90 wählten die Bürger sie ins Parlament. Sie

fühlt sich in dieser kommunalen Arbeit insbesondere für Frauen, Bildungs- und Jugendbelange verantwortlich und übernimmt/ übernahm verschiedene damit zusammenhängende Aufgabengebiete und Arbeiten.

Im Herbst/Winter '89/90 genoß Christa kurzzeitig das Gefühl der Massenverbundenheit und bemerkte doch schnell ihre neuartige politische Isolierung. Sie war und blieb anders, als die vielen anderen. Und sie verlor allmählich auch die Hoffnung, »daß Menschen in einer nicht-marktwirtschaftlich orientierten Gesellschaft gut miteinander leben können.«

Sie ist heute enttäuscht, daß »so schnell mit unseren Menschen so viel gemacht werden konnte«. Aus dem von ihr selbst vollzogenen Bildungsaufstieg heraus lebte sie offensichtlich in der Illusion, daß sich bei vielen anderen ähnliche Denk- und Verhaltensmuster verstecken würden. Mit der ausgeprägten Subalternität, die sich auch in einer offenen politischen Situation zeigte, hatte sie dagegen nicht gerechnet. Gleichzeitig genießt sie es, Dinge zu tun, die sie vorher nicht realisieren konnte – Leute zu besuchen, überall, Besuche zu bekommen ohne verschlüsselte Anmeldungen, über den Kurfürstendamm zu gehen.

»Ich find's och schön, daß ich jetzt das machen kann, was ich schon ne ganze lange Weile wollte. Das macht mir och Spaß, und ich denke, ... das is noch sehr offen. Und ich denke auch, das is das, was ich och, ich will (nich) jetzt sagn, mein ganzes Leben lang machen will, aber ich bin so auf dem Weg, ne? Und da lassen sich viele Sachen machen. Von der Weiterbildung ganz abjesehn. Ach, wo ich gar nich weiß, was ich nehmen soll ... Und insofern war das (die Wende) die Jelegenheit und die Chance ... Und ich freu mich über Kontakte, die ich darüber zu vielen Leuten haben kann, ... die ich vorher nun so nich hatte ... Was mir leid tut is, daß ... durch diesen Wust, durch dieses Überanjebot an Reizen, sag ich mal, och so bestimmte sicherheitsgebende Beziehungen zu kurz komm'. Also ich merke ..., daß ich zum Beispiel drei Wochen uff meiner Karte habe: den und den anrufen, ... um zu sagn, wir müßten uns doch mal wieder ... hinsetzen. Naja, da rutscht es wieder nach hinten. Und das tut mir leid, weil ich merke, ich brauch das auch, aber das geht so unter, weil es … sich am allerwenigsten einklagt. Alles andre ruft oder is da oder so, aber so solche Beziehung', naja, die stehn dann nich uff der Matte … Und das, das find' ich schade, daß wir alle doch … für bestimmte Dinge keine Kraft mehr haben, die früher mein Leben och ausmachten. Also dieses nächtelang sitzen und klönen und überlegen und manchmal och nur spieln oder sowas, so … in Ruhe … und in … Beschaulichkeit och so Dinge zu tun, das is schade, das is weg. Ich denke manchmal, später denn machste dis wieder und so, aber ich weiß nich, ob's noch mal so zu machen geht.«

Christa bleibt ausgefüllt mit sozialem, politischem und beruflichem Engagement. Die Familie steht da manchmal hintenan, ohne vernachlässigt zu werden. Aber sie möchte die aktuelle Hektik nicht immer leben und wieder stärker auf ihre reflexiven Fähigkeiten zurückgreifen dürfen. Auch tritt immer klarer das Problem einer Distanz und Distinktion zu den Werten und Verhaltensmustern anderer zutage, welches ihre politische Arbeit zumindest erschwert und sie auch ein Stück weit in Frage stellt. Und damit möchte Christa nicht leben.

Betrachtet man Christas Gesamtsituation, so erlebt sie durch die politische Wende einen sozialen Aufstieg: Sie erwirbt eine neue berufliche Position mit einem eigenständigen Aufgabenbereich, sie verdient mehr Geld, sie trägt politische Verantwortung und sie kann ihren Stil mit mehr öffentlicher Akzeptanz leben. Wie viele andere Angehörige ihres Submilieus hat sie Arbeit, trägt Verantwortung und füllt sie mit Wissen, Kreativität und Engagement aus. Geblieben bzw. verstärkt hat sich die Enttäuschung über das subalterne Verhalten vieler anderer. Aus ihrer eigenen Entwicklung hin zur kulturellen Gegenelite hatte sie ein breiteres Engagement für soziale Zielstellungen abgeleitet. Diese neue Erfahrung erschwert ihr möglicherweise mitunter das Engagement »für die anderen«. Auch die neu erworbene soziale Position kann ihren Blick auf die sozialen Probleme anderer möglicherweise einengen. Mit ihren konkreten Aktivitäten im beruflichen und politischen Bereich ist sie gleichsam auf der Suche nach neuen Möglichkeiten, in gesellschaftliche Strukturen einzugreifen. Damit ist Christa auf einem spezifischen Weg, mit den veränderten gesellschaftlichen Bedingungen umzugehen.

MARLIES MENGE

Irina K. ist alleinstehend, Mutter eines Sohnes. Sie lebt in Potsdam-Babelsberg. Ihre Anderthalb-Zimmer-Wohnung in einem verfallenen Haus ist 42 Quadratmeter groß. Frau K. ist 33 Jahre alt, blond, schlank. Der neunjährige Daniel ist schon im Pyjama, verschwindet in einem Zimmer, in dem zwei Betten nur hintereinander Platz haben. Der enge Gang zwischen Bett und Schrank ist Daniels Platz zum Spielen, jetzt eingenommen von einem Turm mit kleinen Spielautos. Im Wohnzimmer ist Platz für eine Eßecke, für ein Sofa mit dazu passenden Sesseln, die obligate Schrankwand mit Fernseher. Auf dem Glastisch steht eine Kristallschale mit Weintrauben. Frau K. zeigt die Wasserflecken an der Wand. Die Dachrinne ist nicht dicht. Wenn es regnet, dringt Wasser in die Fenster. Die Wand unterhalb des Küchenfensters ist verschimmelt. Die Feuchtigkeit zieht bis ins Kinderzimmer. Die Toilette ist eine Treppe tiefer.

Frau K. ist Lehrerin für die Unterstufe. Schon als Elfjährige wußte Irina, daß sie Lehrerin werden wollte, vielleicht weil ihre Eltern Lehrer sind. In der achten Klasse beantragte sie das Studium. Trotz Notendurchschnitts von 1,6 wurde sie zunächst abgelehnt, weil die Eltern keine Arbeiter waren und weil sie ein Mädchen war. Der Plan forderte Jungen. Nach der zehnten Klasse studierte sie am Potsdamer Institut für Lehrerbildung Deutsch und Mathematik, als Wahlfach Musik. Weil es für ihr Studium nicht nötig war, machte sie kein Abitur, jetzt ein Handicap, denn bislang wird ihre Ausbildung im Vereinten Deutschland nicht anerkannt. Seit dreizehn Jahren unterrichtet sie in der Paul-Kühne-Oberschule, benannt nach einem Babelsberger Arbeiterführer. Sie war nie in einer Partei …

Bis Daniel drei Jahre alt war, blieb Frau K. zu Hause. Mit Mütterunterstützung von 500 Mark und in Heimarbeit hergestelltem

Kunstgewerbe hielt sie sich über Wasser. Frau K. ist dafür, daß Männer mehr verdienen, damit die Frauen halbtags arbeiten oder ganz zu Hause bei den Kindern bleiben können. Dabei ist Frau K. ledig, hat seit der Geburt von Daniel keinen Kontakt mehr zu dessen Vater.

Der Vater zahlt 75 Mark Unterhalt. Den Kinderfreibetrag teilt sie mit ihm, solange sie keine Verzichtsbescheinigung von ihm vorweisen kann. Sie findet es demütigend für die Mütter, den Vater dafür suchen zu müssen: »Viele wissen doch gar nicht, wo der Kerl geblieben ist.« Für die Lebensversicherung zahlt sie 35 Mark im Monat, einmal im Jahr 60 Mark für die Hausratversicherung. Die schlecht isolierte Wohnung verlangt viel Kohlen, 60 Mark Heizung monatlich, aufs Jahr umgelegt. Von Auto und Telephon kann sie nur träumen. Schulessen, früher 55 Pfennig pro Tag, kostet jetzt 2 Mark. Lehrer sollen sogar 5,70 Mark dafür bezahlen, zu teuer für Frau K. Weil dem Sohn das Schulessen nicht schmeckt, ißt er möglichst oft mittags zu Hause. Auch das kostet Geld. 35 Mark bezahlt sie für Strom, 51 Mark gibt sie für Rundfunk, Fernsehen und Zeitungen aus. Aufgerundet hat sie mit Unterhalt und Kindergeld (50 Mark) rund 1000 Mark im Monat, davon gehen knapp 250 Mark feste Kosten ab, bleiben gut 750 Mark Rest.

SIGHARD NECKEL

Die beiden Pfarrer, über deren Lebensweg hier berichtet wird, leben in einer Stadt in Brandenburg. Der eine, ich nenne ihn Werner Radtke, ist heute 61 Jahre alt, der andere, ich nenne ihn Andreas Storkow, zählt 40 Jahre. Radtke entstammt einer Bauernfamilie und war in der DDR ein mittlerer Kirchenfunktionär. Storkow dagegen wurde schon in einem Pfarrhaus geboren und gehörte zum Kreis jener christlichen Gruppen, die später die Bürgerbewegung trugen. Radtke und Storkow sind zwei Pfarrer unterschiedlicher Generationen und sozialer Herkunft, die politisch gegensätzliche Wege eingeschlagen haben. Vordergründig betrachtet, repräsentieren sie jene zwei Pole des politischen Verhaltens der evangelischen Kirche »zwischen Opportunismus und Opposition«, das in Deutschland insgesamt kontrovers diskutiert wird.

Der Lebensweg von Werner Radtke beginnt auf einem Bauernhof in Hinterpommern. Sein Elternhaus ist evangelisch-deutschnational und von einer bäuerlichen Frömmigkeit geprägt. Das Jahr 1945 markiert in Radtkes Worten seine *erste Wende*, die er biographisch erlebt. Das eigene Land ohne *tragende Kräfte*, er selbst, wie er sagt, *eine verkrachte Existenz*, seelisch erschüttert und im Gefühl mangelnder Bildung, weil er die Mittelschule nach sechs Klassen abbrechen mußte – in diesem »ontologischen Mangelzustand« befindet sich Werner Radtke, als er 1947 nach Ostdeutschland flüchtet. Hier erfährt er seine persönliche Wiedergeburt, als er in Kontakt mit einem pietistischen Jugendkreis kommt. Nach kurzer Berufstätigkeit bewirbt er sich an einer Predigerschule, um schließlich in eine freikirchliche Gemeinschaft aufgenommen zu werden.

Radtke holt das Wissen, das ihm den Krieg verwehrt hatte, in seiner kirchlichen Ausbildung nach. Unterdessen vollzieht sich in der DDR die erste Welle des staatlichen Kampfes gegen die Kirche, Radtke gerät zunehmend in einen inneren Konflikt mit dem pietistischen Frömmigkeitstyp, der nach innen so weltlos wie nach außen bekennerhaft ist. In Zeiten äußerer Bedrohung seitens des atheistischen Staates entscheidet er sich, in die evangelische Landeskirche überzuwechseln. Seither erfährt er die Kirche und ihren Bestand auch als Voraussetzung der Kontinuität seiner Person.

Als Werner Radtke seine erste Pfarrstelle antritt, wird Andreas Storkow im Pfarrhaus einer märkischen Kleinstadt geboren. Storkow erlebt seine Kindheit durchaus nicht als fortwährende Diskriminierung. Zwar leidet er in der Schule darunter, *nicht ernst genommen* zu werden, doch insgesamt kann er von seiner Kindheit berichten: *Dieses Pfarrhaus war nicht so leicht zu verrücken.*

Um die Chancen für ein Studium zu steigern, tritt Storkow der FDJ bei. Es reizt ihn, seine intellektuelle Überlegenheit zu beweisen, die jederzeit in den Dienst der Partei gestellt werden könnte, wenn er nur hierfür bereit wäre. Insgesamt erlebt Storkow eine

Zeit, in der er sich im Zwiespalt jeweils unmöglicher Lebenswege befindet. Eine bildungsbürgerliche Karriere ist ihm politisch verstellt, aber auch die politische Anpassung hat dort ihre Grenze, wo sie den Bruch mit dem eigenen Herkunftsmilieu bedeuten würde. Im Jahr '74 wird Andreas Storkow aus seinem inneren Dilemma erlöst. Die Bewerbung für ein Psychologiestudium geht fehl. Jetzt bleibt nur noch Theologie übrig, ein *Notnagel* wie Storkow sagt.

Jahre zuvor schon hatte sich Werner Radtke in der kirchlichen Welt langsam behauptet. Mit der Mehrheit der evangelischen Kirche stellt er sich auf die historische Faktizität des sozialistischen Staates ein. Doch ist es keineswegs eine politische Überzeugung, die Radtke dazu bewegt. Was seine Anpassungsbereitschaft am stärksten befördert, sind die persönlichen Chancen, die er hierdurch realisiert. Die kirchliche Karriere kann er als Prozeß einer inneren Vervollkommnung erfahren, der seinen »ontologischen Mangelzustand« der Nachkriegszeit nachträglich behebt. Von hier aus entspinnt sich auch eine subtile Verbindung zu dem Schicksal des Staates. Die historische Gleichzeitigkeit staatlicher und persönlicher Stabilisierung stiftet eine Gemeinsamkeit der Erfahrung, und so führt Radtke seit den 50er Jahren Gespräche mit der staatlichen Macht. Der Kontaktwunsch der Mächtigen schmeichelt seinem Selbstwertgefühl, doch ist Radtke dabei in seinem pastoralen Auftrag nach eigener Auskunft *nie irre geworden*. Dies hängt nicht zuletzt mit den Ursprüngen seines Bekenntnisses zusammen. Das weltliche Handeln kann die letzte Gewißheit seines Glaubens nicht erschüttern.

Die kirchlichen Gruppen der politischen Dissidenz, auf die Radtke seit Mitte der 80er Jahre trifft, kommen ihm dagegen exzentrisch vor. Zu ihnen gehört auch Andreas Storkow. Für den Berliner Kirchentag 1987, den Werner Radtke als Störung der kirchlichen Ordnung erlebt, schreibt Storkow aufsässige Predigttexte. Die Heilige Schrift ist ihm vor allem ein visionäres Buch. Sein Hang zum Utopischen läßt auch seine Einstellung zur DDR nicht unberührt. Bei aller Kritik an der persönlichen Unfreiheit akzeptiert er den sozialistischen Staat doch als einen unzulänglichen Versuch, eine weltliche Annäherung an biblische Ideale zu finden.

Voller Enthusiasmus übernimmt Storkow Anfang der 80er Jahre seine erste Pfarrstelle. Kalt erwischt von der unverhüllten Realität des Staatssozialismus, legt er sich mit den Funktionären der Partei an, deren *Kleinkariertheit* er auf der Kanzel lächerlich macht. Nach vier Jahren verläßt er den Ort seiner ersten theologischen Bewährung und arbeitet seither an der kirchlichen Fortbildung.

In dieser Situation erlebt Andreas Storkow das Jahr 1989, für ihn ein *unheimlicher Aufbruch*, während Werner Radtke es zur selben Zeit als Verhängnis empfindet, daß ausgerechnet er dem Kreiskirchenrat vorsitzt und in dieser Funktion die Wende aushalten muß. Radtke hat in seinem Leben gelernt, an Ordnung interessiert sein zu müssen, was ihm wichtig vor allem in Zeiten der Unordnung ist. Während der Wende verbleibt er daher an der Seite des Staates. Vom SED-Bürgermeister noch selbst um den Vorsitz am Runden Tisch gebeten, moderiert er die heikle Situation im Bestreben, *Schlimmes zu verhüten*.

Bei aller weltlichen Freude, in seiner alten Position gut in die neue Zeit gekommen zu sein, mischt sich eine tiefe Enttäuschung Die Demokratie erfährt Radtke als eine Lebensform, die einen Bedeutungsverlust der Kirche gegenüber Staat und Gesellschaft zur Folge hat. Die Wende erschüttert auch eine geistliche Hoffnung von ihm. Radtke, der in seinem Herzen immer den pietistischen Glauben bewahrte, spürt, daß die Säkularisierung der DDR im neuen Deutschland nicht aufhören wird. Wie zu früheren Zeiten wird er Angehöriger einer Minderheit bleiben, einer *Armee ohne Soldaten*, was ihn bisweilen auch dazu verführt, sich *polnische Verhältnisse* zu erträumen. In diesem katholischen Traum drückt sich sein heimlicher Wunsch aus, nach all den unbequemen Jahren zwischen Anpassung und Schurigelei endlich selbst Autorität über die Menschen zu haben.

Andreas Storkow dagegen hat seit dem Umbruch im Herbst einen Drang in die politische Öffentlichkeit. Die protestantische Revolution bietet ihm eine günstige Gelegenheit, sich als Politiker *auszuprobieren*. Unablässig beklagt er das starke Gefälle zwischen den Utopien des Herbst '89 und der Realität des politischen Alltags danach. Das Muster seines politischen Handelns ist die moralische Selbsterfahrung, was ihn von anderen Politikern einerseits abhebt, andererseits seine alte Befürchtung nährt, *nicht ernst genommen zu werden*. Auch für Storkow wiederholt sich damit die Erfahrung der DDR, in der Minderheit zu sein. Und wie früher tritt er dagegen mit einem Verhaltensstil an, den Thomas Mann einmal den »vertrotzten Individualismus« des deutschen Bildungsbürgertums nannte.

»Vertrotzt« ist dieser Verhaltensstil deswegen, weil sich in ihm innere Labilität mit dem Wunsch nach äußerer Festigkeit paart. Dies ist der Hintergrund dafür, daß auch Storkow eine katholische Sehnsucht hat, die ebenfalls in Polen beheimatet ist. An den Polen bewundert er ihren Stolz und ihre Selbstsicherheit. Das habe sie vor der ganzen peinlichen Anpassung bewahrt, die man bei den DDR-Bürgern bis auf den heutigen Tag erkenne. Was Storkow sich damit auch selbst wünscht, ist Entlastung vom protestantischen Selbstzweifel, die Dogma und Ritual im Katholizismus gewähren. Auf diese Art Gnade zu finden, ist dem Protestanten verwehrt, und auch dies ist ein Grund, weshalb sich Andreas Storkow in der Politik wiederfindet.

Werner Radtke und Andreas Storkow bilden den Kontrast von gläubiger Anpassung und habitueller Distanz. Beides sind soziale Prinzipien, keine politischen. Daran kann man erkennen, daß sich der politische Gegensatz von »Opportunismus und Opposition« in der evangelischen Kirche der DDR gewiß auf bestimmte Entscheidungen eindeutig beziehen läßt, nicht jedoch auf die Menschen, die sie zu treffen hatten.

DER STAATSSICHERHEITSDIENST
Aufarbeitung von Vergangenheit

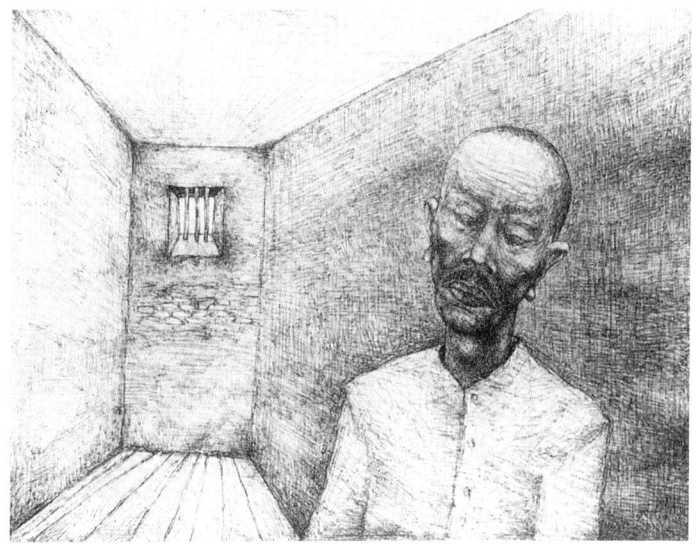

Roger Loewig: Nicht sein, sondern denken, denken, denken

Die Stasi-Ballade

WOLF BIERMANN

1
Menschlich fühl ich mich verbunden
mit den armen Stasi-Hunden
die bei Schnee und Regengüssen
mühsam auf mich achten müssen
die ein Mikrophon einbauten
um zu hören all die lauten
Lieder, Witze, leisen Flüche
auf dem Clo und in der Küche
– Brüder von der Sicherheit
ihr allein kennt all mein Leid

Ihr allein könnt Zeugnis geben
wie mein ganzes Menschenstreben
leidenschaftlich zart und wild
unsrer großen Sache gilt
Worte, die sonst wärn verscholln
bannt ihr fest auf Tonbandrolln
und ich weiß ja! Hin und wieder
singt im Bett ihr meine Lieder
– dankbar rechne ich euchs an:
die Stasi ist mein Ecker
  die Stasi ist mein Ecker
    die Stasi ist mein Eckermann

2
Komm ich nachts allein mal
müd aus meinem Bierlokal
und es würden mir auflauern
irgendwelche groben Bauern
die mich aus was weiß ich für

Gründen schnappten vor der Tür
– so was wäre ausgeschlossen
denn die grauen Kampfgenossen
von der Stasi würden – wetten?! –
mich vor Mord und Diebstahl retten

Denn die westlichen Gazetten
würden solch Verbrechen – wetten?! –
Ulbricht in die Schuhe schieben
(was sie ja besonders lieben!)
dabei sind wir Kommunisten
wirklich keine Anarchisten
Terror (individueller)
ist nach Marx ein grober Feller
die Stasi ist, was will ich mehr
mein getreuer Leibwäch
  mein getreuer Leibwäch
    mein getreuer Leibwächter

3
Oder nehmen wir zum Beispiel
meinen sexuellen Freistil
meine Art, die so fatal war
und für meine Frau ne Qual war
nämlich diese ungeheuer
dumme Lust auf Abenteuer
– seit ich weiß, daß die Genossen
wachsam sind, ist ausgeschlossen
daß ich schamlos meine Pfläumen
pflücke von diversen Bäumen

Denn ich müßte ja riskiern
daß sie alles registriern
und dann meiner Frau serviern
so was würde mich geniern
also spring ich nie zur Seit

spare Nervenkraft und Zeit
die so aufgesparte Glut
kommt dann meinem Werk zugut
– kurzgesagt: die Sicherheit
sichert mir die Ewig
  sichert mir die Ewig
    sichert mir Unsterblichkeit

4
Ach, mein Herz wird doch beklommen
solltet ihr mal plötzlich kommen
kämet ihr in eurer raschen
Art, Genossen, um zu kaschen
seis zu Haus bei meinem Weib
meinen armen nackten Leib
ohne menschliches Erbarmen
grade, wenn wir uns umarmen
oder irgendwo und wann
mit dem Teufel Havemann

Wenn wir singen oder grad
Konjak kippen, das wär schad
ach, bedenkt: ich sitz hier fest
darf nach Ost nicht, nicht nach West
darf nicht singen, darf nicht schrein
darf nicht, was ich bin, auch sein
– holtet ihr mich also doch
eines schwarzen Tags ins Loch
ach, für mich wär das doch fast
nichts als ein verschärfter
  nichts als ein verschärfter
    nichts als ein verschärfter Knast

Jeder ist ein Sicherheitsrisiko gewesen

Die Stasi war ja nicht nur Symbol und Instrument totalitärer Menschenverachtung. Das vor allem; in einem Maße, das nicht vergessen werden darf. Aber sie mußte gleichzeitig den enormen Informationsbedarf erfüllen, der in einem freien Land von Parlamenten, Medien, Werbung, Versammlungen und Veranstaltungen und von täglichen Diskussionen in Hörsälen, Schulen, Bars oder am Abendbrottisch der Familie befriedigt wird. Wie kam es in der DDR zur Bildung und Verbreitung von Meinung?

Man stelle sich vor: ein Land, in dem Kritik gefährlich ist, Statistiken Verschlußsache sind, Radio und Fernsehen die Wirklichkeit retouchieren und in dem kaum ein ehrliches Wort in der Zeitung steht. Wie sollen Entscheidungsträger wissen, was los ist? Wie kann die Zuverlässigkeit von Beamten ermessen werden? Wie läßt sich die Stimmung in der Bevölkerung abschätzen? Alles nur mit Hilfe der Stasi. Wenn man sich so die Stasi als pervertierten Ersatz für öffentliche Meinung vorstellt, wird verständlich, warum so viele und so verschiedene Menschen in ihr Netz gezogen wurden.

Stasi-Mitarbeiter denunzierten ja nicht nur Menschen, sondern auch Mißstände (und waren enttäuscht, wenn von denen oben niemand auf ihre Berichte reagierte). Stasi-Informanten mußten in der Nischen-Gesellschaft DDR das Netz von Beziehungen ersetzen, das in einer Demokratie vom freien Wort gewoben wird. Vor vielen Jahren erzählte Bischof Schönherr mir einmal, wie nützlich es oft sei, daß sein Telephon abgehört werde. Wenn er die Regierung in einer dringenden Angelegenheit informieren wolle, brauche er nur mit jemandem am Telephon darüber zu sprechen.

Die Stasi als Vorzimmerdame der Macht. Wer in der DDR mit dem Wort etwas erreichen wollte, kam um sie kaum herum. Worte wollen gehört und gelesen werden. Aber die Stasi las mit, hörte mit, sprach mit. Machte es da noch einen Unterschied, ob Information gegeben oder nur genommen wurde? War es nicht leicht,

sich selbst davon zu überzeugen, daß man durch Mitarbeit jedenfalls einen kleinen Einfluß auf die Auswahl des Weitergegebenen
behalten werde? Ist es verwunderlich, daß gerade Intellektuelle,
die mit und von Worten leben, es so schwierig fanden, dem Netz
der Spinne fernzubleiben, das zugleich das Kommunikationsnetz
ihres Landes war?

Die »inoffiziellen Mitarbeiter«

Klaus Schlesinger

Ein Kapitel für sich ist die Psychologie der IM. Sie nehmen meist
nur wahr, was sie wahrnehmen wollen. *Heinrich* zum Beispiel, der
starke Kontaktschwierigkeit hat und, wie er mir später schrieb,
»isoliert genug« ist, glaubte bei seinem ersten Besuch zu beobachten, daß ich »sehr mißtrauisch sei«. Angeblich hätte ich mich über
den Tisch gebeugt und in seine Aktentasche geblickt, als er ihr
seinen Tabak entnahm, und als ich ihm in die Lederjacke half, soll
ich sie vorher »kräftig geschüttelt« haben, »wie um festzustellen,
was sich in den Taschen befindet«. *Büchner* wiederum, die allein-
erziehende Lektorin mit mehreren gescheiterten Beziehungen –
die, wie gesagt, auch kurze Zeit mit unserem Freund Stephan ver-
heiratet war und deshalb auf quasi-familiärer Ebene Zugang zu
unserem Kreis hatte –, richtete ihren Blick hauptsächlich auf die
Verhältnisse zwischen Männern und Frauen, registrierte jede
Winzigkeit, die auch nur annähernd auf potentiellen außerehe-
lichen Beischlaf, auf Krach zwischen den Freunden hindeuten
könnte, jede nette Geste, jeden freundlichen Blick.

André dagegen stand unter literarischem Anerkennungsdruck.
Wenn er es endlich geschafft hatte, an unserem Tisch in der Kneipe Platz zu nehmen, belegten ihm all die nebensächlichen Gespräche, daß wir literarisch und »politisch niveaulos« und für eine
organisierte Opposition »ungeeignet und auch unfähig« seien.

Ich denke, daß jeder Bericht, den so ein IM ins Tonband gesprochen oder selbst geschrieben hat, beinahe mehr über ihn selbst als über sein Objekt erzählt. Und er scheint einen Typus zu verkörpern, der mir noch aus der Schulzeit in lebhafter Erinnerung ist, die Petze.

Man kann mir vorwerfen (und man hat es getan), ich sei zu nachsichtig mit Handlungen, die Verrat an menschlichen Beziehungen waren; ich sähe in den Taten jener Menschen, die als Spitzel hinreichend bezeichnet seien, immer noch die für mich positive Seite und würde damit den Schaden verharmlosen, den sie angerichtet hätten oder angerichtet haben könnten.

Ich kann auf diesen Vorwurf nur anekdotisch antworten. Kurz nach der Vereinigung, oder ein paar Monate vorher, sah ich einen Fernsehbericht über eine verlassene Dienststelle des Ministeriums für Staatssicherheit. Die Kamera führte uns in einen geheimnisvollen, kahlen Raum, in dem, auf metallenen Regalen, eine Menge Weckgläser standen. Jedes dieser Gläser enthielt ein rätselhaftes Stück Stoff. Die Staatssicherheit, wurde ich aufgeklärt, hatte auffällige oder der Insubordination verdächtige Personen, meist unter einem Vorwand, zu sich geladen, um in den Besitz ihres *spezifischen Geruchs* zu kommen, der dann, konserviert wie die Pflaumen in der Speisekammer meiner Großmutter, auf den Tag wartete, da er die Verdächtigen, mittels des Stoffetzens und eines deutschen Schäferhundes, irgendeiner Tat überführen könnte. Ich höre noch die vor Empörung zitternde, in dramatischer Tiefe siedelnde Stimme der Kommentatorin.

Ich mußte lachen. Ich mußte so laut und schallend lachen, daß meine junge Nachbarin die Zimmertür aufriß, um an meiner nicht enden wollenden Heiterkeit teilzuhaben. Vergebens. Für einen Moment hatte ich in jeder Zelle meines Körpers gespürt, warum dieses Land, dessen Bürger ich vierzig Jahre lang gewesen war, so sang- und klanglos untergehen mußte. Doch absurde Gefühle lassen sich nicht vermitteln. […]

Wir hatten in der Zeit vom April 1974 bis zum August 1983 bis zu 102 Inoffizielle Mitarbeiter auf dem Hals. Die Zahl der Akten beträgt dreizehn Bände mit insgesamt 3034 Blatt, nebst jener *Vor-*

lauf-Akte aus den Jahren 1963 bis 1969 mit siebzig Blatt. Alles ist sorgfältig archiviert, mit reißfestem Band und hornbrauner Plombe verschlossen. Nur die Siegel-Nummern, die auf den Innenseiten der Akten stehen und die auf den Plomben, sind merkwürdigerweise nicht identisch.

Ich habe einen Roman gelesen, dessen Hauptfigur ich bin. Warum habe ich mich nicht gefunden? Ich nehme an, es liegt daran, daß sein Autorenkollektiv – der Oberleutnant Holm, der Hauptmann Pahl, der Oberst Häbler und die vielen anonymen Mitarbeiter – ihr Material, das mein Leben war, mit handwerklich unzureichenden, kolportagehaften Mitteln bearbeitet und dabei den Gegenstand, die lebendige Figur, ebenso grandios verfehlt haben, wie es in jedem Trivialroman geschieht.

BÄRBEL BOHLEY

In den Akten warten auch Überraschungen auf uns, darunter sehr bittere. Wir werden vor allem an vergessene Daten, Situationen und Menschen erinnert. Neben banalen Beobachtungsprotokollen über Tage hinweg blättern wir in den Maßnahmeplänen der Stasi. Zersetzung und Zerstörung von Menschen war das Planziel. Über uns selber lesen wir Einschätzungen, die inoffizielle Mitarbeiter der Stasi über uns gemacht haben. Die IM's bleiben meistens anonym. Sie verstecken sich hinter Namen wie Tilly, Rudi oder Maximilian. Wir wissen noch nicht, wer sich hinter Tilly und Rudi versteckt. Maximilian ist Ibrahim Böhme, das wissen wir inzwischen. Aufmerksam lesen wir die Berichte. Hinter ihnen verbirgt sich der Freund, der zum Verräter geworden ist. Der Kriecher im Betrieb, am Arbeitsplatz, der seine Karriere beschleunigen wollte. Der gestrauchelte Genosse, der seinen Kotau vor der Staatsgewalt macht. Die Studentin, die unbedingt eine Aspirantenstelle möchte. Oder aber einfach nur die Neidische, der Mißgünstige, der Geldgierige, die vom Leben-zu-schlecht-Behandelte, der nicht Nein-sagen-Könnende. Manchmal gibt es auch Berichte, in denen spürt man noch etwas von der mangelnden

Gesprächsbereitschaft des Ausgefragten. Oder aber es bemüht sich einer um Distanz und Objektivität. Zwar ist da jemand bereit gewesen, über eine Situation zu berichten, aber nicht bereit, sich in weitere Spitzelarbeit einbinden zu lassen.

Die Staatssicherheit war im ganzen Land als Schild und Schwert der Partei bekannt, als Schwert, das Menschen vernichten oder ihnen für das ganze Leben Wunden schlagen konnte. Ich möchte gern wissen: Was hat den Einzelnen dazu gebracht, sich mit der Stasi einzulassen? Warum hat er damals mit der Macht zusammengearbeitet und wie lebt er heute? Meistens sitzt er wieder in der ersten Reihe der Gesellschaft. Ohne Rechenschaft im einzelnen abzulegen über seine Zusammenarbeit mit dem Machtapparat der DDR, hat er wieder eine Entscheidungsfunktion inne. Erst jetzt, wo die Akten auf dem Tisch liegen, beginnt der eine oder andere zu beichten. Die einen behaupten, sie hätten die Stasi als Gesamtkunstwerk gesehen und wollten wenigstens mit ihrer Unterschrift unter die Verpflichtungserklärung einen Originalbeitrag zur DDR-Kunst leisten. Andere wollten die Stasi indirekt beeinflussen und sich als Gegen-Stasi für die Interessen der Menschen einsetzen. Wieder andere wissen gar nicht, daß sie jemals »Heiner« waren. Andere objektivieren sich selbst zu einer geheimnisvollen Sachakte »Notar«. Aber alle schwören, daß sie nicht mit der Staatsmacht kollaboriert haben, sondern, allein von den »Sorgen und Nöten der Menschen« getrieben, sich in konspirativen Wohnungen trafen und zu mitternächtlicher Stunde der Stasi ins Gewissen redeten.

Ein Maßnahmenplan

Am 24. Februar 1987 machte sich der Stasi-Oberleutnant Zönnchen von der Hauptabteilung XX/2 einen Plan zur Erledigung eines Staatsfeinds.

Seit mehr als einem halben Jahrzehnt hatte die »Firma« vergebens versucht, den Ost-Berliner Physiker Gerd Poppe und seine

Ehefrau Ulrike – sie zählten zum Freundeskreis des 1982 gestorbenen Robert Havemann – einzuschüchtern. Nun sah Zönnchen eine Chance, die beiden endgültig fertigzumachen.

Mit der Ehe des Dissidenten-Paares, so entnahm er den Spitzelberichten seiner Informellen Mitarbeiterin (IM) Monika Haeger (Deckname: Karin Lenz), stehe es nicht gut. Ulrike Poppe denke an Trennung.

Zönnchen tat, was in solchen Fällen üblich war: In dürrem Stasi-Amtsdeutsch entwarf er einen »Maßnahmenplan« zur Zermürbung und Zersetzung der Ehe, der die Eheleute einander entfremden und ihr Verhältnis zu den Kindern belasten sollte.

Punkt 1 der Maßnahme: »Um Ulrike Poppe in ihren vorhandenen Trennungsabsichten zu unterstützen, wird ihr die Möglichkeit der Aufnahme eines Fachschulstudiums in Aussicht gestellt. Die Aufnahme des Studiums wird mit den von ihr selbst genannten Auflagen (keine öffentlichkeitwirksamen Aktivitäten und keine Feindverbindungen) verbunden. Damit soll bei der POPPE der Gedanke geweckt werden, daß sie bei einer Trennung von POPPE finanziell und sozial abgesichert ist.«

Parallel dazu müsse »durch geeignete operative Maßnahmen gesichert werden, daß POPPE, Gerd seine arbeitsmäßigen und sozialen Probleme nicht verbessern kann. Dieser Prozeß könnte durch einseitige Reiseerleichterungen für die POPPE, z.B. in das sozialistische Ausland ... unterstützt werden. Termin: März 1987«.

Punkt 2: »Zur Verschärfung der Ehekrise und Unterstützung der Trennungsabsichten der POPPE, Ulrike wird die Kontaktperson Harald an die POPPE mit dem Ziel herangeschleust, zwischen beiden ein Intimverhältnis aufzubauen. Termin: Juli 1987.«

Punkt 3: »POPPE, Gerd ist durch gezielte anonyme Informationen an seiner Arbeitsstelle zu diskriminieren ... Die Informationsübermittlung erfolgt durch anonyme Briefe. Termin: entsprechend der vorl. Informationen.«

Punkt 4: »Vorbereitung der Veröffentlichung eines Artikels in der Tageszeitung *Junge Welt* über die Tochter des POPPE, Gerd aus erster Ehe, POPPE, Grit. In diesem Artikel soll ihre bisherige positive schriftstellerische Arbeit unter Hinweis auf eine ›feste politische Überzeugung‹ gewürdigt werden. Durch einen geeigneten IM wird auf der Grundlage dieses Artikels die Glaubwürdigkeit des POPPE gegenüber anderen, operativ bearbeiteten Personen in Frage gestellt. Termin: Mai 1987.«

Punkt 5: »Über die Direktorin der 15. Oberschule Berlin-Prenzlauer Berg ist die zielgerichtete langfristige positive Beeinflussung und Entwicklung des POPPE, Jonas zu gewährleisten. Durch die positiven Ergebnisse sozialistischer Erziehung seines Vorzugskindes Jonas ist beabsichtigt bei Poppes die persönliche Ohnmacht und Wirkungslosigkeit ihrer feindlichen Aktivitäten selber im Rahmen der Familie zu demonstrieren und Eingeständnisse über die Aussichtslosigkeit ihrer Ziele zu vertiefen. Termin: März 1987.«

Punkt 6: »Zur Verunsicherung und Diskriminierung des POPPE in seinem Bekanntenkreis wird kompromittierendes Material erstellt und in Umlauf gebracht. Termin: ständig.«

Allmächtig war die Stasi freilich nicht. So erwies sich die auf Ulrike Poppe angesetzte Kontaktperson »Harald« als Ausfall. Weisungsgemäß befolgte »Harald« – ein Richter und SED-Mann – zwar den Auftrag, Ulrike Poppe in Konzerte und ins Theater einzuladen, wie Zönnchen es ihm befahl. Aber die Ehe hat bis heute Bestand: Harald verschwand schnell wieder aus Ulrikes Leben.

Auch alle anderen Punkte des Maßnahmenplans gingen schief. Nur einmal erschien in der Schule von Jonas Poppe, damals sieben, ein Stasi-Mann – kurz bevor die Mauer brach.[113]

Wut auf die Stasi

ROLF SCHNEIDER

Beschreibung der DDR, Frühjahr 1990: sechzehn Millionen Opfer der SED jagen sechzehn Millionen Spitzel der Staatssicherheit.

JUREK BECKER

Die Wut, die überall in der verendenden DDR der Stasi entgegenschlägt, ist von ihr selbst entfacht worden, natürlich. Jeder einzelne war ihr ausgeliefert, und selbst viele, die von ihr in Ruhe gelassen wurden, mußten ängstlich denken: wie lange noch? Über alles wurde Buch geführt, über Seufzer, über Unbeherrschtheiten, über mürrische Blicke, oft traten die Herren unverhüllt auf, ohne die bei solchen Diensten übliche Deckung, so als wäre ihnen das Bewußtsein ihrer Allgegenwart mehr wert gewesen als die Informationen, die es zu sammeln galt. In jeder Behörde saßen die Stasi-Leute, in jedem Verein, in jeder Schule, in jedem Kindergarten, in vielen Familien. Man gewöhnte sich daran, sie als lästigen Teil der Umwelt hinzunehmen, wie Smog. Einer ihrer größten Erfolge bestand darin, daß man sie oft auch dort vermutete, wo sie gar nicht waren. Viele Telephongespräche wurden nur im Hinblick auf den Abhörenden geführt, Briefe enthielten Floskeln, die nicht an den Adressaten gerichtet waren, sondern an den Kontrolleur, und auf Versammlungen (jedes Leben war voll von Versammlungen) klatschte man an Stellen Beifall, daß einem selbst übel davon wurde. Nach Gründen für den Zorn, der sich nun auf die verfluchte Stasi entlädt, braucht man also nicht lange zu suchen.

Und doch kommt es mir vor, als habe dieser Zorn einen unangenehmen Beigeschmack, als sei er nicht immer ehrlich. Der besondere Eifer, mit dem die Stasi-Schikanen nun angeprangert und verfolgt werden, scheint mir für viele wie ein Versuch, die eigene Unterwürfigkeit ungeschehen zu machen. Je schrecklicher die Bedrohung dargestellt wird, der man ausgesetzt war, für um so verständlicher muß das jahrzehntelange Parieren gehalten werden. Wenn man ihnen schon den perfekten Untertan gespielt hat, sollte man da nicht wenigstens glauben dürfen, daß einem nichts anderes übriggeblieben ist?

Das ist aber eine wichtige Frage – ist einem wirklich nichts anderes übriggeblieben? Ich bezweifle das, und ich glaube, daß es keiner übermenschlichen Kräfte bedurft hätte, sich zur Wehr zu setzen. Ich weiß nicht, wohin das geführt hätte, vielleicht zu noch mehr Repression, vielleicht zu verstärkten Auseinandersetzungen (die es in der DDR ja kaum gab) und damit zu Bewegung in den erstarrten Verhältnissen, vielleicht auch zu einer Gesellschaft mit mehr Freiheiten. Das kommt mir wie die wahrscheinlichste Vermutung vor. Auf jeden Fall wären dann vierzig Jahre DDR eine Zeit mit weniger Verdrießlichkeit, Heuchelei und Unrecht gewesen.

Selbstprüfung

GÜNTHER DE BRUYN

Quälend für einen, der in der Masse der gegen ihn gerichteten Stasi-Aktivitäten, die ihn heute ehren, auch Dokumente der eigenen Schande findet, wird bis ans Lebensende die Frage bleiben, inwieweit man als Betroffener das Verhältnis von Aktenlügen und eigenen Vergessensleistungen beurteilen kann. Zwar wird nirgendwo die Ausfertigung einer Verpflichtungserklärung oder das Schreiben von Berichten behauptet, aber, nicht weniger gravierend, das Wissen um den Decknamen – den ich zum erstenmal vor einigen Monaten von Klaus Schlesinger hörte, der ihn in seinen Akten fand. Können Verdrängungskünste, die unsere seelische Stabilität garantieren, so absolut und dauerhaft wirken, daß selbst ein Wiedererkennen nicht möglich ist? Oder soll ich dem

IM »Mischka« recht geben, der mich für einen Psychopathen hält?

Manchmal ist die Beurteilung für einen selbst einfacher (es anderen beweisen zu können kann schwieriger werden), wenn zum Beispiel eine Liste von berichtslosen Gesprächsdaten, die vielleicht nur eigenen Fleiß vortäuschen sollte, anhand eigener Tagebücher revidiert werden kann. Oder wenn der Brieffälscher eine Vorliebe für Fiktives entwickelt und seine Abweisung an der Gartenpforte, die mit Vorfahren, Abweisen und Wegfahren nur wenige Minuten gedauert hatte, zu einer farbigen Schilderung ausarbeitet: mit Betätigung der Klingel (es gab und gibt keine solche), mit längerem Beziehen eines Beobachtungspostens, dem Heranradeln des Gesuchten, dem, wohl um den Mißerfolg der Späher verzeihlich zu machen, als Begründung seiner Gesprächsverweigerung in den Mund gelegt wird, er habe Damenbesuch.

Mißtrauisch gegen mich und die Akten bin ich auch im Hinblick auf den Inhalt des angeblich von mir Gesagten; denn an wenige der erwähnten Einzelheiten erinnere ich mich. Ich liege des Nachts schlaflos und frage mich, ob ich dieses oder jenes überhaupt hatte wissen können. Auch das Tagebuch gibt darauf keine Antwort, weil bei allem Unglück, das mich in jenen Jahren verfolgte, die Aufregung um die Anthologie ganz unwichtig war. Die Akten zeigen überall Unrichtigkeiten. Weder waren meine Beziehungen zu staatsfeindlichen Gruppierungen so eng, wie die Akten sie mir nachsagen, noch die zu Frauen, deren Briefe man abfing und deren Telefonate man abhörte, so intim. Namen werden oft falsch geschrieben, Fehler enthalten sogar die Personaldaten des Observierten, und ein Bericht, der letzte von vieren, in dem, fast literarisch, der IM »Roman« über ein persönliches Gespräch mit de Bruyn berichtet, nachdem dieser die Protestresolution gegen die Ausbürgerung Biermanns unterzeichnet hatte, ist von Anfang bis Ende frei erfunden, was, da viele Einzelheiten, Orte und Namen vorkommen und alle Beteiligten sich an die Tage des Protestes sicher noch gut erinnern werden, in diesem Falle leicht nachweisbar ist. Dieser Bericht, der sein Entstehen vielleicht dem Zwang zur Erfüllung eines Plansolls verdankte, ist datiert auf eine Zeit, in der ich mich den Erpressern bereits verweigert hatte. Hier wurden anscheinend tote Seelen noch etwas am Leben gehalten. Laut Verteilerschlüssel ging er bis zum Minister – und informierte den über ein Phantasieprodukt.

An meiner Schuld und Betroffenheit ändert das gar nichts. Das Entsetzen darüber, eigenen Maßstäben zeitweilig nicht entsprochen zu haben, wird andauern. Mit dem angstschlotternden Wesen, das sich aus reiner Feigheit, nicht aus einer die Sache veredelnden Überzeugung, vor fast zwanzig Jahren Informationen abpressen ließ, muß ich fortan leben. Wie das gehen soll, ist noch fraglich. Die Folgen der Stasi-»Legende«, auf die ich damals hereinfiel, zerstören nun meine eigene Lebenslegende, die wohl jeder erfindet und braucht. Unversehens wird man zum Beispiel für die mögliche Identität von Täter und Opfer – der auf anderer Ebene eine Literatur, die die Macht kritisierte und doch stützte, entspricht. Zu einer Antwort auf die die Stasi-Debatte erst sinnvoll machende Frage, wie eine ungeliebte Diktatur sich so lange zu halten vermochte, gehört nun auch ein Fingerzeig auf sich selbst.

Aktenstudium

Zweck und Anwendungsbereich des Gesetzes über die Unterlagen des Staatssicherheitsdienstes der ehemaligen DDR

(1) Dieses Gesetz regelt die Erfassung, Erschließung, Verwaltung und Verwendung der Unterlagen des Ministeriums für Staatssicherheit und seiner Vorläufer- und Nachfolgeorganisationen (Staatssicherheitsdienst) der ehemaligen Deutschen Demokratischen Republik, um

1. dem einzelnen Zugang zu den vom Staatssicherheitsdienst zu seiner Person gespeicherten Informationen zu ermöglichen, damit er die Einflußnahme des Staatssicherheitsdienstes auf sein persönliches Schicksal aufklären kann.

2. den einzelnen davor zu schützen, daß er durch den Umgang mit den vom Staatssicherheitsdienst zu seiner Person gespeicherten

Informationen in seinem Persönlichkeitsrecht beeinträchtigt wird,

3. die historische, politische und juristische Aufarbeitung der Tätigkeit des Staatssicherheitsdienstes zu gewährleisten und zu fördern,

4. öffentlichen und nicht-öffentlichen Stellen die erforderlichen Informationen für die in diesem Gesetz genannten Zwecke zur Verfügung zu stellen.

(2) Dieses Gesetz gilt für Unterlagen des Staatssicherheitsdienstes, die sich bei öffentlichen Stellen des Bundes oder der Länder, bei natürlichen Personen oder sonstigen nicht-öffentlichen Stellen befinden.

Peter Carstens

In den Akten des Ministeriums für Staatssicherheit der DDR (MfS) lagert ein Gewürm aus Denunziation und Hinterlist. Das macht sie so wertvoll. Weil die Stasi-Unterlagen auf Milliarden Blättern den schmutzigen Krieg der SED gegen das eigene Volk protokollieren, kann die tote Parteidiktatur nicht schöngeschminkt werden. Die Akten sind konservierte Gedärme des verwesenden SED-Staates. Hüterin dieser Hinterlassenschaft ist eine einzigartige Institution: die Gauck-Behörde. Ihre 3100 Mitarbeiter bereiten die Stasi-Unterlagen zur Lektüre vor und erforschen das Wesen des Ministeriums. Dafür stehen jährlich etwa 250 Millionen Mark zur Verfügung. Die Investition zahlt sich aus.

Das stille Studium der Akten in den Lesesälen der Gauck-Behörde verschafft den Betroffenen Aufklärung und neue Selbstachtung, weil sie wenigstens nachträglich die Hinterhalte entdecken, die ihnen die Stasi legte. Mehr als eine Million Bürger haben Einsicht in ihre Akte verlangt, täglich werden Hunderte neuer Anträge gestellt. Viele Stasi-Opfer erleiden lesend abermals, wie die SED-Geheimarmee versuchte, ihr Leben zu zerstören, indem sie »berufliche und gesellschaftliche Mißerfolge« organisierte.

Selbst wer nicht als Regimegegner galt oder einen Ausreiseantrag gestellt hatte, lernt beim Aktenstudium, daß Entscheidungen seines früheren Staates, wie etwa die Nichtgenehmigung eines

West-Besuchs, auf den Ansichten sozialistischer Charakterkrüppel beruhen, in die sich das früher so einheitliche Gebilde »Staatsmacht« bei der Akteneinsicht schließlich differenziert. Aus den Stasi-Unterlagen erfahren ehemalige DDR-Bürger, wer dafür gesorgt hat, daß sie niemals befördert wurden oder dafür, daß ihre Kinder keine höhere Schule besuchen durften.

Ohne die Akten wäre manches SED-Übel schon vergessen. Vielen Ostdeutschen erscheint die damalige Bevormundung inzwischen als gemütlicher Zustand organisierter Sorglosigkeit. Gegen die aufblühende DDR-Nostalgie wirken die MfS-Akten zumindest stellenweise wie Unkrautvernichter.

PETER BENDER

Die Westdeutschen, die heute ostdeutsche Vergangenheit »aufarbeiten«, sollten sich des historischen Hintergrunds erinnern. Die DDR war nicht der Wunschstaat der Ostdeutschen, sondern eine Folge des Hitlerkrieges. Für Hitler tragen alle Deutschen die gleiche Verantwortung, doch die Ostdeutschen mußten doppelt dafür büßen und haben daher Anspruch auf besondere Rücksicht. Nicht ihr Versagen, sondern ihr Unglück war es, daß sie im kommunistischen Staat aufwachsen mußten; und nicht Leistung, sondern Glück verlieh den Westdeutschen die Gnade des »richtigen« Geburtsorts.

Die Bürger der alten Bundesrepublik haben daher keinerlei moralisches Recht, über ihre Landsleute den Stab zu brechen; doch sie haben ein begründetes Interesse daran, daß im Ostteil des gemeinsamen Staates nicht untragbare und unverbesserliche Leute Politik machen, Recht sprechen, verwalten, die öffentliche Ordnung wahren, lehren und erziehen. Solidarität ist geboten, nicht Verurteilungen; Aufräumen, aber nicht Abräumen.

WIRTSCHAFTSPATIENT OST
In treuer Hand

Harald Hauswald: Dom, Berlin 1990

Deutschland

LUTZ RATHENOW

GrüßHeil SiegFront RotGott.
Ich liebe Herren, die Hunde beißen.
Hammer zerschlug Sichel. Ährenkranz
Totentanz. Und nun das D-Mark-Leben.
Ich spiele gern. Neuer Staat neues Gedicht
– ich zwinge mich zur Zuversicht.

Tertiäre Krise

DIETER RINK

Westlichen Beobachtern bot die DDR zur Zeit der Wende das Bild einer stehengebliebenen Industriegesellschaft. Die wohlwollenderen unter ihnen verglichen sie mit dem Westdeutschland der sechziger Jahre: Während der Westen bereits durch einige Krisen der herkömmlichen Industriegesellschaft gegangen war und sich der Wandel zur Dienstleistungsgesellschaft zumindest angebahnt hatte, schien es, als sei die DDR auf dem Stand einer konventionellen Industrienation verharrt.

Die ersten Wirtschaftsprognosen gingen deshalb davon aus, daß der Osten vor allem jene Transformation nachzuholen habe, der sich der Westen bereits unterzogen hatte. Typische Industrieregionen wie das Saarland schienen dafür vergleichbare Erfahrungen zu bieten. Dabei lautete der grundlegende Befund: »Tertiärisierungsrückstand« – also Rückstand insbesondere in bezug auf die Entwicklung des tertiären, des Dienstleistungssektors. Wolfgang Zapf erwartete 1991 gerade im Bereich der Bildung und der nicht-öffentlichen Dienstleistung die größten Expansionen in den neuen Ländern, und er fügte hinzu: »Wenn die Transformation ganz in westliche Richtung geht, dann liegen genau hier die Konfliktquellen: Arbeitslosigkeit, insbesondere Frauenarbeitslosigkeit; Dequalifizierung von Kadern und Facharbeitern«.

Die Experten sollten in vielen Hinsichten Recht behalten. In den alten Bundesländern hatte schon Anfang der achtziger Jahre die Zahl der Erwerbstätigen im Dienstleistungssektor die Zahl derjenigen überstiegen, die in der Industrie arbeiteten. 1991 waren 16,5 Millionen in der Dienstleistung, 12 Millionen in der Industrie beschäftigt. Und tatsächlich »holte« der Osten »nach«: Die Zahl der in der Dienstleistung Tätigen stieg von zirka 3,4 Millionen im Jahr 1989 auf 4 Millionen im Jahr 1995, während die Zahl der in der Industrie Beschäftigten fiel – von gut 5 Millionen auf knapp 2,5 Millionen. Dem Gewinn von 22,7 Prozent Arbeitsstellen in der Dienstleistung stand ein Verlust von fast 53,4 Prozent in der Industrie gegenüber.

Die Deindustrialisierung des Ostens ist von der Tertiärisierung nicht aufgefangen worden: Die Verluste in der Industrie konnten durch die Gewinne in der Dienstleistung nicht kompensiert werden. Warum nicht? Man sprach von einer »bruchartigen Zwangstertiärisierung«, was dem diskontinuierlichen Charakter des Übergangs zu entsprechen schien, manche andere sprachen von einer »hinkenden Tertiärisierung« – weil nämlich das DDR-traditionelle Übergewicht von Verwaltung, Sicherheit und Bildung eine Anpassung an die im Westen entscheidenden Dienstleistungsbereiche von Forschung und Entwicklung, Marketing, Controlling oder im Finanzsektor erschwere. Und wieder andere diagnostizieren so etwas wie eine »parasitäre Tertiärisierung«: Der ostdeutsche Hunger nach Dienstleistung werde zum großen Teil von westdeutschen Angeboten befriedigt oder subventioniert; eine selbsttragende wirtschaftliche Stabilisierung könne mit dieser konsumorientierten Dienstleistungskultur nicht erreicht werden.

Diese Thesen sind einleuchtend, zu einem Teil aber falsch. Sie ignorieren nämlich Entwicklungen und Potentiale, die bereits in der DDR zu beobachten gewesen sind. Berücksichtigt man den Umstand, daß zahlreiche Dienstleistungsfunktionen in der DDR keine selbständigen Bereiche wie in den westlichen Ländern darstellten, sondern in den industriellen Sektor integriert waren, so läßt sich für die frühen achtziger Jahre durchaus nachweisen, daß auch in der DDR über die Hälfte der tatsächlich ausgeübten Tätigkeiten Dienstleistungen waren – von einer »bruchartigen Tertiärisierung« kann daher genaugenommen keine Rede sein.

Auch die Wertung der »hinkenden Tertiärisierung« ist fragwürdig. Sie trifft zu, wenn man davon ausgeht, daß die Industrieproduktion stets grundlegend sei und daß dementsprechend die produktionsorientierten Dienstleistungen gegenüber den »nicht produktiven« den Vorrang haben. Andere Modelle wie etwa Daniel Bells Entwurf einer postindustriellen »Wissensgesellschaft« jedoch weisen den nichtproduktiven Dienstleistungen – die in der Tat in der DDR ein Übergewicht hätten – das größere Zukunftspotential zu.

Die zukunftsweisenden Potentiale, die die Ostdeutschen in den anstehenden Umwandlungsprozeß hätten einbringen können, wurden freilich nicht genutzt. Das lag zum einen daran, daß die industrielle Krise – die massive Deindustrialisierung der Jahre 1990 bis 1995 – seit 1994 eine tertiäre Krise nach sich zog. Die Hoffnung, daß ein Ausbau der Dienstleistungen die Beschäftigungslandschaft des Ostens aufblühen lassen könne, ist auf unbestimmte Zeit verschoben.

Die Transformation war außerdem insgesamt mit einer breiten beruflichen Abwärtsbewegung verbunden: Vor allem Arbeiter, aber auch in den Bildungsmilieus mußten die Beschäftigten in der großen Mehrheit berufliche Abstiege in Kauf nehmen – in niedrigere Positionen, in prekäre Jobs oder in die Scheinselbständigkeit. Strukturelle Abwärtsbewegungen und tendenzielle Entwertung von Qualifikationen hängen dabei eng miteinander zusammen: Diese Form der Tertiärisierung hat daher die soziokulturellen Voraussetzungen eines Wandels zu einer modernen Dienstleistungsgesellschaft vor allem in den oberen und mittleren Lagen beruflicher Qualifikation zerstört.

Zweifellos war die DDR durch einen überdimensionierten Sicherheits- und staatsbürokratischen Apparat gekennzeichnet, der alles andere als »modern«, geschweige denn demokratisch war.

Wenn aber heute beklagt wird, daß weite Teile der ostdeutschen Bevölkerung entweder in »Ostalgie« verharren oder sich in Apathie oder Anomie zurückziehen, so muß gleichzeitig in Rechnung gestellt werden, welche soziokulturellen Folgen es gehabt hat, daß nicht nur die Hinterlassenschaften dieses Apparats entwertet wurden, sondern mit ihm auch fast alle Qualifikationen der Menschen – gleichgültig, welche Funktionen sie inner- oder außerhalb dieses Apparats gehabt haben mögen. Das ist ein oft unterschätzter Grund dafür, daß sich die verschiedenen ostdeutschen Milieus in der Transformation nicht bruchlos den westdeutschen Milieukonstellationen anpassen.

Rauher Kapitalismus

BRIGITTA HUHNKE

Wie im Taumel, erinnert sich Kerstin Bernhardt aus Magdeburg, sei sie damals, im November 1989, mit ihrer Familie durch die ungewohnte Glitzerwelt der westdeutschen Grenzstadt Helmstedt gelaufen. Ungläubig hätten sie die Auslagen in den Schaufenstern betrachtet, »die Kinder haben sich die Augen wund geguckt«, sagt sie. »Da haben wir erst einmal gesehen«, erinnert sich die 31jährige Mutter von fünf Kindern noch immer mit leisem Zorn an die alten Zeiten, »was die uns alles vorenthalten haben.«

Mit Geschäftsauslagen kannte sich die junge Frau aus, bis dahin allerdings nur mit denen aus volkseigener Produktion. Seit 16 Jahren arbeitet sie in der Stoffabteilung des Magdeburger Centrum-Warenhauses.

Besonders beeindruckt war die Verkäuferin aus dem Osten von dem »gewandten Auftreten« ihrer West-Kolleginnen in den Geschäften und deren höflichen Fragen: »Kann ich Ihnen behilflich sein?« Die Verkäuferin aus Deutschland-Ost konnte damals, nach Öffnung der Grenze, noch nicht ahnen, daß es auch für Verkäuferinnen in Deutschland-West gar nicht so leicht ist, immer nett zu sein. [...]

Für Kerstin Bernhardt und ihre Kolleginnen kam die Verwaltung des Mangels stets vor dem Dienst am Kunden, obwohl die Stoff- und Schnitteabteilung des Magdeburger Centrum-Warenhauses mit rund 80 Quadratmetern Verkaufsfläche zu SED-Zeiten die größte in der Region zwischen Leipzig und Ost-Berlin war. Aber nicht die Nachfrage, sondern die Vorgaben des Fünfjahresplanes bestimmten das Angebot, bei dem die propagandistisch geforderte »hohe Verkaufskultur« meist ebenso Mangelware war wie Qualitätstextilien. Wenn es Rundstrickstoffe oder Seiden- und Baumwollimitate aus 100 Prozent Polyester gab, harrten die Kundinnen in langen Schlangen vor ihrem Verkaufstisch aus.

Seit der westdeutsche Karstadt-Konzern das Magdeburger Kaufhaus beliefert, stapeln sich die Renner von damals als Ladenhüter in der hintersten Ecke. Trotzdem verkaufte diese Abteilung vor der Wende mehr Stoffe als heute, »weil es früher kaum vernünftige Kleider-Konfektion gab«.

Aber bei allem Frust, die der Verkaufsalltag in der realsozialistischen Tristesse mit sich brachte, eines kannte Kerstin Bernhardt nicht: die Angst um den Arbeitsplatz, wie sie seit Anbruch der neuen Zeiten in Ost-Deutschland umgeht. Seit einem Jahr ist ihre Zukunft erstmals ungewiß.

Durch Umstrukturierungen wurde in Kerstin Bernhardts Stoffabteilung personell schon kräftig abgespeckt. Früher bedienten 17 Verkäuferinnen, seit ein paar Monaten sind sie nur noch zu acht, verglichen mit der Abteilung im Alsterhaus aber im Verhältnis immer noch doppelt so viele.

Verkäuferin wollte Kerstin Bernhardt schon als Mädchen werden. In einem Dorf in der Nähe von Magdeburg, wo sie mit ihren Eltern und vier Geschwistern aufwuchs, stand die Mutter tagsüber in einem HO-Haushaltswarenladen und verkaufte Küchengeräte aus Plaste und Elaste. Oft kam Kerstin nach der Schule vorbei und durfte in »Regalen und Schubladen kramen«. Andere Berufe interessierten sie nicht, auch nicht im metallverarbeitenden Gewerbe, das in und um Magdeburg dominiert. [...]

Als Tochter eines Drehers hätte Kerstin Bernhardt im Arbeiter-und-Bauern-Staat nach der Lehre und einigen Berufsjahren studieren und nach drei Jahren das Diplom als Wirtschaftsökonom erwerben können. Doch sie war nur Pflichtmitglied der FDJ und hielt sich aus dem politischen Leben zurück.

»Es gab zu viele Merkwürdigkeiten, über die wir gestolpert sind«, sagt sie und fand vieles, »was ablief«, nicht in Ordnung. Besonders ärgerte sie, »wie sich die SED-Funktionäre bessere Wohnungen und Ferienplätze verschafften.«

»Einen Haufen Kinder haben wir uns beide immer schon gewünscht«, sagt sie von sich und ihrem Mann Bruno, einem gelernten Maurer und Dachdecker. Als sie mit 20 das erste Kind bekam, lebte sie noch bei ihren Eltern. Ihr Mann war noch ein paar Monate an der polnischen Grenze im Militärdienst. Morgens lieferte sie nach einer Stunde Fahrzeit Matthias in einer Krippe in der Nähe des Kaufhauses ab. Abends durfte sie den Arbeitsplatz eine Viertelstunde früher verlassen, um das Kind noch rechtzeitig vor 18 Uhr abholen zu können.

Später bekam die junge Familie in einem Randbezirk Magdeburgs eine kleine Neubauwohnung zugeteilt, doch konnte sie ihren Sohn bis sieben Uhr abends nur in einem Krippenplatz am anderen Ende der Stadt unterbringen. So war sie vor acht Uhr abends nie zu Hause. Erst als ihr Mann seinen alten Beruf aufgab und Kohlenträger wurde, hatte er früher Feierabend und konnte sich mehr um Kind und Haushalt kümmern. Später konnte sie ihn stärker entlasten, als es einer westlichen berufstätigen Ehefrau und Mutter möglich wäre. Das Babyjahr bot ihr die Möglichkeit. Nach der Geburt des zweiten Kindes blieb sie 12 Monate, nach der Geburt des dritten, vierten und fünften Kindes jeweils 18 Monate zu Hause.

Den Lohn zahlte der SED-Staat während der Freistellung zu 90 Prozent weiter und gab pro Kind 1000 Mark Starthilfe.

Wenn sie dann wieder hinter ihrem Verkaufstisch stand, wurde das jeweils jüngste Kind tagsüber in der Krippe versorgt. Darauf hatte Kerstin Bernhardt wie alle Mütter in der DDR einen Rechtsanspruch.

Dennoch fühlte sie sich wegen ihrer fünf Kinder – statistisch war die Zwei-Kinder-Familie in Ost und West die Norm – auch unter den alten Verhältnissen von Kollegen, Nachbarn, aber auch durch die Behörden »oft abgewertet«. So kam regelmäßig die Fürsorgerin, um die 78 Quadratmeter große Altbauwohnung zu inspizieren, in der die siebenköpfige Familie seit ein paar Jahren lebt. Noch kurz vor der Wende schaute die staatliche Kontrolleurin gleich zweimal nach, ob das jüngste Kind auch wirklich ein eigenes Bett habe. »Wenn es heißt, jemand hat viele Kinder, dann denken viele Leute, daß es da dreckig und verwahrlost ist«, sagt die junge Frau bitter. [...]

Obwohl die Ost-Verkäuferin froh ist über die neuen Zeiten, »weil wir fahren können, wohin wir wollen und dieser Druck von oben nicht mehr da ist«, macht ihr das rauhe Klima des Kapitalismus angst.

Mit den 800 Mark ihres Mannes, 825 Mark Kindergeld und ihrem Lohn kommen sie heute schlechter als früher über die Runden. Sie könne zwar »im Prinzip« alles kaufen, aber die Lebensmittel sind immer noch teurer als im 40 Kilometer entfernten Helmstedt. Wie früher kann sich die kinderreiche Familie Fleisch, Wurst und frisches Gemüse nur selten leisten.

Fast jeden Morgen geht Kerstin Bernhardt mit einem mulmigen Gefühl zur Arbeit. Sie fürchtet »den blauen Brief am Arbeitsplatz«, weil es sie als Mutter vieler Kinder zuerst treffen könnte. Da gab die Auskunft in der Bank einen Vorgeschmack: »Mit fünf Kindern bekommen sie keinen Kredit«, wurde ihr mitgeteilt.

ARNULF BARING

Man kann gar nicht oft genug wiederholen: Es wird nie und nirgendwo möglich sein, die »Errungenschaften des Sozialismus«, nämlich angenehm sanfte Arbeitsbedingungen, zu deutsch: Schlendrian, mit den Ansprüchen und Leistungen der Konsumgesellschaft des Kapitalismus zu verbinden. Wenn unsere neuen Landsleute und auch die neuen Europäer im Osten das nicht begreifen und rasch verinnerlichen, wird Stagnation, weiterer Niedergang die Folge sein, verbunden mit erheblichen Ressentiments. Starke Feindseligkeiten findet man schon jetzt im Osten untereinander, Neid auf kühnere, unternehmerische Nachbarn. Da wird aus Mißgunst manch ein Neuanfang verhindert. Die Gleichheit war ja im Sozialismus ein hohes Gut; das wirkt nach. Erst recht gibt es Ressentiments gegenüber denen, die besser weggekommen sind im Leben, also den Westeuropäern, in unserem Falle den Westdeutschen gegenüber. Die wahrscheinlichste Prognose heute ist eine neue, psychologische Mauer: wechselseitig sich aufschaukelnde Empörung.

BERT GAMERSCHLAG

Jürgen Hoffmann, die Lippen seines leicht herabgezogenen Mundes über die Jahrzehnte zu einem Strich verkniffen, hat sich als selbständiger Handwerker in Thüringen gerade so über die Runden gequält. »Von 100 Mark, die wir verdient haben, haben sie uns 90 wieder abgenommen«, sagt er. Da blieb nur wenig zum Investieren. Zehn Quadratmeter Backfläche hatte er zu Beginn – heute sind es genausoviel. Daß es ihm sogar im SED-Staat gelang, den Jahresumsatz im Laufe von 30 Jahren auf 180 000 Mark zu verdreifachen, spricht für sein Leistungsvermögen unter den Bedingungen der Mangelwirtschaft. [...]

Daß bei ihm zu Hause der alte Kohleofen nicht schon längst ausgegangen ist, verdankt Jürgen Hoffmann der Resolutheit seiner ein Jahr älteren Ehefrau Helga. Schon bald nach der Öffnung der Grenzen war das Ehepaar nach Remscheid gefahren. Dort stellte es sich natürlich als erstes vor die Auslage einer Bäckerei. Und dort sah Jürgen Hoffmann etwas, was ihn schier verzweifeln ließ: Ein Weißbrot für acht Mark! »Und wir verkaufen zu Hause das Brot für eine Mark! Helga, wir haben 31 Jahre für umsonst gearbeitet.«

Dieses Erlebnis in Remscheid deprimierte Jürgen Hoffmann so sehr, daß er den Laden aufgeben wollte. Aber seine Frau sagte:

»Nein, wir fangen noch mal neu an und machen es so wie die im Westen.« Seitdem klotzen sie ran.

Wenn heute die Kundschaft vorm Haus Stolberger Straße 53 bis zur nächsten Ecke Schlange steht, dann nicht, weil immer noch Mangelwirtschaft herrscht, sondern weil Hoffmanns Krusten krosser sind. Wenige Monate nach der Währungsunion boomt der Laden so sehr, daß der Meister fünf Lehrlinge beschäftigen kann.

»Entweder wir sind jetzt überall die ersten«, sagen die beiden Nordhäuser, »oder uns haben in zwei Jahren die Wölfe gefressen.« Binnen einer Stunde wiederholt Helga Hoffmann diesen Spruch dreimal. Er klingt nach Manchesterkapitalismus, ist aber eher Ausdruck von Angst. Wer zehn Jahre vor der Rente noch einmal – zum erstenmal eigentlich – alles aufs Spiel setzt, das Haus verschuldet, mehr als 200 000 Mark in eine neue Ladeneinrichtung steckt und in einen Verkaufswagen investiert, der zeigt den Mut dessen, der die Verzweiflung längst hinter sich gelassen hat.

Die Hoffmanns machen alles neu, backen zum Beispiel Bergsteigerbrot mit hohem Schrotanteil und Sechskornbrot, aber auch noch Obstkuchen und feines Gebäck. Sie beliefern die umliegenden Dörfer in einem schicken Lieferwagen, zu dem ihnen Tchibo einen Zuschuß gegeben hat. Kein Wunder, daß die Hoffmanns jetzt an einem Tag soviel Umsatz machen wie früher in einer Woche. Schon hören sie von anderen Nordhäuser Bäckern den Vorwurf, mit ihrem Aktionismus machten sie ihnen das Geschäft kaputt. »Kollegen gibt es in der Marktwirtschaft nicht mehr«, murmelt Jürgen Hoffmann und schaltet die neue Knetmaschine an, »das sind jetzt alles Mitbewerber.« Der Spiralkneter war Jürgen Hoffmanns erste Anschaffung im Westen, gekauft mit einem der ersten staatlichen Hilfskredite für die DDR-Wirtschaft. Verblüfft sah er, wie sich nach der Währungsunion viele vom ersparten Geld »dicke BMWs« kauften. »Wir haben lieber Maschinen gekauft«, sagt Hoffmann nicht ohne Stolz. »Mir reichen meine zwei Trabis.«

Was geleistet wurde

ULLRICH HEILEMANN/HERMANN RAPPEN

Die West-Ost-Transfers der öffentlichen Hände summieren sich bis Ende 1997 – nach Abzug der ostdeutschen Beiträge zu den Einnahmen des Bundes (ca. 250 Mrd. DM) – voraussichtlich auf 1,4 Billionen DM. Pro Jahr entspricht dies rund 195 Mrd. DM oder 6,6 Prozent des westdeutschen Bruttoinlandsprodukts (BIP) bzw. 6 Prozent des gesamtdeutschen Bruttosozialprodukts (BSP).

Sie erreichten in den Jahren 1993/94 mit jeweils etwa 220 Mrd. DM bzw. 7,7 Prozent und 7,3 Prozent des westdeutschen BIP ihren vorläufigen Höhepunkt. Nachdem die Auflösung der Treuhandanstalt zu einer merklichen Verringerung der Transferleistungen führte, stagniert ihr Volumen zur Zeit. Sie belaufen sich seit 1995 auf knapp 200 Mrd. DM p.a. bzw. etwa 6 Prozent des westdeutschen BIP.

Von den Hilfen dürften 70 Prozent für sogenannte konsumtive Zwecke verwendet worden sein; allein 15 Prozent dienten zur Abdeckung der Defizite der ostdeutschen Sozialversicherung (ca. 205 Mrd. DM). Der Anteil der investiven Ausgaben – ohne Steuervergünstigungen, Kredit- und Bürgschaftsprogramme sowie Hilfen der Treuhand – fällt mit einem Fünftel nur geringfügig höher aus. Der Nettofinanzbedarf der Treuhandanstalt wird infolge ihrer Auflösung Ende 1997 nur noch knapp ein Zehntel der bisherigen Hilfen ausmachen. Für die Nachfolgeorganisationen, insbesondere die Bundesanstalt für vereinigungsbedingte Sonderaufgaben (BvS), wird der Bund bis Ende 1997 voraussichtlich 5,4 Mrd. DM verausgabt haben – deutlich weniger als ursprünglich erwartet. Eine Differenzierung zwischen »konsumtiven« und »investiven« Verwendungen ist – die Ratio dieser Klassifikation öffentlicher Ausgaben hier einmal offengelassen – im Falle dieser parafiskalischen Institutionen besonders schwierig. Als eindeutig konsumtiv lassen sich die Treuhandausgaben für sozial- und arbeitsmarktpolitische Maßnahmen, die sich bis 1994 auf (ge-

schätzt) 11,5 Mrd. DM beliefen, sowie die Ausgaben für Sozial-
pläne (6,7 Mrd. DM bis 1994) einstufen.

Ahornstraße 12

ROLF SCHNEIDER

»Der Kerl war ein Geizkragen, der jeder Frau unter die Röcke
griff«, sagt die alte Frau. Sie redet von Heinrich Abramowitsch.
Die alte Frau hat bei ihm als Haushaltshilfe gearbeitet, vor sehr
langer Zeit, von 1936 bis 1938.

Heinrich Abramowitsch war ein vermögender Mann. Von dem
Schweizer Bauhausarchitekten Hannes Meyer ließ er sich 1931 im
romantischen Biedenstedt eine Villa erbauen, auf einem sechstau-
send Quadratmeter großen Gelände, direkt am Saaleufer. Er brachte darin seine Sammlungen unter, moderne Kunst und Judaica.

Ob er wirklich so geizig und lüstern war, wie man es heute in
Biedenstedt erzählt, darf angezweifelt werden. Für die Einwohner
erscheint es derzeit vorteilhaft, Heinrich Abramowitsch nicht zu
mögen.

Seine Villa wurde 1938 versteigert. Den Zuschlag erhielt Arnold
Petersen, Ortsgruppenführer der NSDAP, für den Preis von
fünftausend Reichsmark. Ein Jahr später verkaufte er seinerseits,
zum Preis von vierzigtausend. Der neue Besitzer Erwin Konz war
Inhaber eines Delikatessengeschäftes in Biedenstedt und einge-
schriebener Hitler-Anhänger seit 1933.

Arnold Petersen und Erwin Konz sind tot, ebenso wie Heinrich
Abramowitsch. Die Hannes-Meyer-Villa wirkt ziemlich herunter-
gekommen. Bis 1990 waren darin die Kreisgeschäftsstellen des
Kulturbunds und der Gesellschaft für Deutsch-Sowjetische
Freundschaft untergebracht, unter anderem. Heute wohnen hier
eine Konz-Tochter und ihr Mann, ein ehemaliger Lehrer im
Volksbildungssystem der Margot Honecker.

Sie wollen eine Pension eröffnen. Baugerüste wurden aufgestellt, Arbeiter sind zugange. Die Altansprüche der Abramowitsch-Erben, die das Haus einem gemeinnützigen Zweck zugedacht hatten, wurden abgeschmettert.

»Der wirtschaftliche Aufschwung muß Vorrang haben«, sagt Landrat Landowsky. Er gehört der CDU an. Er gehört seit 1969 der CDU an. In der alten DDR war er ein paar Jahre lang stellvertretender Bürgermeister von Biedenstedt. In dieser Zeit hat er den Verkauf von Teilen des Sechstausend-Quadratmeter-Grundstücks an ein Staatsunternehmen betrieben.

Vor einem Jahr wurde es privatisiert. Der neue Besitzer war Landrat Landowsky, der damals aber noch nicht Landrat war. Als er es dann wurde, verkaufte er an den Industriellen Urs Künzli aus Winterthur. Landrat Landowsky plädiert für eine intelligente Industrie in Biedenstedt, hochqualifiziert, sauber, letzteres wegen des für die Stadt so wichtigen Tourismus.

Herr Künzli ist derzeit in manchen Schlagzeilen. Er hat an den Irak des Diktators Saddam Hussein Ausrüstungen für Mittelstreckenraketen verkauft. In Biedenstedt möchte er Präzisionsgeräte herstellen. Die dortige Firma war zu DDR-Zeiten eine Rüstungsfabrik.

Herr Künzli versorgte Saddam nicht nur aus Gründen des geschäftlichen Umsatzes, sondern auch aus solchen der politischen Moral. Er macht kein Hehl daraus, wie sehr er Joseph Goebbels und Heinrich Himmler bewundert. So hat es seine Logik, daß er heute Teile einer arisierten Immobilie besitzt. Auch sein Verkäufer, Landrat Landowsky, blieb in der Tradition. Sein Schwiegervater war Arnold Petersen, der 1938 den Besitz von Heinrich Abramowitsch ersteigerte.

Urs Künzli hat der Stadt Biedenstedt 700 Arbeitsplätze versprochen. Derzeit beschäftigt sein Betrieb weniger als hundert Leute. Weitere Entlassungen stehen bevor. In Biedenstedt kann man hinter vorgehaltener Hand vernehmen, an alledem seien die Juden schuld. Gemeint sind offenbar die Erben von Heinrich Abramowitsch.

So bleibt der freundlichen Stadt an der Saale vorerst bloß der

Tourismus, Landrat Landowsky hat da ganz recht. Er engagiert sich auch gleich selbst. Beim Umbau der Hannes-Meyer-Villa in eine Fremdenpension ist er mit einem größeren Darlehen beteiligt.

Treuhand

THOMAS WÜPPER

Die Gründung: Die Treuhand wurde 1990 als »Anstalt zur treuhänderischen Verwaltung des Volkseigentums« mit Sitz in Berlin gegründet. Die gesetzliche Grundlage bildete das noch von der DDR-Volkskammer verabschiedete Gesetz zur Privatisierung und Reorganisation des »volkseigenen« Vermögens. Mit dem Beitritt der DDR wurde die Treuhand zur Bundesanstalt des öffentlichen Rechts unter direkter Aufsicht des Finanzministeriums in Bonn.

Die Aufgabe: Die Treuhand sollte die marode DDR-Wirtschaft – soweit möglich – wieder wettbewerbsfähig machen. Der erste, im April 1991 ermordete Präsident Detlev Rohwedder prägte dazu die Formel: »schnell privatisieren, entschlossen sanieren, behutsam stillegen«. Was Vorrang haben sollte, ist bis heute politisch umstritten. Für die Treuhand war es vor allem unter Präsidentin Birgit Breuel die rasche Privatisierung.

Die Erfolge: In nicht einmal fünf Jahren entflechtete die Treuhand etwa 8000 DDR-Betriebe. Daraus entstanden fast 14 000 Privatisierungen und mehr als 3000 Stillegungen. Nur rund hundert Betriebe stehen noch zum Verkauf. Die Investoren sagten 200 Milliarden Mark an Investitionen und den befristeten Erhalt von 1,5 Millionen Arbeitsplätzen zu. Den Erfolg ließ sich die Treuhand viel Steuergeld kosten, im Extremfall fast eine Million pro erhaltenem Werft-Arbeitsplatz.

Die Schulden: Die Treuhand hinterläßt zum Jahresende ein gigantisches Defizit von 230 Milliarden Mark. Die Nachfolger brauchen mindestens noch einmal 40 Milliarden. Das Minus, bisher in Schattenetats versteckt, geht 1995 erstmals in den Bundeshaushalt ein und treibt die Staatsverschuldung enorm. Ostexperte Rohwedder hatte den Wert des DDR-Volksvermögens nach der Wende auf 600 Milliarden geschätzt. Tatsächlich aber war die Hammer-und-Zirkel-Wirtschaft, angeblich zehntstärkste Wirtschaftsnation der Erde, viel maroder als zunächst vermutet. Ob indes das ganze Defizit der DDR-Erblast zuzurechnen ist oder teils auch der Arbeit der Treuhand, darüber wird der Streit noch lange gehen.

Die Skandale: Der ungeheure Privatisierungsdruck machte die Treuhand zum lohnenden Ziel für Schieber, Spekulanten und Kriminelle. Die Kontrolle der Behörde war zu lasch. Die Staatsanwälte ermitteln in etwa tausend Fällen gegen Investoren, Liquidatoren und Berater, auch gegen Treuhand-Manager. Der Schaden beträgt viele hundert Millionen Mark. Betrugsfälle wie der leichtfertige Verkauf von zwanzig Firmen an den schwäbischen Autozulieferer Greiner oder der Thüringischen Faser an die indischen Brüder Dalmia ramponierten das Image der Anstalt schwer. Experten rechnen damit, daß auch nach dem Ende der Anstalt weitere Betrugsfälle publik werden.

Die Arbeitsplätze: Die Treuhand ist für viele Ostdeutsche »Plattmacher« und »Totengräber«. Mehr als 3000 Firmen wurden geschlossen, darunter vermeintliche DDR-Perlen wie Wartburg, Trabant, Robotron und Interflug. Tatsächlich fehlte vielen Betrieben nach Währungsunion und Lohnanstieg jede Wettbewerbsfähigkeit. Von mehr als 3,5 Millionen Arbeitsplätzen in Treuhand-Firmen nach dem Mauerfall blieben letztlich, großzügig gerechnet, nur gut eine Million. Kritiker meinen, dieser Kahlschlag sei viel radikaler ausgefallen als nötig.

GÜNTER GRASS

Für Milliardenbeträge bürgte die Treuhandanstalt. Ihr Schatten fiel auf vieltausend einst volkseigene Betriebe, Liegenschaften, Parteibesitztümer, reformbelastetes Junkerland in unermeßlicher

Hektargröße, auf siebentausend geplante Privatisierungen und zweieinhalb Millionen gefährdete Arbeitsplätze. Selbst die knappe Formel des Treuhandchefs, die der in Auftrag gegebenen Denkschrift als Motto dienen sollte – »Schnell privatisieren, entschlossen sanieren, behutsam stillegen« –, wollte, sooft Fonty diese Beschwörung wiederholte, nichts Lebendiges auf die Beine stellen; alles, sogar die Hoffnung ersoff in Zahlen.

Kalter Krieg gegen den Sozialstaat

ERFURTER ERKLÄRUNG 1997

1. Die regierende Politik in unserem formal vereinten Land ist in einem Zustand von gnadenloser Ungerechtigkeit, Sozialverschleiß und fehlenden Perspektiven versunken. Im fünften Jahrzehnt ihrer Existenz wird in der Bundesrepublik der soziale Konsens, auf dem ihr Erfolg beruhte, durch radikale Umverteilung zugunsten der Einfluß-Reichen zerstört. Der kalte Krieg gegen den Sozialstaat hinterläßt eine andere Republik. Was von der Bundesregierung unter der Vorspiegelung von Reformen verfügt wird, erweist sich als geistig-moralischer Bankrott.

Der Notstand ständig steigender Arbeitslosigkeit führt Staatshaushalte und Sozialversicherungssysteme in die Krise und der öffentliche Schuldendienst vermehrt den Reichtum der Banken und der Besitzer großer Geldvermögen. So entsteht Macht, die nicht demokratisch legitimiert ist. Es handelt sich nicht um einen Konjunktureinbruch, vielmehr stehen wir mitten in einem Epochenwechsel. In dieser Lage müssen sich in unserem Land alle gesellschaftlichen Kräfte zusammenfinden, die bereit und imstande sind, die Verantwortung für die soziale Demokratie mit der Bindung an ein soziales Europa zu übernehmen.

2. Gerechtere Verteilung der Einkommen und Güter ist die zentrale Aufgabe einer neuen Politik. Die deutsche Einheit wird zum massivsten Umverteilungsprozeß von unten nach oben seit Bestehen der Bundesrepublik mißbraucht. Niemand unterschätze die Dramatik der Lebenssituation in den ostdeutschen Ländern: Sehr viele neue Bundesbürger erleben, was gegenwärtig geschieht, als Enteignung ihrer erworbenen Rechte und ihrer Hoffnung auf Freiheit, Gleichheit, Mitmenschlichkeit. Im Westen meinen viele, sie geben ihr Bestes dem Osten, dort meinen viele, man nimmt ihnen das Letzte. In Ost und West gemeinsam sehen sich jedoch Millionen Mitbürger durch immer schwerwiegendere Belastungen vor unlösbare Probleme gestellt.

JÜRGEN KOCKA

1990 betrug der Anteil der Ostdeutschen, der den Grundsätzen einer Marktwirtschaft zustimmte, 77 Prozent, 1995 war er auf etwa ein Drittel gefallen. [...]

1990 fanden nur 19 Prozent der Ostdeutschen ihr altes DDR-System im Rückblick zumindest »ganz erträglich«. Dieser Prozentsatz ist nun auf über ein Drittel gestiegen. Ostdeutsche Intellektuelle formulieren heute viel häufiger als vor ein paar Jahren scharfe Kritik am kapitalistischen System, an der materialistischen und kommerzialistischen Ausrichtung der Bundesrepublik, ihren sozialen Ungerechtigkeiten und ihren Sinndefiziten. Und gerade bei der Altersgruppe unter 30 finden Umfragen die größte Skepsis gegenüber Grundelementen unseres politischen Systems.

Diese Datenlage zeigt anscheinend folgendes: Um die heutigen Ost-West-Probleme in Deutschland zu verstehen, reicht der Bezug auf die lange Geschichte der deutschen Teilung bis 1990 nicht aus. Vielmehr ist es auch nötig, die kurze Geschichte der deutschen Vereinigung seit 1990 zu betrachten. Geschichtsbilder beeinflussen das gegenwärtige Verhalten, aber andersherum wirken die gegenwärtigen Erfahrungen und Bedürfnisse auch auf das Geschichtsbild ein.

Diese sind: Erstens der Einigungsprozeß, der die sehr hohen Erwartungen enttäuscht hat, die viele Ostdeutsche hegten und zu hegen ermuntert worden waren, als sie 1990 für den Beitritt stimmten. Zweitens sind die häßlichen Seiten unseres Systems – die Massenarbeitslosigkeit besonders –, in den letzten Jahren ausgeprägter und sichtbarer geworden. Drittens ist die Ungleichheit zwischen Ost- und Westdeutschen weiterhin deutlich, sehr offensichtlich und – für Bürger ein und desselben Staates – schwer zu rechtfertigen. Man sollte sich aber viertens an die anfangs erwähnte Asymmetrie unseres Vereinigungsprozesses erinnern: die Einigung war als Ausweitung des westdeutschen Systems auf den Osten entworfen worden. In dieser Bahn lief sie ab – zumindest größtenteils.

Folglich wurden Ostdeutsche zu Empfängern, eher zu Objekten als zu Subjekten des Wandels; sie mußten sich ändern und anpassen, nach Regeln, die sie nicht selbst geschaffen hatten, die vielmehr Modellen und Kriterien von außerhalb, nämlich aus dem Westen folgten. Daraufhin baute sich über die Jahre eine Grundstimmung von Herabwertung, Abhängigkeit und zweitklassigem Status auf. Es dauerte eine Weile, bis sie zutage trat. Doch nun spüren wir etwas von dem Preis, der für die gewählte Art der Einigung gezahlt werden muß – es ist schwer zu sagen, ob auch andere Wege zur Verfügung gestanden hätten.

DEMOKRATIE
Entscheidende Aufgabe unserer Zeit

Martin Hoffmann: Fenster QP 71

Schuld der westdeutschen politischen Kaste

KONRAD WEISS

Die westdeutschen Parteien brachen über das Land herein und begruben unter sich alles, was sich eben geregt hatte. Mit maßloser Arroganz verkauften sie uns ihre Demokratie. Wenige haben sich gewehrt; die klägliche Schar der Dissidenten focht auf verlorenem Posten. Schon am Runden Tisch, wo wir Demokratie ganz elementar lebten, waren wir in Wirklichkeit abgeschlagen. Wir wußten es nur noch nicht.

Meinen Landsleuten im Osten kann ich verzeihen, daß sie mutlos waren und geblendet von der westdeutschen Wohlstandsdemokratie. Aber den Parteistrategen im Westen, die für sich das einzig Richtige, für uns aber das genau Falsche getan haben, denen verzeihe ich ihren Raubzug nicht.

Denn sie unterbrachen nicht nur das Mündigwerden, sie bedienten sich auch auf unerträgliche Weise der christdemokratischen und liberalen und nationalen Genossen, die eine DDR lang mit der SED kollaboriert hatten. Sie bedienten sich der Stasi-Knechte und Wirtschaftshöflinge, die für den Ruin des Landes jenseits der Elbe verantwortlich sind.

Machtpolitisch betrachtet mag das ein genialer Streich gewesen sein; auf die Moral in Deutschland aber wirkte es verheerend. Ganz sicher wäre anderes möglich gewesen: kein *Dritter Weg*, aber die geduldige Annäherung, Respekt vor dem, was auch im Osten gewachsen war und wofür die Bürgerbewegungen standen.

Politisch können wir die Wiedervereinigung abhaken, politisch ist sie vollzogen – die Machtpolitiker, scheint es, haben recht behalten. Bis aber die Gräben zwischen den Menschen von hier und dort geschlossen, bis die geistigen und kulturellen Mauern niedergerissen, die mentalen Unterschiede beseitigt werden, wird es noch eine Generation brauchen.

Die Vereinigung der beiden deutschen Nachkriegsgesellschaften ist mißglückt. Einiges, gar nicht so wenig, ist in den neuen Bundesländern auf die Beine gestellt worden; es wurden nicht nur Fassaden verputzt; die Ablösung des Tauschhandels durch die Geldwirtschaft wird als Fortschritt empfunden; es wird gern und nach Möglichkeit viel gereist. Aber sieben Jahre nach dem Fall der Mauer zeigt der Befund im ganzen: Statt durchdachter, angemessener, behutsamer Vereinigungspolitik hat es anfänglichen Idealismus gegeben, der vereinzelt blieb; großen Geldtransfer, der oft fehlgeleitet wurde; Privatisierung von Volksvermögen; Entindustrialisierung, soziale und ökonomische Notbehelfe mit ungewisser Dauer; marktwirtschaftlichen Wildwuchs, Beutemacherei und ein Aufblühen irrationaler Stimmungen im zusammengeschlossenen Land.

Viele Fehler waren unvermeidlich, weil die Deutschen in Ost und West samt ihren Politikern intellektuell und emotional überwältigt wurden und für längere Zeit überfordert blieben von Tempo und Konsequenz der Wende von 1989. Ein Staat entschwand, ohne sich zu wehren. Die Übernahme westlicher Lebensmuster und Strukturen bewirkte in Ostdeutschland eine tiefgreifende Kulturrevolution, die über Jahre hin kaum eine Besinnung zuließ. Die Menschen in der DDR hatten den Unterschied zwischen Anspruch und Wirklichkeit der Lehre, die nun aus der Macht verdrängt worden war, genau gekannt. Sie hatten damit gelebt. Nun mußten sie über Nacht lernen, die westlichen Abstufungen zwischen Ideal und Realität zu erkennen.

Wie viele Fehler aber auch nach der Wende unvermeidlich waren: Ebenso viele müssen der Mehrheit der politischen Kaste Westdeutschlands als Schuld angelastet werden: überwiegend entstanden aus Klischeevorstellungen von den Lebenswirklichkeiten in der DDR und aus Blindheit für die verheerenden Zwangsläufigkeiten eines schier hemmungslos freien Marktes im Anschlußgebiet.

Die Schuld war eine Mischung aus Selbsttäuschungen, mit denen die herrschenden und tonangebenden Westdeutschen zu Opfern ihrer eigenen Propaganda wurden, und aus wirtschaftlichen Absichten, in denen folgenschwere Irrtümer, konzeptionelle Kurzatmigkeit und Vernichtungsstrategien aus Konkurrenzgründen zusammenkamen.

Rückzug der ostdeutschen Opposition

WOLF LEPENIES

Die Folgenlosigkeit der Vereinigung beider deutscher Staaten ist im Bereich der Politik schmerzlich spürbar. Die politische Klasse der alten Bundesrepublik hat, mit wenigen Ausnahmen, aus der Vereinigung und ihren Folgen ein Festival der Selbstbestätigung gemacht. Die staatliche Einheit Deutschlands wiederherzustellen, war in der Bundesrepublik ein Verfassungsgebot und ein Pflichttopos der politischen Rhetorik, aber keinesfalls eine Orientierungsmarke der praktischen Politik. In den Schubladen der Bonner Verwaltungen lagen die Anweisungen für den Verteidigungsfall; für den Vereinigungsfall war kein einziges Szenario vorgesehen.

Von der Vereinigung der deutschen Staaten hätten Bonner Politiker, hierin ihr Wahlvolk treu repräsentierend, wie Béranger von der Republik sprechen können: Ich möchte von ihr träumen, aber ich möchte sie nicht haben. Und dann hatten sie sie doch, die deutsche Einheit, und flugs wurde ein Glückszufall deutscher Geschichte zum wohlgeplanten Resultat einer politischen, wenn nicht parteitaktischen Strategie uminterpretiert.

Eine Selbstprüfung deutscher Politik hat nicht stattgefunden. Verhindert hat sie auch der Politikverzicht der ostdeutschen Dissidenten. Perfider noch als in den Anpassungsorgien der alten Kader und in den Täuschungsmanövern eingespielter Seilschaften der SED und der PDS wirkt in diesem Verzicht auf das Herausarbeiten einer alternativen Politik das totalitäre Regime der DDR

über seinen Untergang hinaus fort. Hans-Peter Krüger, Gerd Irr-
litz und andere haben, aus intimer Kenntnis ihrer Herkunftsge-
sellschaft, beschrieben, wie sich das Regime der DDR durch eine
Verzahnung von Überpolitisierung und Übermoralisierung stabil
hielt. Im Kernland des deutschen Protestantismus war es stets berechtigt, wie Norman Birnbaum einmal schrieb, den Leninismus
als den Calvinismus der Unterprivilegierten zu definieren.

Gestützt vom Amtsverständnis der Evangelischen Kirche und
in jener Tradition deutscher Innerlichkeit, der stets mehr an
selbstbestätigter Melancholie als an Macht- oder Mehrheitsge-
winn liegt, verbreitete sich in der DDR eine jeder Politik gegenüber skeptische Dissidentengesinnung auf Kosten einer wirksamen
Oppositionspolitik. Diese Gesinnung wurde zwar zunehmend,
und oft auch unter hohen persönlichen Opfern, öffentlichkeits-
wirksam bekundet. Zur politischen Strategie aber wurde sie nicht.

Man nimmt dem mutigen und bewundernswerten Widerstand,
der sich vor allem in protestantischen Kirchengemeinden for-
mierte, nichts von seiner Würde und seiner Wirkung, wenn man
feststellt, daß dieser Widerstand aus dem Geiste des Evangeliums
seiner Tradition und seinem Selbstverständnis nach nur darauf
gerichtet sein konnte, den Bekennermut der einzelnen Seele zu
stärken, nicht aber darauf, die Staatsmacht zu stürzen.

Die Überpolitisierung der DDR-Gesellschaft hatte den Begriff
der Politik, so schien es, auf immer entweiht; auch als die Dissidenten die Freiheit des politischen Ausdrucks gewonnen hatten,
änderte sich dadurch an ihrer prinzipiellen Verachtung der Politik
nichts. Schon als sie die Wahlen bereits verloren hatten, diskutier-
ten die Bürgerbewegungen noch, ob sie sich parteiförmig organisieren sollten. Sie widerstanden dieser Versuchung um den Preis,
nichts mehr zu bewegen und damit ihre Selbstbeschreibung ad
absurdum zu führen. Als die deutsche Politik endlich in Bewegung geriet, froren die Bürgerbewegungen der DDR ein, wie er-
starrt angesichts der Chancen, die sich ihnen auf einmal boten.
Viele ihrer Vertreter suchten Halt in einer Art von antimachiavel-
listischem Masochismus und pflegten selbst jene Kultur der
Mißverständnisse, die sie ausdauernd beklagten.

So fehlen heute die besten Köpfe der DDR-Protestbewegung den Zentren und Schaltstellen der deutschen Politik. Es ist kein Zufall, daß die meisten von ihnen – wie Richard Schröder und Jens Reich – vornehmlich als politische Kolumnisten wirken; diese Form der regelmäßigen, wenn auch punktuellen Meinungsäußerung entspricht einem Politikverständnis, das der Privatgesinnung den gelegentlichen Ausflug in die Öffentlichkeit erlaubt, ohne sich mit der Frage zu belasten, wie eine individuelle Meinungsäußerung zur Mehrheitsmeinung werden könnte.

Erwartungen gegenüber dem Staat

MONIKA GIBAS

Ostdeutsche hegen vergleichsweise hohe Erwartungen gegenüber dem *Staat*, den sie als Repräsentant des Allgemeininteresses, und zwar viel stärker als Verantwortungsträger denn als Politikmanager, begreifen. Aus dieser Perspektive resultieren Forderungen an den Staat nach Sicherstellung der sozialen Verfassung der Bundesrepublik auch durch Eingriffe in Interessen der Wirtschaft.

Ostdeutsche begreifen *Gleichheit* nicht ausschließlich als Chancengleichheit, wie es das liberale Verständnis tut. Sie beharren auf der Forderung nach materieller Gleichheit als ebenbürtigem normativen Aspekt von Gleichheit. Eine Verwaltungsleiterin etwa beschreibt – mit Blick auf die neuen Privilegien bei der Arbeitsplatz- und Büroausstattung und die ungewohnten Distinktionsformen in der Arbeitswelt – die Vergangenheit so: »Für uns galten die Menschen verhältnismäßig gleich. Also man hat keine großen Unterschiede gemacht, ob das jetzt der Werkleiter ist, wenn der Werkleiter 'ne Kaffeemaschine hatte, hatte der Kumpel auch eine gekriegt.«

Auch im Blick auf die *Geschlechteremanzipation* haben Ostdeutsche eine spezifische Sichtweise: Die Mehrheit der Frauen beharrt auf ihrem Wunsch nach Berufstätigkeit, auf der Vereinbarkeit von Beruf und Familienleben. Auffällig ist, daß das so demonstrierte ostdeutsche weibliche Selbstbewußtsein jede feministische Ausprägung vermissen läßt. Eine Erklärung könnte die Tatsache sein, daß auch Ost-Männer mehrheitlich die Vereinbarkeit von Berufstätigkeit und Familienarbeit beider Geschlechter präferieren, was harte feministische Positionen unter den Ost-Frauen, zum Beispiel in der Frage nach der Notwendigkeit einer Frauenquote, offenbar marginalisiert.

Die neuen Bundesbürger haben immer noch eine Affinität zum *Kollektiv* als sozialem Feld. Zwar wird die Individualisierung als Wert geschätzt, der Freiräume eröffnet; der Bezug zu Gemeinschaft und Kollektiv als Norm und eigenständiger Wert ist aber trotz seiner öffentlichen Abwertung in der Vereinigungsdebatte (in der »offiziellen« Vergangenheitsbewältigung) nicht wesentlich geschwächt worden. Kollektivität ist anscheinend mehrheitlich positiv erlebt worden, in der »Retrospektive werden weniger die Gratifikationen der ›zweiten Lohntüte‹ vermißt, sondern der die Lebenswelt integrierende Charakter der Betriebe und die ›warmen‹ ganzheitlichen betrieblichen Sozialbeziehungen«. Kollektivität gilt offensichtlich bei vielen Ostdeutschen noch immer als »selbstverständliche Alltagssituation«. Ein Arbeiter etwa gibt rückblickend zu Protokoll: »Wir, die wir im Sozialismus groß geworden sind, wollen wir mal so sagen, das waren eigentlich alles Kollegen. Wir sind in Brigaden gewesen, da wurde das Brigadeleben gefördert … das war eigentlich ein gutes Verhältnis. Und ich möchte sagen, das ist auch nicht mehr rauszubringen.«

EKKART ZIMMERMANN

Die Frage, in welchem Maß die Staatsform der Demokratie im vereinigten Deutschland akzeptiert wird, ist in der letzten Zeit vergleichsweise intensiv erforscht worden. Ich greife hier nur drei Gruppen von Umfragebefunden heraus, die durch viele weitere ergänzt und aktualisiert werden könnten.

Das Institut für Demoskopie in Allensbach hat zwischen 31. Januar und dem 11. Februar 1998 eine Umfrage unternommen, die sich mit der Wertschätzung der deutschen Gesellschaftsordnung befaßte und zwar teilweise vor dem Hintergrund einer anderen Umfrage, die vier Jahre zuvor veranstaltet worden war. Eine der Fragen, die zu beiden Zeitpunkten gestellt wurde, lautete: »Wenn Sie jetzt einmal an das Leben in Deutschland denken: Ist unsere Gesellschaftsordnung, so wie sie jetzt in der Bundesrepublik ist, wert, verteidigt zu werden, oder haben Sie da Zweifel?« Die Antworten weisen in Ost- wie Westdeutschland denselben durchaus bedenklichen Trend auf: 1994 antworteten im Westen 76 Prozent: »Ist wert, verteidigt zu werden«; heute sind es 69 Prozent. Im Osten fiel die Zustimmung aber von einem ohnehin niedrigen Niveau von 53 Prozent auf nur noch 36 Prozent. Der Anteil der Ostdeutschen, die dagegen »Habe Zweifel« antworteten, stieg von seinerzeit 32 Prozent auf 49 Prozent.

»Ich bin fest davon überzeugt, daß unsere Gesellschaft unaufhaltsam auf eine ganz große Krise zusteuert. Mit den derzeitigen politischen Möglichkeiten können wir die Probleme nicht lösen. Das schaffen wir nur, wenn wir unser politisches System grundlegend ändern«, lautete ein Satz, zu dem die Befragten 1998 Stellung nehmen sollten. Im Westen halten Zustimmung (39 Prozent) und Ablehnung (43 Prozent) einander ungefähr die Waage. Im Osten sieht es wiederum völlig anders aus: 62 Prozent stimmten zu, »nur 21 Prozent glauben, die jetzige Grundgesetzwirklichkeit könne die Schwierigkeiten überwinden«.

Eine weitere Frage lautete 1998: »Was meinen Sie, ist es eigentlich vor allem die Aufgabe des Staates, daß jeder bei uns Arbeit hat, daß es genügend Arbeitsplätze gibt, oder würden Sie das nicht sagen?« Diese Frage wird im Westen zu 54 Prozent, im Osten zu 74 Prozent bejaht. In bezug auf die Alterssicherung stellt sich ein nur im Westen deutlich verändertes Bild ein: Auf die Frage: »Denken Sie, es ist vor allem Aufgabe des Staates, daß alle im Alter abgesichert sind, oder würden Sie das nicht sagen?« antworteten 64 Prozent der Westdeutschen und 77 Prozent der Ostdeutschen mit Ja. Noelle-Neumann faßt diese und viele weitere Befunde zusammen, wenn sie schreibt:

Bis 1990 verschoben sich langsam die Gewichte, der Vorrang der Freiheit wuchs, Gleichheit, soziale Gerechtigkeit trat in den Hintergrund. Seit 1994 hat sich der Trend gedreht. In Ostdeutschland gaben 1994 50 Prozent der Gleichheit, der sozialen Gerechtigkeit, den Vorrang, jetzt, 1998, sind es 60 Prozent; statt 36 Prozent 1994 entscheiden sich nur noch 25 Prozent der Ostdeutschen für den Vorrang der Freiheit. In Westdeutschland hatte 1994 die Freiheit mit 60 Prozent einen klaren Vorsprung gegenüber 30 Prozent für möglichst große Gleichheit, soziale Gerechtigkeit, jetzt 1998 stimmen nur noch 47 Prozent für den Vorrang der Freiheit, 42 Prozent für Gleichheit, soziale Gerechtigkeit. Die Kluft zwischen Westdeutschen und Ostdeutschen ist dabei, sich zu schließen durch Anpassung der Westdeutschen an die Empfindungswelt der Ostdeutschen.

Das PDS-Syndrom

RICHARD SCHRÖDER

Die PDS* ist nicht die Partei der Arbeiter und auch nicht die der Arbeitslosen. Es überwiegen Angestellte (42 Prozent) und Akademiker (32 Prozent). Es gibt auch eine Arbeitsgemeinschaft Unternehmer in der PDS. Das alles erklärt sich einfach daraus, daß sich in der PDS ein Teil der DDR-Elite versammelt hat. Wenn sie nicht gerade arbeitslos sind, verdienen sie heute nicht schlecht. Das heißt: Das Ressentiment der meisten PDS-Mitglieder ist nicht das der wirtschaftlichen, sondern das des sozialen Abstiegs. Der erzwungene Abschied von der Macht, die Zumutung, nicht Recht gehabt zu haben, und der Verlust eines gesellschaftlichen Status schmerzt vor allem die PDS-Mitglieder.

Ist die PDS eine kommunistische Partei? Man muß wissen, daß

* Partei des Demokratischen Sozialismus

viele PDS-Abgeordnete gekränkt sind, wenn man sie als Kommunisten bezeichnet. Sie sehen sich selbst als Demokraten und als Sozialisten. Jedenfalls paßt die PDS nicht in das klassische Bild einer kommunistischen Partei. Eher kann man sie mit den euro-kommunistischen Parteien Westeuropas vergleichen, denn es fehlt ihr der Rückhalt der sowjetischen Macht und die ideologische Geschlossenheit des Marxismus-Leninismus. Aber noch immer zählt sie Lenin zu ihren Gewährsmännern, obwohl hinreichend bekannt ist, daß Lenin die parlamentarische Demokratie, die Gewaltenteilung und den Rechtsstaat dezidiert abgelehnt hat. Die PDS ist dennoch keine Partei, die den Umsturz plant. Es gibt radikal gesonnene Grüppchen »in und bei der PDS«, aber die Kommunistische Plattform zum Beispiel hat ihren Sitz im Vorstand der PDS verloren.

HOLGER DOETSCH

Die PDS ist nicht die Nachfolgeorganisation der verbrecherischen Staatssicherheit, sondern die Nachfolgepartei der SED, einer Partei, in der über zwei Millionen Menschen Mitglied waren. Wer will behaupten, das seien alles nur ideologisch vernarrte Stasi-Zuträger und Mitläufer gewesen?

Mit einem Verrat an den Menschen, die sich gegen das gleichmacherische System der Ulbrichts und Honeckers gestemmt haben, dafür in Gefängnissen litten oder im Alltag Repressalien ausgesetzt waren, hat dieser Versuch vernünftiger Relativierung übrigens nichts zu tun: Es ist aber auch an der Zeit, deutlich herauszustellen, daß nicht alle Menschen Helden, nicht jeder ein Stachel im roten Fleisch der SED sein konnte. Das SED-Regime war menschenverachtend, das Gros der Mitglieder war es nicht!

Wer sich ernsthaft auf die Suche danach begibt, worin die Gründe für die Akzeptanz der PDS liegen und damit verbunden die Frage stellt, warum die Uhren im Osten der Republik rund neun Jahre nach dem Fall der Mauer noch immer anders gehen, kommt also nicht umhin, eine differenzierte Bewertung der PDS, ihrer Inhalte, ihrer Mitglieder und Funktionsträger, ihres Selbstverständnisses und ihrer Botschaften vorzunehmen. Wer allerdings diese Partei unter der Überschrift »Rotlackierte Faschisten« mit rechtsextremen Parteien gleichsetzt, hat schlicht keine Ahnung. So verludert politische Kultur.

Ein Kurs durch zahlreiche Klippen

JOACHIM GAUCK

Das politische Selbstbewußtsein des Westdeutschen hat durch einen exakten Vergleich mit der DDR ein deutliches Plus erfahren.

Die westdeutsche Realität wäre zwar nicht als das »Gute«, aber doch als das deutlich weniger Schlechte bewußt geworden.

Angeblich haben die sozialistischen Wirtschaftsverhältnisse zur Befreiung von der Knechtschaft des Kapitals geführt. Tatsächlich aber hat die Abschaffung des Marktes und die Verweigerung der Mitbestimmung zu einem wirtschaftlichen Desaster und zu einer noch stärkeren Entfremdung geführt, als dies im Kapitalismus geschehen ist.

Zwar sind die westlichen Gesellschaften nicht im seligen Hafen von Freiheit, Gleichheit und Geschwisterlichkeit angekommen. Der Weg der Demokratien ist auch ein Kurs durch zahlreiche Klippen. Aber die Demokratie intendierte und entwickelte den politischen Raum, der allen Bürgern geöffnet ist und Partizipation auch tatsächlich ermöglicht. Indem sie Grund- und Bürgerrechte definierte und verwirklichte, gelangte so auch der Lohnabhängige schrittweise zu einer Freiheit und Würde, die in vordemokratischer Zeit nur Minderheiten vorbehalten war.

Es ist das elementarste Verdienst der parlamentarischen Demokratie, die eigene Würde und den Wert des Systems nicht ideologisch gesetzt und durchgesetzt zu haben – vielmehr schafft sie den Raum, in dem freie und ermächtigte Individuen und Gruppen ihre Lebensentwürfe durch Kontroverse und Konsens, Gestaltung und Herrschaft aushandeln. Wert und Würde der Demokratie wachsen so von unten her in dem Maße, wie Freiheit und Würde des Bürgers wachsen.

Freie Wahlen, gleiches Recht für alle, eine Verfassung, die die Menschen- und Bürgerrechte schützt, und eine Gewaltenteilung verleihen der Demokratie eine Legitimation, an der es dem sozialistischen System immer gemangelt hat. Wenn dazu noch eine Sozialgesetzgebung tritt, die die Verelendung ausschließt, wenn Bürgerrechte wie Meinungs- und Pressefreiheit geschützt sind, die eine Kritik an Mißständen ermöglichen, wenn dazu eine Verwaltungs- und Verfassungsgerichtsbarkeit existiert, die dem einzelnen auch gegenüber dem Staat zum Recht verhelfen kann, dann liegt die Überlegenheit der Demokratie eigentlich auf der Hand.

Doch wo, wie im Westen, Unfreiheit abwesend ist, pflegen die Vorteile der Freiheit zu verblassen. Zur uneingeschränkten Wahrnehmung gehört also der vorurteilslose Vergleich. Wie schwach muß der Antifaschismus derer sein, die – in altem Anti-Antikommunismus befangen – die Sprache der Fakten fürchten und der Analyse des Kommunismus Zügel anlegen. Die Wahrnehmung der »schwarzen« Tatsachen roter totalitärer Herrschaft läßt nur eine Einstellung zu: den antitotalitären Konsens aller Demokraten, der die intellektuelle und politische Äquidistanz gegenüber Demokratie und Sozialismus verbietet.

Die entscheidenden Aufgaben unserer Zeit

FRIEDRICH SCHORLEMMER

Folgenden Herausforderungen haben wir uns zu stellen:
- Die Welt von denen her denken, die »unten« sind, damit sie nicht unten bleiben. Die Gewöhnung daran, daß die einen immer weniger, die anderen immer mehr »haben«, darf nicht allgemein werden.

– Demokratie braucht Ziele, und Demokraten müssen mehr für möglich halten als den Status quo. Kritische Selbstkontrolle der Vision ist nötig, damit die Vision nicht zu einer wie auch immer gearteten Ideologie wird und an ihrem Wirklichkeitsverlust zugrunde geht. Realistisch bleibt die zielorientierte Demokratie, wo es ihr nicht um den »Superlativ« geht, sondern um den Komparativ. Die eigene Gesellschaft und die Weltgesellschaft etwas gerechter, etwas sozialer und etwas partizipatorischer zu machen, ist das Handlungsziel, nicht aber, sie total »in Ordnung« zu bringen.

– Die Prinzipien des sozialen und demokratischen Rechtsstaates müssen unantastbar bleiben und sind beständig auf die veränderte Wirklichkeit zu beziehen. Grundrechte dürfen nicht an den Zeitgeist, schon gar nicht an Politbarometer oder aktuell aufwallende Volksstimmungen verraten werden.

– Das Ändern der Umstände und das Ändern der eigenen Praxis, also die Selbstveränderung, fallen zusammen. Wo Selbstveränderung und Weltveränderung zusammen angestrebt werden, kommt es nicht zu falschen (marxistischen) Alternativen. Nach dem Zusammenbruch des »real existierenden Sozialismus« ist der Weg endlich wieder frei, ohne die argumenteabwürgende Praxis des Realsozialismus sozialer Gerechtigkeit und freiheitlicher Demokratie als produktiver Spannung Gestalt zu geben.

– Nachdem die wissenschaftlich-technische Revolution so viele Erfolge gebracht hat, muß sich die Menschheit wie jeder einzelne Staat auf soziale Erfindungen konzentrieren. Wenn wir die Selbstbeherrschung und Selbstbegrenzung im Sinne der »Konvivialität« (Ivan Illich) der Gattung weiter vernachlässigen, werden wir infolge der extensiven Herrschaft unserer Machtmittel weiter an dem Lebensast sägen, auf dem wir sitzen. Die ersten Freigelassenen der Schöpfung werden sonst tragische »Zauberlehrlinge« sein, weil der Meister weitab ist.

– Wenn es weiterhin die primäre Frage bleibt, auf *wen* sich Parteien einigen, und die Frage, *worauf* man sich verständigt, sekundär wird, bleibt es bei einer vertikalen Struktur von Politik und der Personalisierung von Sachfragen. Diese Struktur produziert fortgesetzt »abgehobene« Politiker, erschwert Basis-Kommunikation, verführt zur »Idolisierung« von Politikern, deren Podest stets zum medial-genüßlichen Abschuß frei ist, zumal die Winkelzüge der zwischenparteilichen und innerparteilichen Machtkalküle zu fragwürdigem Verhalten verleiten.

Privilegien werden von den Betroffenen bald gar nicht mehr als solche empfunden. Die ohnmächtige Wut des »einfachen Bürgers« angesichts von Minister(präsidenten)gehältern, der Spekulationssummen eines prominenten Gewerkschaftsführers oder angesichts der Praktiken privater Selbstbedienung bei Staatskassen setzt sich nicht um in aktive Ablösung, sondern in distanzierte Verachtung und in Zynismus.

Solange das noch offengelegt wird und zu (rechtzeitigem) Rücktritt führt, ist noch nicht alles verloren, obgleich bisweilen an Politiker Maßstäbe angelegt werden, an denen sie in ihrem vielfältigen Alltagsjob geradezu scheitern müssen und einem bigotten moralischen Entrüstungsbedürfnis der Öffentlichkeit Genüge tun. Auch einem Politiker muß zugestanden werden, Fehler zu machen und fehlbar zu sein.

– Demokratie macht Mühe und ist der Mühe wert. Wenn sich immer weniger Bürger dem Konsensfindungsprozeß in demokratischen Institutionen stellen, ist sie akut in Gefahr. Sie ist in Gefahr. Die Gefahr ist noch zu bannen.

RICHARD VON WEIZSÄCKER

Im Zuge der Vereinigung ist für viele Mitbürger im Osten der politische Betrieb noch Neuland. Vom Erfolg einer demokratischen Mitsprache haben sie bei der Partei, die sie kannten und von der sie beherrscht wurden, bei der SED, nie etwas erlebt. Um so wichtiger ist, daß sie heute positive Erfahrungen machen und daß ihnen jetzt Parteien begegnen, deren Verhalten nicht zu sehr vom Wahlkalkül beherrscht ist. Es gilt, verantwortliche Orientierungen zu geben, nicht Stimmungen nachzulaufen. Neulich wurde in einer großen Zeitung der Ausspruch eines führenden westlichen Parteipolitikers wie folgt wiedergegeben: »Wer die Lufthoheit über den Stammtischen hat, der hat auch die Mehrheit im Land.« Solche schönen Leitsätze schaffen kein demokratisches Vertrauen. Sie führen ins Abseits.

Die Freiheit, von der der demokratische Staat lebt, ist nicht nur die Freiheit des Andersdenkenden. Sie ist Freiheit zur Mitverantwortung, sie ist jenes Bündel von Rechten des einzelnen und von seinen Pflichten für das Gemeinwesen, von denen unser Grundgesetz leider kaum etwas sagt. Im Osten ist die ersehnte Befreiung vom Zwang erreicht. Soll sie nun im vereinten Deutschland einmünden in die Befreiung zu einem reinen Individualismus, der sich allzuoft darauf beschränkt, eigene Interessen zu verfolgen, den privaten Status ängstlich und verbissen zu schützen? Wie gewinnen wir mehr Solidarität, ohne persönliche Freiheit zu verlieren? Darin liegt eine entscheidende Aufgabe unserer Zeit.

RECHTSPOPULISMUS
Psychosoziale Fehlhaltungen

Harald Hauswald: Karl-Marx-Stadt 1988

DDR-typische Ausländerfeindschaft

Wolfgang Thierse

Wahrhaftig der reale Sozialismus in der DDR hat so etwas ähnliches entwickelt, wie eine eigene Form der Apartheid! Die errichtete Barriere zwischen den Deutschen und den Ausländern im eigenen Land ist nur von sehr wenigen DDR-Deutschen übersprungen worden. Da wir in der ehemaligen DDR nicht auf alltägliche Weise positive Erfahrungen mit Ausländern machen konnten – es wäre so schön gewesen, heute vietnamesisch, morgen chinesisch, übermorgen afrikanisch essen zu gehen –, fehlt uns eine wichtige Erfahrung, die uns jetzt widerstandsfähiger gegen neuen Fremdenhaß machen könnte.

Die DDR-typische Ausländerfeindlichkeit war Ausdruck einer Ablehnung, einer Abwehr des übermächtigen politisch-ideologischen Zwangssystems. Ein geheimer, latenter, unausgesprochener Nationalismus, der um so widerständiger, haltbarer war, je mehr er tabuisiert wurde, grundierte die DDR-Existenz. Ein mehr oder minder unaufgeklärter Nationalismus war die zähe, fatale wie fast unausweichliche Antwort von unten auf einen diktierten Internationalismus von oben. Ein deklamatorischer Internationalismus, der das Gegenteil von dem erzeugte, was er vorgeblich – anfänglich wohl auch tatsächlich – wollte.

Die immer byzantinistischer werdenden staatlichen Veranstaltungen, die Völkerfreundschaften, Städtepartnerschaften und Delegationen stießen schon deshalb auf Ablehnung, weil sie zu Weihespielen der »großen internationalistischen Idee« instrumentalisiert wurden, die nur zur Tarnung folkloristisch drapiert waren. Sie blieben leer, weil ihnen keine eigene alltägliche Erfahrung entsprechen konnte.

Die DDR-typische Ausländerfeindlichkeit war auch Ausdruck einer verqueren Art von Tabuverletzung. Weil Antifaschismus und Internationalismus als ideologische Staatsdoktrin autoritär dekretiert und durchgesetzt wurden, erschienen faschistische Symbole und Ideologeme als schärfste Form der Ablehnung – reizvoll gerade für Jugendliche. Naziparolen und Hakenkreuze an Schul- und Häuserwänden, Schändung von jüdischen Friedhöfen – das waren unterdrückte Fakten der DDR-Geschichte. Die Zahl solcher Ereignisse hat in den achtziger Jahren eher zugenommen; sie belegt, daß es eine ungute Tradition unverarbeiteter deutscher Ideologiegeschichte gab und gibt. In der Fortsetzung solcher Tabuverletzungen mag auch das Moment einer »antiautoritären Revolte von rechts« (Michael Rutschky) enthalten sein, die sich ursprünglich der entsetzlichen Formen und Symbole der faschistischen Vergangenheit bediente.

Inzwischen bekennen sich – so ist zu fürchten, ist zu beobachten – die ehemals Revoltierenden, längst autoritär zu den entsetzlichen Werten jener entsetzlichen Vergangenheit. Dieser Vorgang ist nicht zu erklären ohne den Einfluß westdeutscher und österreichischer Ideologen und Organisatoren des Rechtsradikalismus. Er ist ihr Werk, aber die Werkzeuge sind – allzu viele – aus der DDR.

Zum Beispiel Hoyerswerda

RAINER JOEDECKE

Sie haben da neulich so ein kleines Pogrom veranstaltet, die Leute von Hoyerswerda. Das heißt, die Leute selbst eigentlich nicht, die Bürger also. Weil, das ist ihnen allen klar, und das bekennen sie auch öffentlich und ungefragt: »Ausländer sind ja auch Menschen!« Und gegen Gewalt sind sie alle, die Bürger hier. Nur, da gibt es eben jetzt diese Rechtsradikalen, die Skinheads, die »Glatzen«. Mal abgesehen von den Modeglatzen sind das, nach zuverlässigen Schätzungen, etwa 20 Mann, die man zum harten Kern zählen kann. Und diese 20 Mann haben das in die Hand genommen, die Sache mit den Ausländern.

Angefangen hat es am Dienstag dem 17. September, im Zentrum vor dem »Haus der Berg- und Energiearbeiter«. Da haben sie zuerst einmal die Fidschis gejagt, die dort immer geschmuggelte Zigaretten verkaufen. Die kriegten es mit Baseballschlägern und mit Tischbeinen. Und als sie die dann weggeputzt hatten, ohne irgendeine Behinderung durch Bevölkerung oder Polizei, sind sie weitergezogen zur Albert-Schweitzer-Straße, mit Steinen und Brandflaschen bewaffnet, um dort das Ausländerheim zu stürmen. Die Vietnamesen und Moçambiquaner haben sich aus den Fenstern verteidigt, sie hielten dem Angriff zwei Stunden stand. So lange dauerte es nämlich, bis schließlich die Polizei eintraf und in letzter Minute die Erstürmung des Hauses verhinderte. Am nächsten Tag ging der Krieg weiter in der Albert-Schweitzer-Straße, und dann waren auch die Asylanten in der Thomas-Müntzer dran. Eine ganze Woche ging das so, dann hatten die Glatzen gesiegt: Polizei und Bundesgrenzschutz sahen sich außerstande, die Ausländer in Hoyerswerda noch weiterhin zu schützen. So hat man sie eben weggeschafft an einen unbekannten Ort. Von einem kräftigen »Sieg Heil!« begleitet. Da war dann Hoyerswerda praktisch ausländerfrei. [...]

Die Bürger von Hoyerswerda haben sich an den Ausschreitungen natürlich nicht beteiligt. Nur Sprechchöre haben sie dazu gemacht: »Brennt die Bude doch ab!« und »Ausländer raus!« und »Kalaschnikow her und reinhalten!« Und geklatscht natürlich. Aber an den eigentlichen Gewalttaten waren die Bürger hier nicht beteiligt. Sie haben sich das Spektakel halt angeschaut. »So eine Randale war ja für die Leute hier was Neues. Sowas gab's ja früher nicht, weil da die Stasi alles im Griff hatte«, sagt Herr Zeidler, Lehrer an der Polytechnischen Oberschule (POS) 23. »Und da sind sie eben alle hingepilgert.« [...]

»Ich bin ein Rechter«, sagt die Glatze. Was denn darunter zu verstehen sei, frage ich. »Alle Ausländer müssen raus hier. Die nehmen uns Deutschen die Arbeit weg. Und dreckig sind sie ...«, und dann kommt die ganze Litanei bis zu dem obligatorischen Schafeschlachten auf der Wiese.

Er ist eigentlich ein hübscher Junge, athletisch gebaut, gutgeschnittene regelmäßige Züge, kantig, männlich. Schöngeschwungene Lippen, fast mädchenhaft. Das Blondhaar auf zwei Millimeter geschoren. Achtzehn Jahre etwa. Weißes T-Shirt, Bomberjacke, Kampfanzughosen, Schnürstiefel. Und der Sticker natürlich an der Jacke: »Stolz Deutscher zu sein«. Ich schaue ihn mir genau an, während er seinen Ausländerkanon herbetet, und das macht ihn sichtlich nervös. Er senkt den Kopf immer mehr, spricht fast nach unten, nur ab und zu ein kurzer Blick zu mir hoch. Er ist auch etwas kleiner als ich.

Ich sage ihm dann, was man zu solchem Unfug sagen muß, versuche ihn dazu zu bringen zu argumentieren. Da kommen aber nur Sprüche, wie auswendig gelernt. »Die Ausländer sind einfach anders. Die passen nicht zu uns Deutschen, die müssen weg!«

Sein Gesicht wird immer starrer, während ich ihm meine Vorhalte mache, immer maskenhafter, wobei manchmal kleine Wellen von Unsicherheit über seine Züge laufen, die er kiefermahlend zu unterdrücken versucht. Man sieht förmlich, wie er seine Ohren verschließt und sein Denken dazu, vor Angst, als das zu erscheinen, was er ganz augenscheinlich ist: ein armer, kleiner, unglücklicher Junge. Durch die Glatze wirkt er wie verstümmelt, selbstverstümmelt. …

Langsam kommt das Gespräch in Gang, ein wirkliches Gespräch. Wir reden dann vier Stunden miteinander, bis eine Stunde vor Herrn Bergers Schichtbeginn um zehn.

Er: »Wir sind doch ganz anders großgeworden, das muß man doch mal sehen. Die waren ja froh, wenn sie uns hatten, die waren froh, wenn wir gekommen sind zur Arbeit. Wenn du mal krank warst, da hat ja schon die Säge geklemmt im Betrieb. Du wurdest immer gebraucht, sie haben immer auf dich gewartet. Und auf einmal bist du ne tote Hose.«

Sie: »Ein Schock ist das für uns.«

Er: »Ist ja nicht nur das Geld, da hängt doch alles dran. Da hängt dein Charakter dran, alles. Man hat kein Ziel mehr, man hat absolut kein Ziel mehr, weil man in der Luft hängt jetzt. Ich habe nichts gegen die Wiedervereinigung, aber …«

Sie: »Wir haben früher halt so vor uns hingemacht. Wir sind ja nicht dämlich gewesen, aber da war jeder gleichgültig. Ich meine, es hat jeder gearbeitet und Geld verdient, aber es hat sich keener 'n Kopp gemacht über irgendwas.«

Er: »Nur so plapper, plapper, plapper.«

Sie: »Und alles, was vor der Wohnungstür passierte und war, das ging einen nichts an.«

Er: »Wir haben unsere Tür zugeschlossen, wir hatten unsere Schicht gemacht, unsere Arbeit gemacht, und da warst du erst mal innerlich zufrieden.«

Sie: »In der Familie hat jeder gesehen, daß er zurecht kam. Und alles andere hat einen nicht interessiert.«

Ob sie die Freiheit denn nicht vermißt hätten, frage ich.

Sie: »Nee. Weil wir sie doch überhaupt nicht gekannt haben.«

Er: »Wir brauchten uns doch keine Sorgen zu machen, keine Gedanken.«

Ob es sie nicht bedrückt habe, daß sie nicht offen reden konnten?

Er: »Da war schon irgend so ein innerlicher Druck. Da haben wir halt im Schlafzimmer darüber gesprochen.«

Sie: »Ja, das Schlafzimmer war der einzige Ort, wo man offen reden konnte. Mein Schwager, der war Lehrer, der hat mal gesagt: Dasselbe Theater, nur andere Schauspieler. Wie bei Hitler, meinte er.«

Er: »Wir brauchten uns doch gar keine Sorgen mehr zu machen, keine Gedanken. Absolut keine Gedanken.«

Sie: »Nischt! Um nischt brauchten wir uns zu kümmern!«

Er: »Das hast du morgens in der Zeitung gelesen, und dann ging das alles seinen Gang.«

Ob sie da nichts vermißt hätten?

Er: »Nee. Es ging ja alles seinen Gang.«

Sie: »Pfingsten haben sie mal in Schwarze Pumpe ne halbe Banane gekriegt. Eine halbe, braune Banane, am Pfingstsonntag. Und da haben sie sich noch drum gekloppt, um diese vergammelte halbe Banane. Die haben sie gehütet wie nen Schatz und noch mit nach Hause genommen.«

Ob sie sich vorstellen könnten, daß das vielleicht Absicht war, diese halbe Banane?

Sie: »Könnte man meinen. Damit niemand über das Eigentliche nachdenkt. Doch, ich glaub jetzt auch, daß das Absicht war.«

Er: »Wir sind ja so auf Trab gehalten worden durch diesen Mangel, diese Jagd nach allen möglichen Sachen. Wir sind ja gar nicht auf den Gedanken gekommen, uns Gedanken zu machen!«

Sie: »Der Trabi, das war unser Lebensziel.«

FRANK, 17 JAHRE, OSTBERLIN

Ich versteh nicht, wie man in so einer Gesellschaft, wie wir sie jetzt haben, Pessimist sein kann. Man hat doch immer irgendwelche Möglichkeiten. Gut, kriegt man ein Jahr keine Lehre, probiert man's nächstes Jahr wieder. Ich verstehe den Pessimismus der jungen Leute nicht. Es geht ja hier auch irgendwann wieder aufwärts. Schon die Investitionen von den ganzen bundesdeutschen Firmen, VW, Opel, AEG, die Franzosen fangen jetzt an. Ich sehe nicht, daß das hier schiefgeht. Sicher, wenn ich keinen Job hätte, würde ich das auch bedrückend sehen. Deswegen verstehe ich auch die Leute in Hoyerswerda voll und ganz, denn so, wie die Ausländer sich hier benehmen, das ist für mich indiskutabel. Wenn ich als Fremder in einem anderen Land bin, dann kann ich mich einfach nicht so benehmen, und das stört mich eigentlich am meisten an den Ausländern. Ich kann mich nicht zur rechtsradikalen Szene zählen, ich bin einfach nur rechts. Rechts in dem Sinne, daß Ausländer raus müssen. Die wollen sich hier ne goldene Nase verdienen, arbeiten für weniger Geld, und die Deutschen kriegen keine Arbeit. Gut, man muß denen anrechnen, daß sie Drecksarbeit machen. Aber ich meine, Deutsche würden das bestimmt auch machen, wenn sie dafür mehr Geld kriegen würden.

Wenn die Linken mal wirklich vernünftige Argumente bringen würden, dann würde ich sicher darüber nachdenken und vielleicht auch meine Meinung überdenken. Aber sie sagen nur, Ausländer sind auch Menschen. Dann sollen sie sich aber auch so benehmen.

Was mich sauer macht, ist Langeweile. Was ich gern mal machen würde, nach Amerika, mir ein Motorrad mieten und dann von New York nach Kalifornien, quer durch. Nur um Spaß zu haben, nicht um zu arbeiten. Ansonsten hab ich im Moment nicht das Bedürfnis, wegzufahren. Hier hab ich doch alles, was mich glücklich macht.

Rechtsradikale Ästhetik

Heinz Bude

Vielfach wird behauptet, mit der deutschen Einigung habe alles angefangen. Der jugendliche Rechtspopulismus sei nur der extreme und abgespaltene Ausdruck eines niedergedrückten nationalen Größen-Selbst. Die Wächter des bundesrepublikanischen Funktionsstaates würden das gefährliche Spiel mit den nationalistischen Parolen geradezu provozieren. Weil die einen überhaupt nicht von Deutschland reden, tun es die anderen nur noch.

Richtig daran ist sicher, daß sich mit der deutschen Einigung eine Veränderung des Gesellschaftskörpers ergeben hat, die weder intellektuell noch politisch eine angemessene Deutung gefunden hat. Das Ende der Nachkriegszeit bedeutete in Deutschland das Ende eines Provisoriums, das die meisten für einen Dauerzustand gehalten hatten. Was es nun heißt, eine Nation zu sein, die die Wahrung der eigenen Interessen nicht mehr anderen überlassen kann, dafür fehlt noch der Boden des Selbstverständlichen. Zumindest bietet dafür die »verhärtete Leugnung des Nationalcharakters«, von der Norbert Elias in seinen ›Studien über die Deutschen‹ gesprochen hat, keine gute Voraussetzung.

Eine andere Erklärung hebt darauf ab, daß in der internationalen Popkultur seit langem eine Tendenz zu einer mit rechtsradikaler Symbolik arbeitenden Ästhetik der Grausamkeit zu erkennen ist. Der Punk hat dem Pop dieses Register zugänglich gemacht. Schon 1977 sang Johnny Rotten von den Sex Pistols »I don't want a holiday in the sun, I want to go to the new Belsen«. Gemeint war das KZ Bergen-Belsen und die Platte hieß ›Holidays in the Sun‹. Vor dem Dada-Geist des Punk war auch die Welt des Nationalsozialismus nicht sicher. 1981 forderte die Gruppe Deutsch-Amerikanische Freundschaft: »Beweg deine Hüften, geh in die Knie und tanz den Mussolini. Und jetzt den Adolf Hitler …« Dem Punk der Sex Pistols fühlen sich auch die Böhsen Onkelz verpflichtet. 1986 skandierten sie auf ihrem Album ›Der nette Mann‹ »Türken raus!« oder »Deutschland den Deutschen!«. Das war deutscher Punk, und die Onkelz galten als »Fascho-Gruppe«. Heute versuchen sie, dieses Image loszuwerden und gelten als die einzige Gruppe im rechten Spektrum, die über ein vermittelndes Potential verfügt. Mit der neuen Position ist indes ein quälender Relativismus verbunden, wie er sich etwa in dieser Sequenz ausdrückt: »Was ist verboten, was ist legal, was ist entartet, was ist normal?« Die militanten rechtsradikalen Gruppen kennen die Ironie, die im Namen der Böhsen Onkelz noch auftaucht, nicht mehr. Sie heißen Störkraft, Kahlkopf, Volkszorn oder Endsieg. Die Popkultur, die als Entstehungsbedingung für eine autonome Jugendsphäre jenseits jugendbewegter Idylle angesehen werden kann, ist nicht mehr selbstverständlich links oder libertinär eingestellt, und sie garantiert kein jugendliches Weltbürgertum. Wenn Affektgenauigkeit über politischer Korrektheit steht, ist offen, wohin die Sache geht. Die »Blumen des Bösen« stellen im übrigen immer eine Versuchung dar.

Aber weder die deutsche Einigung noch der Punk von rechts können erklären, warum ausgerechnet im August 1991 die Bewegung der Gewalt begann. Da war der Golfkrieg gerade beendet, der eine klare Botschaft enthielt: Es gibt Probleme zwischen Menschen und Völkern, die lassen sich mit Kommunikation nicht lösen. Von einem bestimmten Moment an muß gehandelt werden – auch wenn das Krieg bedeutet.

Vielleicht liegt hier einer der Gründe für die plötzliche Legitimierung von Gewalt als Mittel wilder Selbstbehauptung. Nachdem die deutsche Einigung glücklich über die Bühne gegangen war, sahen sich die Deutschen beinahe wieder in einen Krieg verwickelt. Noch einmal nahmen ihnen die Alliierten das Handeln ab, aber dafür mußten sie sich besonders von den Engländern, die sich an die Zeiten Churchills erinnert fühlten, den Vorwurf der Schwäche bei der Verteidigung der demokratischen Werte gefallen lassen. Die Deutschen, so hieß es, können nur zahlen, nicht kämpfen.

Es macht Spaß, ein Skin zu sein

WOLFGANG BRÜCK

Das Auftreten der Skin-Gruppen in der DDR zeigt deutlich, daß sich die Gesellschaft bereits in ihrer Zerstörungskrise befand. Die Generation mit dem größten zeitlichen Abstand zum historischen Faschismus griff – stellvertretend – faschistische Parolen auf und attackierte durch gezielte Tabuverletzung die ideologischen Heiligtümer des Realsozialismus. Die Skins erwiesen sich somit als Vorboten der DDR-Identitätskrise. Durch den Rückgriff auf nationalsozialistische Ideologiefragmente distanzierten sie sich eindrucksvoll vom DDR-System. Im Spektrum der Krisenerscheinungen der DDR-Gesellschaft kommt der Skinhead-Bewegung deshalb ein großer Symptomwert zu.

PETER MICHALZIK

Warum er denn überhaupt Skin sei, wenn es so viele Nachteile bringe? »Der Zusammenhalt macht das Skinsein aus. Ansonsten ist es doch jedem egal, ob es dir scheiße geht. Wenn du mit Jeans von New West in die Schule kommst, lachen die dich aus. Wenn du am Gym teure Klamotten hast, bist du der Depp. Außerdem habe ich vor einem halben Jahr wirklich überlegt aufzuhören.« Er hatte eine Freundin, die ihn drängte. Heute sei er froh, daß er sich für das Skindasein entschieden hat. Für Frank sind die Wurzeln der Skins in England besonders wichtig, die alten Bands wie *Last Resort* und *Condemned 84*, die frühen 80er Jahre, als die Skinbewegung noch unpolitisch war und es vor allem um Spaß ging. »Eine Menge schöner Erinnerungen, die ich mitnehme, hat das Skinsein gebracht.« Vor drei, vier Jahren, »wenn man so anfängt, sich über sein Leben Gedanken zu machen«, habe er begonnen, sich für die Skins zu interessieren. »Daß jeder seine Aggressionen hat, ist klar. Es ist doch besser, sich zu keilen, als zu Hause Frau und Kinder zu schlagen oder seine Angestellten zu unterdrücken.«

Außerdem findet Frank, es sei eine Ehre, Skin zu sein. »Wie man in den Westen gehen und sein Vaterland im Stich lassen kann, das verstehe ich nicht. Jeder Mensch hat Ideale. Es soll mir niemand erzählen, daß er keine hat.« Was denn seine Ideale seien? Daß es keine Obdachlosen mehr gibt, daß jeder was zum Beißen hat, daß man mit Würde leben kann. »Patriotismus hat auch immer was damit zu tun, daß man gegen das System ist.«

Ob er nicht der Meinung sei, daß Patriotismus in Deutschland noch eine andere Note habe? »Daß der Holocaust passiert ist, ist kein Grund, sich Patriotismus verbieten zu lassen«, sagt Frank. Ob er denn stolz auf sich selbst sei? »Ja klar, ich bin nicht doof und sehe nicht doof aus. Wieso?« Wenn man andauernd provoziere und Randale mache, spreche das nicht unbedingt von Selbstachtung, sage ich. Frank meint, wenn man was gegen das System hat, habe das nichts mit fehlender Selbstachtung zu tun. »Du kommst mit dir klar, wenn du Artikel schreibst, ein anderer, wenn er Skin ist.«

NN, 17 Jahre, Ostberlin

Zu meinem 13. Geburtstag sind wir nach Marzahn gezogen. Ich habe angefangen, mich für Politik zu interessieren, und mit 14 bin ich dann zum ersten Mal auf andere Leute gestoßen, auch rechtsgerichtete, zum Teil auch rechtsradikale. Ich bin damals aus der Schule rausgeflogen, mit der Begründung, daß ich Träger nationalsozialistischen Gedankenguts bin, und wegen Selbstverstümmelung, das hieß damals so im Osten, weil ich mir 'ne Glatze geschnitten habe. Ich wurde immer schon braun erzogen, auch durch meine Großeltern. Dann hab ich ein halbes Jahr auf der Straße gesessen. Jetzt hab ich diesen Förderungslehrgang, wo ich den Realschulabschluß nachmachen kann.

Das Typische für Skinheads sollte sein, daß die Kameradschaft unwahrscheinlich hoch ist und daß sie die Leute aufmerksam auf sich machen, aufmerksam machen auf Probleme im Staat. Die Autonomen machen das nach links, und Skinheads machen das hier in Deutschland nach rechts. Und daß man für sein Vaterland einsteht. Nicht durch harte Sprüche, nicht durch Schlägereien, sondern einfach durch Aufklärung, durch originale Aufklärung, und daß man an die Öffentlichkeit kommt. Nicht unbedingt durch Medien, sondern einfach, daß man probiert, sich zu organisieren und halt selber was in die Hand zu nehmen. Wenn ich, sagen wir mal, gegen den Staat bin, und ich bin absolut gegen diesen Staat, daß ich was politisch mache. Nicht, daß ich mir jetzt den nächstbesten Ausländer greife und den niederknüpple, das hab ich längst begriffen, daß es das nicht bringt. Wer Haß sät, erntet Haß. Obwohl, Gewalt ist eine biologische Veranlagung des Menschen, dagegen kann man nichts machen. Und wenn ich irgendwelche Leute höre, die sagen, der ewige Friede sei gepriesen – den ewigen Frieden wird's nie geben, kann's nicht geben, sonst würde die Erde gar nicht existieren.

Im Osten wurde ich aus der Schule rausgeschmissen, weil ich als Nazi abgestempelt wurde, und seitdem hat sich meine Gesinnung eigentlich dermaßen verstärkt, daß ich glaube, für mein weiteres Leben diese Gesinnung behalten zu dürfen, zu können. Und falls sich meine Gesinnung wenden sollte, dann garantiert nicht ins Rote, dann doch eher ins Bürgerliche. Aber ich möchte auch nicht so ein Spießer sein, der so kleinbürgerlich lebt und dem alles scheißegal ist, der nur vom Fernseher und von der Zeitung lebt. Ich möchte einfach was verändern.

Was haben wir mit unseren Kindern gemacht?

ANNETTE SIMON

Sosehr ich die jugendlichen Schläger unserer Tage (in Rostock und anderswo) verurteile und verabscheue, so kann ich doch als Psychologin sehen, wie da Jugendliche um sich schlagen, die sich aus staatsinzestuösen Bindungen entlassen fühlen, aber nichts anfangen können und die Reflexionsmöglichkeiten weder haben noch geboten bekommen, die ihnen helfen würden, ihre eigenen Gefühle zu verstehen. Sie weisen die nachfaschistischen, verdeckt sadistischen und übermoralischen Erziehungsideale ihrer Eltern antimoralisch und sadistisch zurück. Ihre Kult-Band, die »Böhsen Onkelz«, singt die Hymnen des Bösen und gleichzeitig Zeilen wie: » Wer schützt mich vor dir, wer schützt mich vor mir, wer schützt mich vor dem Bösen in uns, wenn es eskaliert.« Ich kann mir nicht vorstellen, daß dieser »Schutz« *nur* darin bestehen kann, sie ihrerseits zusammenzuschlagen und in die Gefängnisse zu stecken, obwohl dieser Schutz für alle Bedrohten und für uns selbstverständlich notwendig ist. In der Diskussion fehlen mir die Fragen, die die Eltern und Lehrer sich zu stellen hätten: Was haben wir mit unseren Kindern gemacht? Was für ein Werte- und Moralvakuum haben wir mit unserer Erziehung installiert, in das sich jetzt neofaschistische Ideen so leicht gießen lassen? Ich denke in diesem Punkt strikt psychoanalytisch, nur was durchgearbeitet und verstanden worden ist, kann sich dem Wiederholungszwang entziehen.

MELANIE, 17 JAHRE, OSTBERLIN

Ich hin ein siebzehnjähriges Mädchen und wohne mit meiner Familie am Rand von Berlin. Hier habe ich ein paar Freunde, mit denen ich mich gut verstehe. Jedoch sehen wir uns selten und unternehmen nicht viel gemeinsam. Mit meiner Familie unternehme ich auch nichts. Früher war das anders. Als ich noch kleiner war, haben wir viel zusammen gemacht. Als ich älter wurde, hat sich alles geändert. Das Verhältnis zu meinen Eltern wurde immer schlechter. Vielleicht konnten sie nicht verstehen, daß ich erwachsen werde und somit eigene Vorstellungen von meinem Leben habe und etwas erleben wollte. Dadurch, daß sich das Verhältnis zu meinen Eltern verschlechterte und ich mich nicht mehr mit ihnen verstand und somit nicht mit ihnen über meine Probleme reden konnte, wurde mir vieles gleichgültig. Ich verschlechterte mich in der Schule, und deswegen gab es noch mehr Ärger zu Hause. Irgendwie gelangte ich in die rechte Szene und war circa ein halbes Jahr mit Skinheads zusammen. Meine Eltern konnten das nicht verstehen, und mein Vater wollte mich in keiner Weise unterstützen. Ich war traurig und allein.

Diesen Teil meines Lebens bereue ich sehr. Durch meinen Freund kam ich aus diesem »Skinheadmilieu« wieder raus. Ich hatte nie etwas gegen Ausländer, und das hat sich während dieser Zeit nicht geändert. Ausländer können, wenn sie wollen, in Deutschland leben. Aber sie sollten sich unseren Gesetzen fügen und legal arbeiten wie jeder andere auch. Man sollte den Ländern helfen, die es nötig haben, und Geld spenden. Dann brauchen sie nicht nach Deutschland zu kommen, sondern können ihr Land aufbauen und dort glücklicher leben als in einem für sie fremden Land.

Jedenfalls änderte sich mein Verhältnis zu meinem Vater trotzdem nicht, auch als ich nichts mehr mit Skinheads zu tun hatte. Wir reden nur das Nötigste miteinander. Bei meinem Bruder, mit dem ich mich noch nie verstand, ist es dasselbe. Das Verhältnis zu meiner Mutter ist okay. Natürlich ist sie auch manchmal sauer mit mir. Zum Beispiel wenn sich meine schulischen Leistungen verschlechtern oder andere Probleme aufkommen. Trotzdem kann ich mit ihr nicht über meine Probleme reden. Es liegt vielleicht auch an mir, warum ich mich mit meinen Eltern nicht verstehe. Ich bin ja auch fast nie zu Hause. Wenn ich zu Hause bin, dann räume ich meistens auf, weil mein Bruder zu faul und meine Schwester zu klein ist. Ansonsten mache ich in meiner Freizeit

Hausaufgaben, gehe mit meinem Hund spazieren oder bin mit meinem Freund unterwegs. Zusätzlich gehe ich dienstags und mittwochs noch arbeiten, um mein Taschengeld, das fünf Deutsche Mark pro Woche beträgt, aufzubessern. Dann helfe ich meiner Oma, die ein paar Zimmer vermietet. Mit dem Geld, was ich dort verdiene, komme ich besser klar, denn mein Taschengeld reicht wirklich nicht aus.

Mein Leben war bisher nicht sehr aufregend. Aber wenn ich mein Abitur gemacht habe, einen guten Beruf erlernt habe und eine schöne Wohnung habe, werde ich mein Leben richtig ausfüllen und viel unternehmen. Später, wenn ich zwischen fünfundzwanzig und dreißig bin, werde ich eine Familie gründen. Vielleicht werde ich mir ein schönes Haus kaufen. Ich will meinen Kindern viel bieten können und ein glücklicheres Leben führen, als es bisher war.

GESTÖRTES ZUSAMMENLEBEN
Die Mauer im Kopf

Wolfgang Mattheuer: Zwiespalt, 1979

Zum 3. Oktober 1990

REINER KUNZE

Die Mauer

Als wir sie schleiften, ahnten wir nicht,
wie hoch sie ist
in uns
Wir hatten uns gewöhnt
an ihren horizont
Und an die windstille
In ihrem schatten warfen
alle keinen schatten
Nun stehen wir entblößt
jeder entschuldigung

Keine Alternative zum Zusammenwachsen

RICHARD SCHRÖDER

1989 fand die unerhörte Begebenheit statt. Die Mauer fiel, wir lagen uns in den Armen. Ein Beobachter erklärte: Die Deutschen sind jetzt das glücklichste Volk. Der Ahnungslose. Deutsche und glücklich? Das reimt sich höchstens mal aus Versehen. Wir haben vor allem Probleme zu haben und schwarz zu sehen, und auf diese unsere Pflicht haben wir uns denn auch schnell genug wieder besonnen: Die Berliner Mauer ist zwar gefallen, aber nun ist eine Mauer in den Köpfen entstanden.

Wir können das beweisen durch Meinungsumfragen. Zwei Kulturen, zwei Mentalitäten, manchmal wird das so traktiert, als sollte gesagt sein: Die Mauer mit Stacheldraht und Minen, die war ja schnell weggeräumt, aber die Mauer in den Köpfen, an der scheitert's.

Es ist doch in Wahrheit umgekehrt. Bevor die Mauer fiel, wußte keiner, wie sie zu Fall gebracht werden kann. Nun, da sie gefallen ist, wissen wir, daß es Arbeit macht, vierzig Jahre Trennung zu überwinden, daß wir uns nach fünf Jahren noch längst nicht genug kennen, daß alles länger dauert als erwartet. Aber wir wissen auch, daß es keine Alternative gibt zum Zusammenwachsen.

Niemand will ernsthaft etwas anderes. Separatistische Tendenzen gibt es vielleicht in Schottland, aber nicht in Deutschland. Natürlich haben wir tatsächlich reichlich Probleme, ökonomische, politische, mentale. Die müssen analysiert, da müssen Lösungen gesucht werden. Andere Länder allerdings hätten sehr gern bloß unsere Probleme. Neben der Diskussion der Probleme selber müssen wir aber auch einmal sprechen über die Art, wie wir unsere Probleme besprechen.

Und da ist die erste Frage die: Was heißt hier überhaupt »wir« und »unsere«? Der Satz, mit dem im Herbst 1989 der Massenprotest der DDR-Bevölkerung Sprache gewann, hieß: »Wir sind das Volk« und nicht ihr, das Politbüro und eure Lakaien. Bald darauf gesellte sich ein zweiter Satz dazu: »Wir sind ein Volk«, nämlich wir im Osten und ihr im Westen. Der erste Satz wurde im Westen begeistert aufgenommen, ganz zu Recht, denn das Volk hatte seine Souveränität ausgesprochen. Der zweite Satz stieß bei vielen im Westen auf Kopfschütteln oder gar Entsetzen: Das ist ja Nationalismus!

Ich sage dazu: Das kommt davon, wenn man bloß Vokabeln mit Etiketten versieht, statt die Situation mitzuhören. Der Satz »Wir sind ein Volk« hieß schlicht: »Helft uns!« Dem Satz lag die vielleicht mehr geahnte als gewußte Einsicht zugrunde: Wir schaffen's nicht alleine.

Die Geldheirat

Klaus Schlesinger

Inzwischen muß dem letzten Ignoranten zwischen Weserbergland und Schwäbischer Alb klargeworden sein, was die Vereinigung eigentlich war: eine Geldheirat. In der Hochzeitsnacht mag es ja einige Orgasmen gegeben haben. Heute, zweieinhalb Jahre danach, scheint mir der Tatbestand der Vergewaltigung in der Ehe weitgehend erfüllt.

Besserung ist nicht in Sicht. Aus dem ganzen Schlamassel führt vielleicht nur ein Weg. Der Westen müßte die moralische Größe aufbringen und die DDR noch einmal völkerrechtlich anerkennen. Sozusagen postum, und mit allen Konsequenzen. Das könnte den Leuten, die im Osten geblieben sind, vielleicht das wiedergeben, was ihnen tagtäglich genommen wird: ihre Geschichte.

Die Politiker, *die* Konvertiten, *die* Ostler, *die* Westler. Alles Unsinn, ich weiß. Ich habe im Westen genug Leute getroffen, mit denen sich reden läßt. Sie haben im Moment nur genausowenig zu melden wie die im Osten. Seit diese Anti-Ost-Debatte von ›taz‹, ›Spiegel‹ und ›Kursbuch‹ angeschoben wurde, bewegt sie sich auf dem Niveau des Satzes: »Der Südländer als solcher ist faul.« Und da platzt einem manchmal der Kragen, und man pöbelt zurück. Grober Klotz, grober Keil!

Ernsthaft, ich habe gar nichts mehr gegen unseren Beitritt. Kopfschmerzen macht mir nur, daß wir nie wieder austreten können.

Enttäuschte Erwartungen

Ein Manifest

Die Menschen in der DDR waren sich im Herbst 1989 einig im Widerstand gegen die Repressionen der SED und ihres gewaltigen Sicherheitsapparates. Sie wollten ein Ende der Bevormundung, der Reisebeschränkungen, sie forderten Freiheit und Demokratie. Sie haben dies in einer gewaltlosen Revolution durchgesetzt. Als sie bei den ersten freien Volkskammerwahlen mehrheitlich denjenigen Parteien ihre Stimme gaben, die eine schnelle deutsche Einigung versprachen, war das zugleich die Bitte an Westdeutschland: »Helft uns!«

Heute sehen viele im Osten ihre Erwartungen vom Herbst 1989 enttäuscht; unerwartet hoch ist die Arbeitslosigkeit, und gewaltig sind die Umstellungen in allen Lebensbereichen als Folge der Übernahme der westlichen Gesellschaftsordnung. Die Angst vor unbezahlbaren Mieten und westlichen Rückgabeansprüchen, das Gefühl, den westlichen Mitbürgern unterlegen zu sein, und manchmal wohl auch der Verdacht, ihr Leben unter einer Diktatur werde ihnen pauschal als Makel der Mitschuld oder doch des Opportunismus angerechnet, all dies mindert und trübt die Freude an der deutschen Einheit in Freiheit für viele erheblich.

Auch die Bevölkerung der Bundesrepublik hat die Öffnung der Mauer begrüßt. Viele haben ein Wiedersehen mit Freunden und Verwandten gefeiert und neue Bekanntschaften geschlossen. Offenbar gab es auch eine große Bereitschaft zur solidarischen Hilfe. Aber sie ist von den Politikern nicht in Anspruch genommen worden. Jetzt regt sich hier und da im Westen Unmut über die befürchteten Belastungen aus der deutschen Einheit.

Für viele Westdeutsche ist Ostdeutschland fern und die Einigung zuerst ein Medienereignis geblieben. Ihnen steht noch die Erkenntnis bevor, daß es auch für sie nicht beim alten bleiben wird. Das Land, in dem sie leben, ist ein anderes geworden, auch wenn sie das noch nicht gemerkt haben. Es hat sich vom Zonen-randgebiet des Westens gewandelt in ein Land mit ringsum offenen Grenzen.

Die ökonomischen und finanziellen Probleme der deutschen Einigung sind offenbar anfangs von westlicher Seite weit unterschätzt worden. Die östliche Seite, die den wahren Zustand ihrer Wirtschaft nur ahnen konnte, hat allzugern den Versprechungen geglaubt, daß der wirtschaftliche Aufschwung der östlichen Bundesländer nicht lange auf sich warten lassen werde. Da unseligerweise die deutsche Einigung in den Bundestagswahlkampf fiel, geriet die Diskussion der Einigungsprobleme zunehmend in die Schwarzweißmalerei der Wahlkampfpolemik, Zweckoptimismus hier, Zweckpessimismus dort. Die Chance einer ehrlichen Bestandsaufnahme sowie einer klaren Benennung und umsichtigen Regelung der nunmehr hinreichend deutlich gewordenen Schwierigkeiten und Konfliktpunkte der deutschen Einigung wurde vertan.

Dieser schlechte Start in eine besonders schwierige politische Phase wirkt nach. Gerade jetzt, da politische Orientierung besonders gefragt ist, hat das allgemeine Vertrauen in die Politik einen gefährlichen Tiefpunkt erreicht. Die große Herausforderung, die deutsche Einigung vernünftig zu gestalten, droht durch Unterforderung der Mündigkeit der Bürger nun zur Überforderung der Enttäuschten zu werden.

»Jetzt muß zusammenwachsen, was zusammengehört«, das war ein weises Wort von Willy Brandt. Aber es ist als Beschreibung eines wirklichen Vorgangs mißverstanden worden, was als Mahnung, als Forderung, als Hoffnung gemeint war. Denn was tatsächlich passierte und passiert, war und ist kein organisches Wachsen, sondern etwas Abruptes: Überwältigung, »Inbesitznahme«, Verwandlung, die mit der Gewalt einer »Natur«-Katastrophe im Osten alles wegschwemmte, was vertraut war. Konnte es anders sein? War die Vorstellung des Organischen, des Wachsens nicht notwendigerweise illusionär?

Eine unaufhaltsam zerfallende Wirtschaft, eine nicht mehr sich selbst tragende Gemeinschaft, einen immer schneller voranschreitenden Auflösungsprozeß beherrschen und regieren zu müssen –

dies machte die Schwäche der ersten freigewählten, der letzten DDR-Regierung aus. Die Bonner wußten's schon besser, sie waren wirklich stärker und waren sich ihrer Stärke gewiß.

Denn unsere, der »Ossis«, Schwäche war die Stärke der »Wessis«. »Paradise now« war die Forderung der Ossis – und von Aldi bis zur Videothek, von Audi bis zur Stereoanlage bemühte sich der Westen, jeden Wunsch zu erfüllen. Wer will die Wünsche der Ossis denunzieren?! Das Erreichbare nun endlich erreichen zu wollen, nämlich den benachbarten Wohlstand, die benachbarte Freiheit nach vierzig Jahren des Umsonst, das ist allzu verständlich und berechtigt. Was kann da schon bleiben vom Bisherigen – in diesem Zusammenbrechen, in dieser Wendewut, im Zwang und in der Lust zum anderen, Neuen. Und hatten wir überhaupt Zeit, um zu prüfen, was vielleicht bleiben könnte oder sollte neben dem vielen, was zu bewahren sich wahrhaftig verbietet?

WOLFGANG SCHÄUBLE/
WOLFGANG THIERSE

Thierse: Ich habe es immer für eine Übertreibung gehalten, daß die Mauer wächst und die Gräben tiefer werden. Aber wir nehmen die Unterschiede, das Anderssein, die Fremdheit, nicht als Bereicherung wahr, sondern als beängstigend. Die Unterschiede werden zur Karikatur des anderen – eben der Besser-Wessi, der Jammer-Ossi. Insofern würde ich doch sagen, wir haben im Osten Deutschlands einen emotionalen und einen ökonomischen Scherbenhaufen. Dort wächst eine höchst undifferenzierte Anti-Wessi-Stimmung: »Die da im Westen«. Die geplatzten Hoffnungen, die verletzten Versprechungen all das richtet sich gegen die Stärkeren.
Schäuble: Was Sie über die enttäuschten Hoffnungen sagen, ist sicher richtig. Teilweise waren es nur Illusionen. Auch innerhalb der neuen Bundesländer ist aufgrund der Veränderungen das Miteinander sehr viel geringer geworden als vor 1989. Ich habe immer gesagt, die alte Bundesrepublik wird nicht so bleiben, wie sie war. Sie hat sich inzwischen tatsächlich mehr verändert, als manchem

lieb ist. An der Hauptstadtfrage zeigt sich der Widerstand gegen die Veränderung.

Thierse: Das mag sein. Aber den Ostdeutschen wird ganz selbstverständlich eine totale Änderung ihres Lebens abverlangt, in ökonomischer, in sozialer, in alltäglicher Hinsicht, bis hin zu ihren Überzeugungen und Gewohnheiten. Sie müssen sich den wohlhabenden Westdeutschen anpassen, denen das Gleiche natürlich nicht zugemutet wird – ein fundamentales Ungleichgewicht, das diese unerhörte Mißstimmung und das Gefühl auslöst: »Die wollen uns heimatlos machen, indem sie uns alles ändern.« Die Entwertung des eigenen Lebens, das ist es, was man empfindet und wogegen man sich wehrt.

Schäuble: Zum ganzen Bild gehört auch, daß es die Menschen in der früheren DDR waren, die ihr System verständlicherweise beseitigen wollten. Die Verhältnisse im Westen waren ihr Vorbild.

Thierse: Ich will keinen allgemeinen Vorwurf gegen den Westen erheben, sondern bestenfalls den Vorwurf, mit welcher Schonungslosigkeit und, ironisch gesagt, deutschen Gründlichkeit alles und jedes aus dem Westen in den Osten übertragen wird, auch im heiligen Eifer von ostdeutschen Beamten und Politikern. Viele Menschen sind geradezu von einer Nachhol- oder Anpassungswut gepackt.

Schäuble: Wenn die Deutschen was machen, machen sie's gründlich. Selbst den Sozialismus haben sie in der DDR gründlicher praktiziert als andere. Darüber haben sogar die Freunde in Osteuropa geklagt.

Heterogene soziale Milieus

FRITZ ULLRICH FACK

Es wächst offensichtlich nicht automatisch zusammen, was zusammengehört. Die Deutschen in Ost und West leben nicht nur auf ganz verschiedenen, Neid- und Minderwertigkeitsgefühle hier, Überlegenheitsgefühle dort erzeugenden wirtschaftlichen Ebenen. Sie ringen auch mit ihren hergebrachten Identitäten, ohne schon neue, gar gemeinsame, gewonnen zu haben.

Die Menschen in den beiden Gesellschaften waren sich immer fremd, haben das aber nie so recht zugegeben. Sie wußten wenig voneinander und kümmerten sich in den Zeiten der Teilung wenig umeinander. Von der Freude des Neuaufbruchs überwältigt, wollten sie nicht wahrhaben, daß Fremdheit, Ängste, Mißtrauen und Minderwertigkeitsgefühle nicht durch Regierungsverträge aufgehoben werden können. Wenn die Ostdeutschen die Westdeutschen heute für arrogant, kalt und berechnend halten, dann ist das ein durch oberflächliche Eindrücke ebenso verzerrtes Bild wie die im Westen nicht selten gepflegte Vorstellung, »drüben« seien die Menschen naiv, bequem und larmoyant.

Es sind die heterogenen sozialen Milieus in Ost und West, die der mentalen Wiedervereinigung vorerst Grenzen setzen. Im Westen stellen aufstiegsorientierte, an beruflichem wie privatem Erfolg interessierte Menschen die Mehrheit der Bevölkerung. Das bestimmt ihre Sozialisation und prägt ihren Lebensstil. In dieser Gesellschaft verlieren Institutionen wie Parteien, Kirchen oder Verbände zunehmend an Bindungsfähigkeit. Aber auch privat, beim einzelnen, schreitet die Individualisierung fort. Da wirkt dann der Blick nach Osten wie eine Retrospektive in die Vergangenheit: Die Einheit konfrontiert den westlichen Teil der Nation – vereinfacht gesagt –mit ihrem Zustand von vor zwanzig Jahren.

Bis zur Wiedervereinigung ist den meisten im Westen verborgen geblieben, daß die sozialen Milieus im Osten ganz anders beschaffen waren: Weniger erfolgsorientiert, im Lebenszuschnitt enger, in den privaten Bindungen hingegen stärker und solidarischer. Die Verhältnisse in der alten DDR beförderten nicht gerade das Verantwortungsbewußtsein, drängten nicht zu Aufstieg und wirtschaftlichem Erfolg. Von ihnen gingen andere Signale aus. Sie verhießen einen gleichsam wohlerworbenen Anspruch auf soziale Sicherung und einen regulierten Lebenslauf. Wenn die Bindungsfähigkeit gesellschaftlicher Institutionen aus naheliegenden Gründen auch hier gering war – die der Familie und der Nachbarschaft war dafür um so stärker.

Betrachten wir die Medaille noch etwas genauer, dann zeigt sich, daß im Osten traditionelle Werte wie Treue, Ehrlichkeit und Fleiß, in der alten Bundesrepublik häufig als »Sekundärtugenden« verspottet, weitaus höher im Kurs stehen als im Westen. Das moralische Wertesystem ist dort besser intakt geblieben. Die letzten 25 Jahre waren in Westdeutschland charakterisiert von Wertewandel, Hedonismus, dem Entstehen einer Generationskluft und der Abwertung von alten Geboten und Verhaltensnormen. In der DDR hat es diesen Werteverfall nicht gegeben.

Diese ewige Jammerrede

Ulrich Beck

In Ost-Deutschland erzählt man sich auch diesen Witz: Was ist der Unterschied zwischen den Russen und den Wessis? Die Russen sind wir wieder losgeworden ... Sehr komisch – darüber kann ich eingefleischter Westler überhaupt nicht lachen. Diese ewige Jammerrede macht mich rasend. Dann sollen die Ossis doch endlich aufmucken, ausbrechen, innerhalb und außerhalb der Parteien den Wessis das Fürchten lehren, vielleicht sogar ihren eigenen Staats-Laden aufmachen, schließlich sind auch die staatlichen Scheidungsziffern hoch. Deutsche – Demokratische – Republik – das wäre den Versuch wert, so etwas hat es in Deutschland noch nicht gegeben. Aber diese Opfer-Mentalität ist einfach zu deutsch – das halte ich nicht aus.

Klaus Pohl

Den Ossis wird vorgeworfen, sie jammerten zuviel. Also habe ich mich auf die Suche nach einem richtigen, waschechten Ostjammerer gemacht.

Ich wähle Neschwitz bei Bautzen aus. Dort gibt es ein wundervolles, halb verfallenes wie verwunschenes Schloß mit einem der schönsten Parks in der Lausitz. Unter einer leicht 100 Jahre alten Linde sitzt, eingerahmt von zwei Frauen, ein weißer, dürrer, alter Mann. Er kommt seit Jahren hierher, denn dies ist einer der schönsten Plätze weit und breit.

Er heißt auch Hans, ist 83 Jahre alt und noch praktizierender Zahnarzt. Seine Blässe hat etwas Verächtliches. Die Bienen summen, er sagt: »Der bessere Teil Deutschlands ist hier!« »Ja«, sage ich. »Das hätte ich nie geglaubt, ich bin sehr beeindruckt, ich habe mich regelrecht verliebt in den Osten und seine Os … Ostmenschen.«

»Das tut uns gut«, quittiert der Zahnarzt meine Bemerkung.

Die erste Dame, die sich später als seine Gattin zu erkennen gibt, sagt: »Wir haben ja aus nichts Bonbons gemacht.« Die zweite Dame nickt: »Wir waren ja Improvisationskünstler.« Kleine Pause. Vogelgezwitscher. In der Linde raschelt der Wind. Die Stimme klar, kühl, ohne jegliche Emotion. Die beiden Frauen sehen geradeaus die Platanenallee hinunter, wo zwei ABM-Gärtnerinnen Laub harken.

»Wir sind privatisiert worden ins Nichts.« Pause. »Wissen Sie. Ich weiß nicht, ob Sie lateinisch können. Privat! Wissen Sie, was das heißt? Nein? Das heißt: pri-vat! Pri-vare! Rauben! An sich bringen!« Pause. »Wir haben zwei Kriege durchgemacht. Das war schwer. Ich lebe seither nur mit einer Lunge. Und die SED – die haben mich überleben lassen. Das vergesse ich denen nicht. In diesem System, was wir nun bekommen haben, könnte ich nicht überlebt haben. Jetzt ist nichts mehr sicher. Wir hatten einen kleinen, bescheidenen Wohlstand. Jetzt haben wir nichts mehr.«

Ich schweige. Wind wieder und Bienen, betretene Pause. Die zweite Dame, die sich nun als – wie sie es ausdrückt – »Kutscher des Zahnarztes« zu erkennen gibt: »Ich hab' mal einen Taxibetrieb gehabt. Jetzt hat man mich in die Pleite getrieben.«

Die Frau des Zahnarztes, der inzwischen bitter schneeweiß schweigt, sagt noch: »Wir meinen nur, die Westler sind kolossal oberflächlich.« Ich schweige. Der Zahnarzt mit der halben Lunge und den zwei Frauen geht. Geht und steigt in einen dottergelben Mercedes 300 SEL und rollt beleidigt davon.

Die Wahl zwischen Pest und Cholera

KLAUS SCHLESINGER

Die Wahl zwischen der BRD und der DDR war mir schon immer vorgekommen wie die Wahl zwischen Pest und Cholera. Oder zwischen der luxuriösen und der gemütlichen Grube. Was soll ich für einen Grund haben, der einen nachzuweinen oder die andere zu feiern? In beiden Ländern ist es mir bekleckert genug gegangen, und ich sehe nicht ein, warum ich die paar Freuden, die ich natürlich auch hatte, den Systemen zuschlagen soll. Am besten ging es mir, wenn ich den beiden deutschen Staaten den Rücken kehrte, ob nun Richtung Krakow, Budapest oder Paris.

Es war natürlich nicht ohne Eindruck auf mich geblieben, als ich in das Land der Marktwirtschaft kam und sah, es funktionierte. Was es alles für Sachen zu kaufen gab, die ich vorher noch nie gesehen hatte und ohne die ich bis dahin ganz gut ausgekommen war. Das hat sich nun geändert.

Andererseits die Planökonomie – es ist tatsächlich ein Kunststück, die Wirtschaft so zu organisieren, daß es genau die Sache nicht gibt, die man gerade braucht. Was haben wir darüber für Witze gerissen! Ich denke, wir hatten auch eine Menge Spaß. Oder – ?

Das einzige, was mich im Moment herausfordern kann, ein paar Sätze über die verschwundene DDR zu verlieren, ist mein Trotz. Ich kann es einfach nicht mehr hören, wenn mir die geleckten Affen aus den talk-shows erklären wollen, *wie* ich dreißig Jahre lang gelebt habe und warum es sich *nicht* gelohnt hat. Einige von ihnen habe ich in der Zeit, als es noch 25 Westmark kostete, unser ärmliches Ländchen zu betreten, bei Lesungen in Frankfurt/Main, Bremen oder Rheda-Wiedenbrück kennengelernt. Die Ehrlicheren haben wenigstens zugegeben, daß sie die Sahara mehr interessiert als die DDR.

Jetzt wollen sie in Berlin den halben Osten abreißen. Zugegeben, er ist nicht besonders schön, aber verglichen mit dem Monstrum am Funkturm, das sie Kongreßzentrum nennen, ist der Palast der Republik, den ich zu DDR-Zeiten schon aus Protest nicht betreten habe, ein architektonischer Lichtblick. Und öder als An der Urania oder am Ernst-Reuter-Platz sieht es am Alexanderplatz auch nicht aus. Wir werden doch mal fragen dürfen, warum sie mit dem Abreißen nicht bei sich anfangen?

Von den Damen und Herren aus der Politik gar nicht erst zu reden! Die wären doch Achtundachtzig noch vor Stolz geplatzt, hätte ihnen der Dachdecker eine Audienz gewährt. Ich muß nur die Augen zumachen, dann sehe ich, wie sie sich vor den Kameras gespreizt und Bedeutung gemiemelt hätten. Ein Jahr später, als die Zeitungen gerade dabei waren, aus der Nazizeit und diesem komischen Sozialismus eine einzige braune Soße zu rühren, hatten sie nichts Besseres zu tun, als Honecker in den gleichen Knast zu stecken, in dem er schon unter Hitler saß. Nichts gegen einen Prozeß, z.B. wegen konterrevolutionärer Tätigkeit auf Regierungsebene. Leider waren es die Falschen, die hinterm Richtertisch saßen.

Jetzt schwärmen diese Leute über den Osten aus, kaufen ein Grundstück nach dem anderen, und wenn sie mal Zeit haben, die Augen aufzumachen, staunen sie: Ooch, guck mal, hier sind ja noch Alleebäume! Und sogar Störche! – Aber sie fragen sich nicht, warum diese schönen Vögel das freieste Deutschland, das es je gegeben hat, meiden wie der Teufel das Weihwasser? Und sie werden auch nicht eher ruhen, bis es im Osten genauso gefegt und häßlich und voller Parktaschen ist wie bei ihnen zu Hause. Wenigstens kennen diese Leute nicht, worüber sie reden, und wenn ich es mir recht überlege, ist mir diese Art Hochstapelei sogar ein bißchen sympathisch.

Das ist im Fall meiner konvertierten Landsleute ganz anders. Wenn ich sie so höre, habe ich den Eindruck, sie hätten schon gewußt, daß der Osten ein einziger Verlust sei, als sie bei den Jungpionieren noch »Kleine weiße Friedenstaube« gesungen haben. Mag sein, diese Anbiederei bringt ihnen drüben Lob und Preise, aber sie putzt einen kritischen Geist ganz bestimmt nicht. Manchmal kommt mir der Kaffee hoch, wenn ich einen, der noch im Leipziger Spätherbst 89 (oder war es schon Winter?) den Kommunismus mittels des lieben Gottes siegen lassen wollte, in der Saison darauf jammern höre, »die junge Demokratie« im Osten befände sich in Gefahr. Oder wenn eine, mit der ich noch Ende der Achtziger im Pankower Ratskeller ein gepökeltes, von ihr wärmstens empfohlenes Eisbein verzehrt habe, sich plötzlich vor den Fleischpaketen ihrer ehemaligen Mitbürger ekelt.

IDENTITÄT
Zwischen Antifaschismus und Trabi

Harald Hauswald: Choriner Straße, Berlin 1992

Probleme politischer Kultur

EBERHARD BRECHT

Für die Bevölkerung der verblichenen DDR – ebenso wie für die mittel- und südosteuropäischen Staaten – stellt sich der Gewinn an politischer Freiheit subjektiv als kultureller Totalverlust dar. 40 Jahre gelebt und gearbeitet, und am Ende ist kaum eine Leistung, kaum ein Ergebnis geblieben, auf die Selbstbewußtsein und Anerkennung gründen könnte. Wie aber soll eine Gesellschaft und die sie bildenden Menschen bestehen können und zukunftsträchtig sein, wenn ihnen die Vergangenheit abhanden gekommen ist oder nur in der reinen Negation existiert? Und der große Vorteil von uns Ostdeutschen, nämlich der funktionierenden gesellschaftlichen Struktur eines der reichsten Länder beitreten zu können, stellt sich unter soziopsychologischen Aspekten als schwerwiegender Nachteil heraus. Die normsetzenden Westdeutschen verlangen nicht nur die vollständige Übernahme ihrer Ordnung – zuweilen wird in den sogenannten neuen Bundesländern der häßliche Begriff der Kolonialisierung verwendet –, sondern halten in der Regel auch ihre Verfahren für die einzig richtigen. Unter diesen Strukturvorgaben sehen sich die Ostdeutschen einem Erwartungsdruck ausgesetzt, der von ihnen eine kaum leistbare Anpassung abverlangt.

Schnell entstehen paternalistische Obhutsverhältnisse der Westdeutschen zu den Ostdeutschen. Der Zustand, unter den Bedingungen eines weitgehenden Werte- und Identitätsverlustes in jeder Lebenslage unzureichendes Handeln vorgehalten zu bekommen, wird Lernprozesse eher verhindern und zunehmend Reaktionen ablehnender Passivität oder trotziger Konfrontation gegenüber den neuen Lebensumständen provozieren. Karl-Otto Hondrich spricht in diesem Zusammenhang von einer »Dominanzfalle«: Ob man die Deutschen im Osten ihre Niederlage ausbuchstabieren lasse, oder ihnen durch Hilfeleistungen ihre Unterlegenheit verdeutliche, alles sei gleich problematisch und verlange eine öffentliche Anerkennung der westdeutschen Vorherrschaft. Dadurch werden die psychosozialen Altlasten des entmündigenden SED-Staates zusätzlich vergrößert und schließlich das Zusammenwachsen von Ost und West erheblich erschwert.

Die DDR-Führung unternahm seit Ende der 60er Jahre immer wieder den Versuch, die Bevölkerung auf die Anerkennung einer DDR-Nation und DDR-Identität einzuschwören. Dies ist ihr glücklicherweise nur ansatzweise gelungen. Ohne diese von der SED vorgetragenen Kampagnen nachträglich legitimieren zu wollen, muß man wohl doch eine besondere DDR-geprägte Befindlichkeit der Ostdeutschen anerkennen. Die Kommunikationstheorie hat in der Tat so stark unterschiedliche Lebenswelten und damit auch Bewußtseinsprägungen in Ost und West nachgewiesen, daß man von der Existenz zweier politischer Kulturen ausgehen muß.

Ein beträchtlicher Teil der Westdeutschen löste sich schrittweise von autoritären Einstellungen und entwickelte postmaterielle Orientierungen wie Selbstentfaltung, individuelle Lebensstile, politische Freiheit, ökologische Erneuerung und soziale Technikgestaltung, die im Widerspruch stehen mit materiellen Werten wie Ordnung, Sicherheit, Wachstum, Einkommens- und Karriereerwartung sowie autoritärem Konservatismus. So gibt es in Deutschland-West einen gesellschaftlichen Dualismus von Werten.

Die Ostdeutschen hingegen gingen von der Nazi-Diktatur nahezu nahtlos in die kommunistische über. Durch den Faschismus-Begriff wurden sie pauschal von jeder Schuld an den nationalsozialistischen Verbrechen freigesprochen und sahen sich unter dem Diktat eines verordneten Antifaschismus nicht zur individuellen Trauerarbeit angehalten. So blieben autoritäre Verhaltensmuster ungebrochen bestehen und wurden von den kommunistischen Machthabern zur Formierung einer mit anderen Inhalten versehenen Gesellschaft benutzt. Diese Gesellschaft war – bis auf wenige Nischen – alles andere als postmateriell orientiert. Ihren Mangel an praktisch erlebbaren Werten kompensierte das SED-Regime mit der Vision einer vorrangig materiellen Bedürfnisbefriedigung, freilich ohne sie je erreicht zu haben.

Wie kann nun eine gemeinsame politische Kultur wachsen, wenn auf der einen Seite sich der Westen mehr zu postmateriellen, antiautoritären Orientierungen hinbewegt, während im Osten der Glaube an den technischen Modernisierungsprozeß und der berechtigte Wunsch nach Erhöhung des eigenen Lebensstandards ungebrochen ist?

Nicht-Identität als zentrale Erfahrung

FRIEDRICH DIECKMANN

Der Erfahrungsvorsprung der DDR-Bewohner [...] zeigt sich heute als der geschichtliche Vorsprung von Leuten, denen die Hinfälligkeit der Weltordnung auf drastische Weise vor Augen geführt worden ist. Sie stoßen auf die Einwohner einer Gesellschaft, die, trotz wohlgeübter kritischer Rede, davon entfernt ist, ihrer eigenen Hinfälligkeit innezuwerden, und manchmal ergehen sich gerade die in dem Bewußtsein allseitiger Überlegenheit, die die Brüchigkeit ihrer gesellschaftlichen Welt einst mit scharfer Analyse ins Licht setzten. Sie haben, was sie in ihrer Jugend wußten, auf dem langen und erfolgreichen Weg durch die Institutionen vergessen, verdrängt, beiseite gesetzt. Man hat dem tiefen Blick der frühen Jahre mit jener Resignation entsagt, die die Voraussetzung aller praktischen Veränderungsarbeit ist, und wieder einmal sind die Kinder der DDR, die Er- und Entwachsenen dieses wahrhaft fesselnden Landes, ein Stück weiter. Wieder wissen sie mehr, weil sie mehr erfahren haben, und wieder besteht keine Aussicht, daß der andere Teil sich das zunutze mache; der Lehrer kann nur die *eigene*, nun markant erweiterte Wirklichkeit sein.

1990 ging die rhetorische Frage durch das westliche Land, was die DDR einbringe in das größere Deutschland. Es ist nicht zuletzt die Erfahrung des Scheiterns, die das Land und seine Bewohner mitbringen – des Scheiterns einer gesellschaftlichen Ordnung, die sich selbst ihre allseitige Überlegenheit immer wieder zwingend nachgewiesen hatte. Eine solche Erfahrung ist ein Pfund, mit dem sich wuchern ließe; ebendies aber ist am wenigsten erwünscht. Der Einheitsschock sitzt im Westen viel zu tief, auch bei vielen Intellektuellen, als daß man von diesen Neubürgern, die geworden sind, was sie immer erhofften, nicht deutsche Bürger (das waren sie immer), sondern gesamtdeutsche Bürger, was auch die des Westens nicht waren, – als daß man von ihnen eine Erfahrung, wohl gar einen Rat annehmen würde.

Die zentrale Erfahrung des DDR-Bürgers war die Nicht-Identität. Er lebte in einer Welt, die mit den Prämissen ihrer Lenker und Konstrukteure nicht übereinstimmte, er lebte in dem auf allen gesellschaftlichen Ebenen erfahrbaren Widerspruch zwischen offizieller Bekundung und gesellschaftlicher Wirklichkeit; eine dritte Instanz war das abendliche Westfernsehen. Er lebte von Kindheit an in der Differenz; das erwies sich einerseits als bedrückend und andererseits als inspirierend, als eine Herausforderung.

Man kann nicht auf ewig der bleiben, für den man sich hält

GÜNTER KUNERT

Die DDR, man hat es gleich geahnt, kehrt gereinigt und gesäubert ins Bewußtsein zurück; ihr Gesicht hat sich merklich verändert und zeigt nicht mehr die Züge Mielkes oder Honeckers, sondern die freundliche Miene einer strengen, aber gerechten Erzieherin, die für ihre Kinder das Beste wollte, aber leider gescheitert ist, wenn auch nicht durch eigenes Verschulden: Diese Legende ist im Entstehen, ist zwangsläufig notwendig, um jene besagte »Identität« zu legitimieren. Denn würde man den ehemaligen Unrechtsstaat hundertprozentig verdammen, wäre es auch mit der »DDR-Identität« vorbei, die der Ressentiments bedarf, um existieren zu können. Aber sie ist, wie gesagt, selber nur Ressentiment und vor allem: Sentiment. Sie ist das plötzlich ins Positive umgekippte Relikt eines einst negativen Kollektivbewußtseins, das unter DDR »Der dumme Rest« verstand und sich selber in seiner niederdrückenden Gefangenschaft und als der letzte Dreck in der zivilisierten Welt: »Mit uns können sie's ja machen …« Und ohne den Zusammenbruch des Kommunismus in der Sowjetunion und die Grenzöffnung in Ungarn hätten sie's auch immer weiter gemacht, ohne je eine glaubhafte Gruppenidentität zu stiften, wie sie beispielsweise vom Mythos »Nation« produziert wird.

Heute erscheint jene »DDR-Identität« anachronistisch, da etwas konserviert werden soll, was den Zeitströmungen zuwiderläuft. Starrheit des Denkens, ja, Sturheit dürften die Folgen sein. Ich begreife die Verweigerung, die aus der Angst resultiert, unter veränderten Umständen auch das eigene Verhalten zu ändern. Nur: Man kann nicht auf ewig der bleiben, für den man sich hält. Erinnern wir uns doch an Herrn Keuner, der ziemlich erschrocken war, als ihm sein Gesprächspartner attestierte, er habe sich gar nicht verändert. Wir haben doch alle in und auch außerhalb der DDR jene Literatur gelesen – und nicht zuletzt Brechts Werke –, die die Veränderbarkeit des Menschen intendieren. Der Platz im Schmollwinkel ist kein erstrebenswerter Aufenthaltsort und auf Dauer ohnehin eine Einsiedelei. Es ist aber nicht die Zeit für Einsiedler, die ihre »Identität« hegen, während draußen vor ihrer Höhle der Rest des Planeten zugrundezugehen droht.

THOMAS ROSENLÖCHER

»Haben Sie eine DDR-Identität?« – »Ich war bei den Jungpionieren.« – »Wie bitte?« – »Nichts«, sagte ich.

Allein die Art der Erinnerung bewirkte Gedächtnisschwund. Und der plötzliche Zeitenwechsel kam einer Hirnwäsche gleich. Denn alles war anders geworden, vom Wetter abgesehen. Und auch das Wetter war anders, wenn alles anders war und es die Scheibenwischer auf den Autobahnen nur noch beiseitewischten. Rasch hatte die neuen Käsevielfalt den Einheitskäsegeschmack unauffindbar gemacht. Und das neue Toilettenpapier schon nach wenigen Metern den Schmirgelcharakter der Vorgängerrolle aus dem Gedächtnis geräumt. Ohne Dank übrigens, weil auch zur Dankbarkeit Erinnerung gehört.

Nicht, daß hier, was hart macht, gelobt werden soll. Doch wenigstens in einer Hinsicht ist dieser Staat einmalig gewesen: Durch die Lautlosigkeit, mit der er verschwand. Doch ist mit diesem Staat wirklich nur ein Staat untergegangen und nicht doch auch ein wenig von uns? Die Art, über die Straße zu gehen mit einem gewissen Nachschlampern im Schritt? Die Methode, Fahrrad zu fahren, als wäre, Taschengeschlenker am Lenker, die Konsumkaufhalle gar nicht das Ziel: Aufrecht, halb zurückgelehnt, bei jedem Pedaltritt rechts links auswärtsspähend, ob da wohl Landschaft vorrätig wäre? Um ernstlich abzusteigen, wenn ein Bekannter kam. Sollte, wie jetzt die Vordenker meinen, ein solches Fahrradverhalten tatsächlich einzig und allein dem Druck der Diktatur geschuldet gewesen sein? Wie habe ich mich denn verändert in den letzten Jahren? Bin ich wirklich schon freiheitlicher geworden? Oder nur neonbehauchter im Inneren meines Jacketts? Stringenter im Gesichtsausdruck? Windschutzscheibengeeigneter?

Anders Fahrrad fahre ich jedenfalls schon, wenn ich noch Fahrrad fahre. Und lasse mich auch nicht mehr von jedem überholen. Und Absteigen erübrigt sich, insofern kaum ein Bekannter mehr kommt. Und auch im Osten längst alle Auto fahren. Wie mögen wir erst aussehen, wenn wir uns einmal in zehn, fünfzehn Jahren auf einem Vorwendefoto betrachten? Werden die Ohren nicht durchscheinend sein vom Mangel an Blattsalat? Und die Gesichter kellerartig vom vielen Kohleholen? Und sonderbar flackrig der Blick vom Warten auf die Straßenbahn? Verloren, als wäre uns der Terminkalender soeben abhanden gekommen? Falls es Terminkalender damals schon gab; wer wird das dann noch so genau wissen.

Etwas Fünfzigerjahrehaftes werden wir haben. Etwas von Kurz-nach-dem-Krieg. Und unsere Enkel werden allmählich Honecker mit Hitler verwechseln. Und Hammer, Zirkel, Ehrenkranz für eine Art Hakenkreuz halten. Nein, mit der DDR ist nicht nur die DDR untergegangen. Sondern auch ihre, durch ihre produktions-verhindernde Art des Produzierens, zementierte Vormodernität.

Trabi-Ostalgie

PETER CARSTENS

Der Trabant war damals kein Auto mehr, sondern ein Zustand. Er beschrieb den Sozialismus wie er war: häßlich, lahm, rostanfällig und kaum zu heizen. Der bescheidene Erfolg der fünfziger Jahre war vergessen, Neuerungen beschränkten sich auf Details, etwa die Einführung einer Intervallschaltung für die Scheibenwischer (1975), Kopfstützen an den Vordersitzen beim Modell S de luxe (1983). Die Bremsen wurden verbessert, auch die Stoßdämpfer – der Spruch »ein Auto aus Pappe für Männer aus Stahl« blieb je-doch gültig. Wer als DDR-Bürger über eine der Transitautobah-nen knatterte – das waren Strecken, die auch Westeuropäer zur Durchreise benutzen durften –, den überholten immerzu größere, schnellere und schönere Westautos. Trotz der Beschränkung der Höchstgeschwindigkeit auf das Trabimaß – 100 Kilometer in der Stunde – hatten solche Begegnungen etwas Demütigendes. Die re-volutionäre Energie des Jahres 1989 ist möglicherweise auch vom Streben nach besseren Autos genährt worden. Freiheit, das war auch die Freiheit, sich einen Opel oder einen Mercedes kaufen zu dürfen. Die These wird von der Tatsache untermauert, daß sich vom Winter 1989 an in der DDR nichts so gut verkaufte wie ge-brauchte und neue Autos aus dem Westen.

Mit dem VEB Sachsenring ging es damals weiter bergab. Zwar errang der Trabi nun im Westen Ruhm als rollendes Symbol der

Freiheit, aber im Osten wollte ihn keiner mehr kaufen, zumal es den 11 000 Autobauern in Zwickau nicht gelingen konnte, sich den veränderten Bedingungen anzupassen. Zwar wurde die Motorhaube beim Modell 1.1 des Jahres 1990 aus Blech gefertigt und der alte Zweitakter von einem VW-Polo-Motor ersetzt, aber äußerlich blieb fast alles beim alten. Da half es auch nichts, daß die Zwickauer neben der Limousine und dem Kombi nun auch die Militärausführung, den Trabant-Kübel, als bonbonfarbenes Cabrio namens »Tramp« anboten. Der letzte von etwa drei Millionen Trabis verließ am 30. April 1991 die Fabrik. Danach rissen Bagger einen Teil der Werksgebäude nieder, in anderen arbeiten ausgegründete Unternehmen, einige Gebäude nutzt das Automobilmuseum August Horch. Zu ihm gehört auch eine Trabant-Ausstellung. Einige hundert der VEB-Mitarbeiter bauen im VW-Werk Mosel am Rande Zwickaus weiterhin Autos zusammen. Andere arbeiten bei der Sachsenring AG, einem Zulieferbetrieb, der vor kurzem an die Börse gegangen ist.

Seit dem Ende der Produktion hat der Trabi eine unerwartete Renaissance erlebt, die er einer DDR-Nostalgie verdankt und seinem inzwischen geringen Preis – man bekommt ihn schon für 500 Mark. Wartezeit gibt es auch nicht mehr. Außerdem können die meist jungen Besitzer ihm mit dem eigenen Schraubenschlüssel an den Zylinder gehen, und sie benötigen keine computergesteuerte Prüfstation, um den Vergaser einzustellen. Trabants fahren heute in Dresden, Leipzig und Rostock in schockierenden Aufmachungen herum, buntlackiert mit wilden Mustern, blau, grün oder rosa getönten Scheiben, Spoilern an allen Seiten, meterlangen Antennen und durch Aufkleber mit Liebeserklärungen (»Die Legende lebt«) verziert. In allen Bundesländern, selbst im Ausland, haben sich Klubs organisiert, die das ostdeutsche Brauchtum des Trabifahrens pflegen. Etwa 450 000 potentielle Mitgliederfahrzeuge sind noch zugelassen. In der Zeitschrift ›Super Trabi‹ wird regelmäßig berichtet, was waghalsige Menschen mit ihrem Plaste-Gefährt in fernen Ländern erleben – in Ausgabe 10/97 etwa berichtet Familie Kupke unter der Überschrift ›Die zweite Fahrt nach Afrika mit unserem 1.1.er Trabi‹. Dem Blatt beigefügt ist die Zeitschrift ›Du und Dein Trabant‹ mit Reparaturanweisungen. Trotz seiner lebensgefährlichen Unsicherheit – keine Knautschzone, kein ABS, kein Airbag – ist »die Pappe« beliebter als je zuvor, und ihre Ersatzteile sind fast so begehrt wie einst.

VERSTÄNDIGUNG
Notwendigkeit des steten Diskurses

Christoph Wetzel: Eine alltägliche Geschichte

Drei Formen gesellschaftlicher Integration

Jens Beckert/Wolfgang Vortkamp

Die Institutionen eines politischen Gemeinwesens können prinzipiell durch drei Formen der gesellschaftlichen Integration legitimiert werden: durch *ökonomische Integration*, die an die Bedingung des wirtschaftlichen Erfolges geknüpft ist, durch *kulturelle Integration*, deren Bedingung die Aufrechterhaltung der Identität durch die Abgrenzung des Gemeinwesens ist, oder durch *politische Integration*, die an die Voraussetzung der aktiven Partizipation der Bürger gebunden ist. Gemeint ist damit nicht, daß eine bestehende Gesellschaft nur durch einen der drei angeführten Integrationsmechanismen stabilisiert wird; so ist etwa gesellschaftliche Integration ohne kulturelle Identität nicht denkbar. Vielmehr werden Formen der Legitimation politischer Institutionen unterschieden, wobei die Legitimation durch jeweils eines der drei angeführten Muster der Integration dominiert wird. Fragt man nach den Grundlagen der Legitimation einer *demokratischen* politischen Ordnung, so ist lediglich die politische Integration unzweideutig. Die aktive Partizipation der Bürger an der Gestaltung der institutionellen Strukturen schließt bei gesicherten Grundrechten ein autoritäres oder totalitäres politisches Gemeinwesen aus.

Für die ökonomische und die kulturelle Integration gilt diese demokratische Eindeutigkeit nicht. Politische Strukturen, die den rechtlichen Rahmen des ökonomischen Systems bestimmen, können unabhängig von ihrem demokratischen oder autoritären Charakter durch wirtschaftlichen Erfolg rückwirkend bestätigt werden. Legitimiert wird dabei primär das ökonomische System, während die politischen Institutionen nur sekundäre Bestätigung finden. Die politische Integration findet vermittelt über den ökonomischen Erfolg statt.

Ebenso ist die Legitimation der politischen Institutionen durch kulturelle Integration nicht an deren demokratischen Charakter gebunden. Die Wahrung der nationalen kollektiven Identität wird, wie die Geschichte des Nationalismus zeigt, zur Legitimierung autoritärer Strukturen und Institutionen benutzt. Auch bei der kulturellen Integration handelt es sich um eine Form der vermittelten Legitimation politischer Institutionen.

Die überwiegend ökonomischen und kulturellen Formen der Legitimation politischer Institutionen unterscheiden sich insofern, als eine erfolgreiche ökonomische Integration zumindest in diesem Jahrhundert vornehmlich an demokratische Strukturen gebunden war, wohingegen die kulturelle Integration zumeist autoritäre politische Strukturen stützte.

Erfahrungsaustausch

STEFAN HEYM

Die Effizienz des Westens, seine demokratischen Formen und andere Qualitäten des Lebens dort, die zum Nutzen der Ostdeutschen zu übernehmen wären, liegen zutage. Aber umgekehrt? Gibt es nicht auch Erfahrungen aus dem Leben der früheren DDR, die für die gemeinsame Zukunft Deutschlands zu übernehmen sich ebenfalls lohnte? Der gesicherte Arbeitsplatz vielleicht? Die gesicherte berufliche Laufbahn? Das gesicherte Dach überm Kopf? Nicht umsonst protestieren ja zahllose Bürger und Bürgerinnen der Ex-DDR dagegen, daß die Errungenschaften und Leistungen ihres Lebens zu gering bewertet und kaum anerkannt oder gar allgemein genutzt werden.

Unterschätzen Sie doch bitte nicht ein Menschenleben, in dem trotz aller Beschränkungen, das Geld nicht das All-Entscheidende war, der Arbeitsplatz ein Anrecht von Mann und Frau gleichermaßen, die Wohnung bezahlbar, und das wichtigste Körperteil nicht der Ellenbogen.

Ich weiß sehr wohl, daß man Positives aus Ost und West nur schwer miteinander verquicken kann. Wir haben jedoch solange mit unterschiedlichen Lebensmaximen in unterschiedlichen Systemen gelebt – und überlebt! – daß wir jetzt auch fähig sein sollten, mit gegenseitiger Toleranz und gegenseitigem Verständnis unsere unterschiedlichen Gedanken in der Zukunft einander annähern.

ANDRZEJ SZCZYPIORSKI

Ich glaube, der Westen sollte die geistige Erfahrung des Ostens nicht unterschätzen, und danach ist es so, daß die Menschen einfach etwas anderes wollen, mehr wollen, daß sie es anders wollen und nicht so, wie all das ist, was ihnen aus dem Westen gegeben wird. Wenn die Deutschen in den neuen Ländern unzufrieden sind, dann nicht deshalb, weil sie immer noch weniger haben als die Menschen in den alten Ländern, sondern weil sie zusammen mit dem Untergang der DDR etwas verloren haben, was sie brauchten. Das gleiche verspüren die Menschen in den anderen postkommunistischen Ländern. Das ist nicht einfach eine Ablehnung des Kapitalismus und der Demokratie in ihrer heutigen Form, sondern man sieht im Osten – schärfer vielleicht als im Westen – die Unzulänglichkeiten des Kapitalismus und der Demokratie.

Die Menschen in Bremen haben sich an bestimmte Dinge und Zustände gewöhnt, die für sie selbstverständlich sind, während die Menschen in Rostock diese Dinge und Zustände unerträglich finden und sie nicht akzeptieren wollen – weder heute noch morgen. Vielleicht stehen wir also alle vor der Alternative, daß wir sagen, wir müssen den dummen und unreifen Osten einfach zwingen, bestimmte Regeln und Selbstverständlichkeiten anzuerkennen, oder daß wir sagen, der Osten ist gar nicht so dumm, wie wir dachten, dagegen sind die westlichen Regeln und Selbstverständlichkeiten anachronistisch, und deshalb muß in einer großen Anstrengung versucht werden, diese zu verändern und besser an die heutigen Bedürfnisse der Menschen anzupassen – im Osten wie im Westen. Die zweite Lösung ist wohl die sinnvollere, denn wir können kaum so tun, als wären im Westen alle zufrieden und als garantiere das, was im Westen passiert, eine harmonische Vervollkommnung der Menschen in der Gemeinschaft.

Das Zusammenwachsen wird kommen

HELMUT SCHMIDT

Ich halte es mit Willy Brandt. Ich hoffe nicht nur, sondern ich bin gewiß: Es wird tatsächlich zusammenwachsen, was zusammengehört!

Freilich wird das Zusammenwachsen viel länger dauern als nur ein paar Jahre, vielleicht wird die gegenseitige seelische Reintegration beider Teile des Volkes sogar zwei Generationen in Anspruch nehmen. In Amerika hat die Reintegration des Nordens und der Südstaaten nach dem Bürgerkrieg Mitte des 19. Jahrhunderts sogar noch länger gedauert. Wir können diesen Prozeß durch kluges und einfühlsames Verhalten von beiden Seiten verkürzen. Wir können die Verschmelzung zu *einem* Volk durch weitere schwere Fehler und Versäumnisse allerdings auch erheblich verzögern. Aber wir würden vor der deutschen Geschichte nicht bestehen, wenn wir uns nicht mit Mühe und Fleiß und mit ganzem Herzen dieser Aufgabe zuwendeten.

Eine der notwendigen Voraussetzungen ist gegenseitige Einfühlung. Die Westdeutschen müssen verstehen: Zwei Drittel aller heute in den östlichen Ländern lebenden Deutschen sind nach 1949 geboren, in der DDR aufgewachsen und von ihr geprägt. Die DDR war ihr Zuhause, die Bundesrepublik war seit 1961 für die allermeisten unerreichbar weit weg. Man hatte Arbeit, man hatte genug zu essen und zu trinken; der Lebensstandard stieg, und er lag erlebbar höher als in anderen sozialistischen Staaten, denn die eigene wirtschaftliche Leistung überragte die in den anderen sozialistischen Ländern. Darauf durfte man stolz sein – und man war auch stolz darauf; man war ebenso stolz auf die internationalen Erfolge der eigenen Sportler. Gewiß waren die durch Junge Pioniere, FDJ und Betriebsgruppen oktroyierte Disziplin und Ideologie vielen Menschen lästig, ebenso der ewig erneuerte Kampf – Klassenkampf, Kampf gegen den Kapitalismus, Kampf gegen Faschismus und so weiter –, aber man war in diesem ideologischen Milieu aufgewachsen und kannte kein anderes.

Nur wenige DDR-Bürger des Jahres 1989 haben die Jahre vor dem Krieg bewußt erlebt, noch sehr viel weniger die Jahre der Weimarer Republik; selbst wer das Wendejahr 1989 als Siebzigjähriger erlebte, ist 1933 als Vierzehnjähriger noch nicht alt genug gewesen, um eigene Anschauungen über das Leben in einer demokratischen Gesellschaft gewinnen zu können. Wenn man sich an die von der SED geschaffenen Umstände angepaßt oder sich in seine private Nische zurückgezogen hatte, konnte man durchaus privates Glück erleben, genau wie ein Westdeutscher in Sindelfingen oder in Bremen.

Es ist oft nur ein glücklicher Zufall, wenn Menschen, die in einer Diktatur aufgewachsen sind, erkennen, was im Grunde faul ist an einer Gesellschaft und was statt dessen eigentlich sein sollte. Wenn 1939, nach nur sechseinhalb Jahren Diktatur, Millionen deutscher Soldaten nicht nur aus Zwang, sondern auch innerlich bereit und willig waren – und fünf Jahre lang willig blieben –, Krieg gegen andere Völker zu führen, woher nimmt dann heute ein Teil der Westdeutschen die Dreistigkeit, die ostdeutschen Landsleute ihrer Anpassung wegen zu schelten? Die durch Gehirnwäsche und jahrzehntelange Indoktrination der Kommunisten, durch die FDJ und die Bildungs- und Ausbildungssysteme der DDR gegangenen Generationen hatten es nach all den Jahrzehnten schwerer, sich eigene Vorstellungen zu bilden über das, was sein soll und was möglich ist, als meine eigene Generation während Hitlers Weltkrieg. Und jetzt wollen Westdeutsche ihren ostdeutschen Landsleuten Duckmäuserei vorwerfen?

Die Westdeutschen müssen schließlich auch die Nostalgie verstehen, die etwas sehnsüchtige Erinnerung vieler Ostdeutscher an die Zeiten, da ihr volkseigener Betrieb gut lief, da sie keine Angst haben mußten vor Arbeitslosigkeit, vor Privatisierung ihrer Wohnung, vor Mietensteigerung und vor »Abwicklungen« aller Art. Dazu gehört auch die wehmütige Erinnerung an die vielfältige menschliche Hilfe, die in Zeiten der DDR selbstverständlich war und die Geborgenheit und Solidarität vermittelte. Nachzufühlen ist auch die Wehmut jener meist jungen Menschen, die durch ihre Montagsdemonstrationen in Leipzig oder durch ihre Manifestationen in der Gethsemane-Kirche in Berlin gehofft hatten, eine grundlegende Wende zum Besseren herbeizuführen, und die jetzt überrascht und enttäuscht erleben, wieviel Zeit und wie viele Opfer die Wende von den Ostdeutschen verlangt.

Aber auch die Ostdeutschen müssen versuchen, die Gefühle der Westdeutschen zu verstehen. Im Westen war man ja doch ebenso begeistert, als das Brandenburger Tor geöffnet wurde und die Mauer fiel. Niemals fühlte man sich einander näher als damals. Man wäre damals auch zu großen materiellen Opfern für diese Wende durchaus bereit gewesen. Aber dann sagte die Regierung: Nein, weder Opfer noch Steuererhöhungen sind nötig, der Markt schafft das ganz allein. Heute leiden die Westdeutschen unter realen Einkommenseinbußen – wie seit langer Zeit nicht mehr – und unter Arbeitslosigkeit. Sie geben die Schuld dafür nicht so sehr – wie es manchen Ostdeutschen erscheint – den ostdeutschen Landsleuten als vielmehr der Regierung in Bonn und der ganzen politischen Klasse – und sogar mit Recht.

Auch die Westdeutschen wurden von der Regierung zu schöngefärbten Illusionen verführt, jetzt müssen sie mühsam lernen, daß die vereinigte Bundesrepublik unter einer Reihe von ökonomischen Kriterien innerhalb der EG auf den neunten oder zehnten Platz zurückgefallen ist, daß dies auf längere Zeit so bleiben wird und daß sie für die nächsten Jahre keine realen Zuwächse ihres Lebensstandards erhoffen können. Viele Westdeutsche haben auch geglaubt, der Zusammenbruch der ostdeutschen Industrie sei ausschließlich die Folge kommunistischer Mißwirtschaft. Dieser Zusammenbruch ist jedoch zum Teil eine unvermeidliche Folge der Öffnung der Grenzen beziehungsweise eine Folge des Zusammenbruchs der Sowjetunion und des RGW, zum Teil eine

Folge der Kardinalfehler, welche die Regierungen in Ost-Berlin, vornehmlich aber die Regierung in Bonn im Zuge der Vereinigung gemacht haben.

Die Ostdeutschen müssen zuletzt auch wissen, daß die große Mehrheit der westdeutschen Landsleute ihre Rechts-, Wirtschafts- und Sozialordnung niemals als Inkarnation des Kapitalismus angesehen hat, sondern vielmehr als eine Verbindung rechtsstaatlich-demokratischer Grundordnung mit Marktwirtschaft und einem breitgefächerten System sozialer Sicherheit. Manche Westdeutsche fühlen sich beleidigt, wenn man ihre Lebenswelt als Kapitalismus bezeichnet – ich selbst übrigens auch.

Innere Einheit und Wandel

WOLFGANG THIERSE

Es erfüllt mich mit großer Bewegung, heute von Ihnen zum Parlamentspräsidenten gewählt worden zu sein. Daß ein ehemaliger Bürger der überwundenen DDR dieses Amt übertragen bekommt, ist dabei wohl mehr als eine Geste, es ist durchaus ein historisches Datum: Das ist keine unbescheidene Behauptung, denn sie meint ja nicht mich, sondern gilt dem eigentlichen Vorgang: Zum ersten Mal wurde ein Ostdeutscher in eines der hohen Ämter der gemeinsamen Republik gewählt – 8 Jahre nach der staatlichen Vereinigung ein Akt demokratischer Normalisierung in den immer noch nicht ganz konflikt- und vorurteilsfreien ost-west-deutschen Verhältnissen, ein Schritt im Prozeß, den innere Vereinigung zu nennen wir uns angewöhnt haben. Dabei empfinde ich mich in einem gänzlich uneitlen Sinne als Stellvertreter, als Repräsentant meiner ostdeutschen Mitbürgerinnen und Mitbürger: Ich bin weder mein Leben lang ein Widerstandskämpfer gegen die SED-Herrschaft gewesen, noch habe ich mich jemals mit dieser Herrschaft identifizieren können oder wollen. Darin stehe ich für vermutlich eine große Mehrheit meiner

Landsleute in den ostdeutschen Ländern. Es gab das wirklich – das richtige Leben im falschen System. Und es bleibt weiterhin notwendig, was ich seit acht Jahren als »politischer Wanderprediger« einfordere: nämlich einen Unterschied zu machen zwischen dem Urteil über das gescheiterte System und dem Urteil über die Menschen, die in ihm gelebt haben, leben mußten und die nicht alle gescheitert sind, gescheitert sein dürfen! Wenn die vielbeschworene innere Einheit wirklich gelingen soll, dann setzt sie jene Gleichberechtigung voraus, die erst durch die Anerkennung von Unterschieden ermöglicht wird, durch den Respekt vor andersartigen Biographien. Dieser deutsch-deutsche Diskurs, der Vergangenheit und Gegenwart einschließt, ist noch lange nicht an sein Ende gekommen. Und in ihm wird auch von Enttäuschungen die Rede sein müssen.

Wie viele andere Ostdeutsche habe ich auf die deutsche Einheit gehofft, solange ich politisch denke. Diese Hoffnung war aber – ganz und gar nicht nationalistisch – die Hoffnung auf Freiheit und Demokratie. Ostdeutschland hat in den letzten 8 Jahren einen Wandlungsprozeß durchlaufen, dessen Dramatik für die Menschen durch die Wörter »Transformation« oder »Umbruch« nicht auf den Begriff gebracht werden kann.

Nachdem wir die sich plötzlich bietende Chance zu Freiheit und Einheit entschlossen wahrgenommen haben, verursachen die Probleme der Einheit – die Probleme, die wir uns immer gewünscht haben, wie Egon Bahr einmal gesagt hat –, erzeugen die Erschütterungen und Enttäuschungen des Einigungsprozesses tiefe Zweifel an der Demokratie selbst, an den Problemlösungsfähigkeiten demokratischer Politik. Allerdings: Ich habe in den letzten Wochen auch erlebt, wie die Erfahrung, daß der Wechsel zwischen Regierung und Opposition nicht nur theoretisch, sonder ganz konkret möglich ist, viele dieser Zweifel verringert hat.

Und ich darf von dieser Stelle aus gewiß die Vermutung äußern, daß auch die respektvolle Art, wie die Parteien in dieser Situation miteinander umgegangen sind, daß die unaufgeregte, fast unspektakuläre Weise des demokratischen Machtwechsels beispielhaft ist für das, was altmodisch und doch so zutreffend »Gemeinsamkeit der Demokraten« genannt wird – ein überzeugender Ausweis entwickelter und gefestigter demokratischer Kultur Deutschlands!

Bonn ist eben nicht Weimar geworden und Berlin wird es, dessen bin ich gewiß, auch nicht werden! [...]

Im nächsten Jahr nun wird der 14. Deutsche Bundestag den großen Schritt tun und seinen Sitz in die alte Hauptstadt und neue Bundeshauptstadt Berlin verlegen. Ich freue mich darauf, weil es eine Konsequenz aus der wiedergewonnenen Einheit ist. Die Verlegung des Parlamentsitzes nach Berlin, wo sich das Parlaments- und Regierungsviertel über die ehemalige Sektorengrenze, über die ehemalige Mauer, dieses absurde und tödliche Monument der Teilung hinweg wie eine Klammer spannen wird, ist ein Teil der Verwirklichung des Wunsches von Willy Brandt: daß zusammenwächst, was zusammengehört. Mir erscheint Berlin als eine Chance für das Parlament wie für die Bundesregierung. Wir können sie nutzen, indem wir uns öffnen für die pluralistische, vielfältige Kultur in dieser Stadt. [...]

In Deutschland erleben wir zur Zeit, wie sehr diese eine Welt in den Zeiten der Globalisierung zusammenwächst. Nicht nur an den Börsen haben die Turbulenzen einer von Asien und Rußland ausgehenden Währungs- und Finanzkrise auch unsere ökonomische und soziale Lebenswirklichkeit erreicht. Mehr denn je stehen wir vor der Aufgabe, unsere politischen und wirtschaftlichen Aktivitäten mit unseren europäischen Nachbarn abzustimmen und auf diesem Wege den mit Maastricht begonnenen Weg der europäischen Einigung zu vollenden. Die gemeinsame europäische Währung wird unweigerlich – und ich begrüße das – unseren Alltag verändern, jeden einzelnen bewußt »europäisieren«.

Der Übergang von einer klassischen Industriegesellschaft in eine Dienstleistungs- und Mediengesellschaft, das unbewältigte Problem der Massenarbeitslosigkeit, die daran geknüpften unabweisbaren Umbauerfordernisse für unsere sozialen Sicherungssysteme – all dies markiert Herausforderungen, die auch in nationalem Maßstab nach neuen, innovativen, unkonventionellen Lösungen geradezu schreien. Die Anworten der Politik sind im Zeichen weltweiter Interdependenzen sicher nicht einfacher geworden. Aber die Menschen in unserem Land erwarten doch mit Recht von uns, dem von ihnen gewählten demokratischen Parlament, daß wir uns dieser Herausforderung ernsthaft annehmen!

Die Politik muß gerade in einer Zeit beschleunigten Wandels und auseinanderdriftender gesellschaftlicher Interessen ihre Gestaltungskraft beweisen – sonst nimmt der Politikverdruß wieder zu, der wiederum Nährboden des Rechtsextremismus ist.

Daß Menschen auf Veränderungsdruck auch mit Ängsten, mit Abwehr, mit Ausgrenzungsversuchen reagieren, muß uns nicht wundern. Es liegt aber an der Überzeugungskraft demokratischer Politik, ob solcherart Mechanismen unser gesellschaftliches Zusammenleben dominieren. Bei Jürgen Habermas ist zu lesen:

»Der beschleunigte Wandel moderner Gesellschaften sprengt alle stationären Lebensformen. Kulturen bleiben nur am Leben, wenn sie aus Kritik und Sezession die Kraft zur Selbsttransformation ziehen. Rechtliche Garantien können sich immer nur darauf stützen, daß jeder in seinem kulturellen Milieu die Möglichkeit behält, diese Kraft zu regenerieren. Und diese wiederum erwächst nicht nur aus der Abgrenzung von, sondern mindestens ebenso sehr aus dem Austausch mit Fremden und Fremdem.«

QUELLENVERZEICHNIS

S. 11:   *Praxis Geschichte*, Heft 4/1993, S. 11.

S. 14:   Michail Gorbatschow: *Die Welt der Zukunft und der Sozialismus. In: Die Neue Gesellschaft/Frankfurter Hefte, Sonderheft 1/1990, S. 10 f.*

S. 15:   Hans-Peter Krüger: *Eine Krake im Kampf mit sich selbst. War die DDR der siebziger und achtziger Jahre noch ein totalitärer Staat? In: Frankfurter Allgemeine Zeitung, 13.6.1991, S. 35.*

S. 16:   Rolf Schneider: *Rote Rüben, Schwarze Schafe. Die DDR hat sich aufgelöst. In: Zeit-Magazin, Jhg. 1990.*

S. 17:   Birk Meinhardt: *Genosse Walter hat bestimmt ein Ohr dafür. Der unfreiwillige Dialog mit einer unzufriedenen Bevölkerung – Wie Bürger der DDR sich in Beschwerdebriefen Luft machten. In: Süddeutsche Zeitung, 28.12.1997.*

S. 17:   Christoph Dieckmann: *Das wahre Leben im falschen. Geschichten von ostdeutscher Identität.* © Ch. Links Verlag, Berlin 1998.

S. 20:   Klaus Schroeder, *unter Mitarbeit von* Steffen Alisch: *Der SED-Staat. Partei, Staat und Gesellschaft 1949–1990.* © Hanser Verlag, München 1998, S. 293 f., 297 f., 303 f., 308, 316 ff.

S. 22:   Lothar Fritze: *Dem Leben eine Wende geben, dem faden Trott entrinnen. Oder: Noch einmal ganz neu anfangen. Über die Motive der Bürger der DDR zur Ausreise. In: Frankfurter Rundschau, 21.5.1990, S. .8.*

S. 23:   Erich Loest: *Nikolaikirche. Roman.* © Linden Verlag, Leipzig 1995, S. 448 f.

S. 24:   Cathrin Kahlweit: *DDR-Flüchtlinge in Ungarn. Der Massenaufbruch in den Westen. In: Süddeutsche Zeitung, 12.9.1989, S. 3.*

S. 26:   Eckhard Jesse/Armin Mitter (Hrsg.): *Die Gestaltung der deutschen Einheit. Geschichte – Politik – Gesellschaft.* Bundeszentrale für politische Bildung, Bonn 1992, S. 108.

S. 27:   Joachim Gauck *antwortet auf die Kritik an seiner Person und seiner Behörde: Über die Würde der Unterdrückten. Die Stasi-Akten-Debatte. In: Frankfurter Allgemeine Zeitung, 27.6.1992, S. 29.*

S. 28:   Hans-Joachim Maaz: *Der Gefühlsstau. Ein Psychogramm der DDR.* © Argon Verlag, Berlin 1990, S. 145.

S. 29:   Thomas Schmid: *Staatsbegräbnis. Von ziviler Gesellschaft.* © Rotbuch Verlag, Berlin 1990, S. 35.

S. 30:   Bernd Wagner: *Paradies. Roman.* © Ullstein Verlag, Berlin 1997, S. 134 ff.

S. 32:   Gerhart Maier: *Die Wende in der DDR. Hrsg. von der Bundeszentrale für politische Bildung, Bonn 1991, S. 23.*

S. 33:   Hans Becker/Sophinette Becker: *Von der ersten zur zweiten und jetzt zur dritten Schuld. Die Wiedervereinigung bringt nicht nur frühere Größe zurück, sie fügt auch die NS-Schuld wieder zusammen. In: Frankfurter Rundschau, 9.11.1990, S. 8.*

S. 36:   Frank-Wolf Matthies: *Gedicht von Konsequenz & Nutzen.* In: *Joachim-Rü-diger Groth (Hrsg.): Literatur im Widerspruch. Gedichte und Prosa aus 40 Jahren DDR. Köln 1993, S. 189.*

S. 36:   Cordt Schnibben: *Genosse, schlagen die uns tot? Wie Erich Honecker und sein Politbüro die Konterrevolution erlebten. In: Der Spiegel, Nr. 18/1990, S. 196 ff.*

S. 38:   Hermann Glaser: *Deutsche Kultur 1945–2000.* © Hanser Verlag, München, Wien 1997, S. 429.

S. 38:   Irene Dische: *Der zehnte Tag. In: Kursbogen zum Kursbuch Nr. 111/1993.*

S. 40:   Uwe Wesel: *Recht und schlecht. Über die Schwierigkeiten des Rechtsstaats mit einem Prozeß gegen Erich Honecker. In: Kursbuch, Nr. 111, Februar 1993, S. 180.*

S. 42:   *Über die Öffnung der DDR-Grenzen und die Reaktionen darauf berichten aus Berlin* Albrecht Hinze, Cathrin Kahlweit *und* Wilhelm Schmid. *In: Süddeutsche Zeitung, 11./12.11.1989, S. 3.*

S. 43:   Friedrich Dieckmann: *Friedensfeier. In: Merkur, Heft 1/1990, S. 3 f.*

S. 44:   *Deutschland am 9. November 1989: Gedanken, Gefühle, Szenen aus Ost und West. In: Frankfurter Allgemeine Zeitung, 11.11.1989, S. 28, 27.* Walter Momper: *Wir sind das glücklichste Volk. In: Der Spiegel. Dokument Nr. 3, Oktober 1990, S. 3.*

S. 45:   Patrick Süskind: *Deutschland, eine Midlife-crisis. In: Der Spiegel, 17. Sept. 1990.*

S. 47:   Thomas Brussig: *Helden wie wir. Roman.* © Verlag Volk und Welt, Berlin 1995, S. 314 ff.

S. 50:   Peter Schneider: *Extreme Mittellage. Eine Reise durch das deutsche Natio-nalgefühl.* © Rowohlt Verlag, Reinbek bei Hamburg 1990, S. 13.

S. 51:   Harald Hartung: *In der Nähe der Glienicker Brücke. In: Karl Otto Conrady (Hrsg.): Das große deutsche Gedichtbuch von 1500 bis zur Gegenwart. München, Zürich 1992, S. 797.*

S. 51:   Klaus Schlesinger: *Von der Schwierigkeit, Westler zu werden.* © Aufbau Verlag, Berlin 1998, S. 14 f., 17 ff.

S. 56:   Peter Bender: *Ein Magnet, stärker als die Macht. Was in den alten Deutsch-landplänen reine Utopie blieb, wird jetzt von der Wirklichkeit überholt. Die deutsche Einheit kommt nicht als Tat, sondern als Ereignis. In: Die Zeit, 9.2.1990, S. 3.*

S. 57:   Lutz Rathenow: *Der Westen in uns. Der Erfolg von PDS und DVU sind Aus-druck einer verdrängten DDR-Wirklichkeit. Wer den Osten verstehen will, muß aber dazulernen. In: Rheinischer Merkur, 29.5.1998.*

S. 58:   Udo Tietz: *Das Volk – ein Volk – kein Volk. In: Kursbuch, Nr. 117/September 1994, S. 102 f.*

S. 59:   *Appell von einigen Schriftstellern und Künstlern der DDR vom 26.11.1989: Für unser Land. In: Neues Deutschland, 28.11.1989.*

S. 60:   *Leipziger Volkszeitung, 17.12.1989.*

S. 61:   Konrad Weiß: *Bürgerbewegung als Erinnerungsverein des Deutschen Herb-*

254

stes? Die deutsche Einheit und das Dilemma der DDR-Menschenrechtsgruppen. Ein Blick zurück und nach vorn. In: Frankfurter Rundschau, 2./3.10.1990, S. 26.

S. 62: Friedrich Dieckmann: *Unser Leben in der Utopie. Von der Niederlage der Projekte zum Prozeß der Vermittlung. In: Merkur, Heft 1/1993, S. 27.*

S. 63: Volker Braun: *Das Eigentum. In: Karl Otto Conrady (Hrsg.): Das große deutsche Gedichtbuch von 1500 bis zur Gegenwart. München, Zürich 1992, S. 857.*

S. 66: Ludger Kühnhardt: *Umbruch Wende Revolution. Deutungsmuster des deutschen Herbstes 1989. In: Aus Politik und Zeitgeschichte. Beilage zur Wochenzeitung Das Parlament, 26.9.1997, S. 13.*

S. 67: Timothy Garton Ash: *Das Jahr, in dem die Freiheit kam. Die neue Bundesrepublik: eine Macht in der Mitte Europas. In: Die Zeit, 7.12.1990, S. 12.*

S. 68: Günter de Bruyn: *Vierzig Jahre. Ein Lebensbericht. © S. Fischer Verlag, Frankfurt am Main 1996, S. 260 f.*

S. 69: Martin Walser: *Über Deutschland reden. © Suhrkamp Verlag, Frankfurt am Main 1989, S. 115, 126.*

S. 69: *Deutschland am 9. November 1989: Gedanken, Gefühle, Szenen aus Ost und West. In: Frankfurter Allgemeine Zeitung, 11.11.1989, S. 27.*

S. 70: Heinz Czechowski: *Die überstandene Wende. In: Karl Otto Conrady (Hrsg.): Das große deutsche Gedichtbuch von 1500 bis zur Gegenwart. München, Zürich 1992, S. 778.*

S. 73: Friedrich Dieckmann: *Glockenläuten und offene Fragen. Berichte und Diagnosen aus dem anderen Deutschland. © Suhrkamp Verlag, Frankfurt am Main 1991, S. 148 ff.*

S. 76: Günter Grass: *Kurze Rede eines vaterlandslosen Gesellen. In: Essays und Reden. Bd. III, S. 230-234. © Steidl Verlag, Göttingen 1997.*

S. 78: Marion Dönhoff/Meinhard Miegel/Wilhelm Nölling u.a.: *Ein Manifest. Weil das Land sich ändern muß. © Rowohlt Verlag, Reinbek bei Hamburg 1993, S. 84 ff.*

S. 82: Dieter Korger: *Einigungsprozeß. In: Werner Weidenfeld/Karl-Rudolf Korte (Hrsg.): Handbuch zur deutschen Einheit. © Campus Verlag, Frankfurt am Main/New York 1993, S. 243 ff.*

S. 86: *Kritische Äußerungen von SED-Mitgliedern. In: Der Spiegel, 13.11.1989.*

S. 87: Gerd Roellecke: *Abgründe der Verfassungsdiskussion. In: Universitas, Nr. 602/1996, S. 773ff.*

S. 88: Josef Isensee: *Wenn im Streit über den Weg das Ziel verlorengeht. Ein schonsamer Beitritt der DDR ist der sicherste Weg zur Einheit. In: Frankfurter Allgemeine Zeitung, 12.4.1990, S. 14.*

S. 89: Lothar de Maizière: *Rede anläßlich der Unterzeichnung des Einigungsvertrages am 31.8.1990. In: Der Spiegel. Dokument Nr. 5/Dezember 1990, S. 5 f.*

S. 94:   Stefan Brauburger: *Der außenpolitische Weg zur Einheit.* In: *Werner Weidenfeld/Karl-Rudolf Korte (Hrsg.): Handbuch zur deutschen Einheit.* © *Campus Verlag, Frankfurt am Main/New York 1993, S. 137 f.*

S. 95:   Michail Gorbatschow: *Die Einheit war eine Sache der Deutschen. Moskau und die Ereignisse nach dem November 1989.* In: *Frankfurter Allgemeine Zeitung, 17.3.1998, S. 9.*

S. 97:   Werner Weidenfeld/Peter M. Wagner: *Zirkus mit mehreren Manegen oder: Wechselbäder der Gefühle. Das Ostberliner »Zwei-plus-vier«-Außenministertreffen vom 22. Juni 1990.* In: *Frankfurter Rundschau, 22.6.1998, S. 13.*

S. 98:   Hans-Dietrich Genscher: *Erinnerungen.* © *Siedler Verlag, Berlin 1995, S. 836 f.*

S. 100: Lothar Baier: *Volk ohne Zeit. Essay über das eilige Vaterland.* © *Verlag Klaus Wagenbach, Berlin 1990, S. 101 ff.*

S. 102: Hans-Dietrich Genscher: *Erinnerungen.* © *Siedler Verlag, Berlin 1995, S. 887 f.*

S. 104: Peter Bender: *Stolperstein und Klammer – Berlin in der deutschen Nachkriegsgeschichte.* In: *Deutscher Werkbund e.V. (Hrsg.): Von der Bonner zur Berliner Republik: Öffentlichkeit und öffentlicher Raum in Berlin. Berlin 1998, S. 105.*

S. 104: Thomas Schmid: *Berlin: Der Kapitale Irrtum. Argumente für ein föderalistisches Deutschland.* © *Eichborn Verlag, Frankfurt am Main 1991, S. 97 f.*

S. 106: Johannes Willms: *Frohbotschaft vom Neuen. Berliner Republik: Eine Begriffshülse muß gefüllt werden.* In: *Süddeutsche Zeitung, 6.11.1998, S. 17.*

S. 108: *Regierungserklärung des Bundeskanzlers Gerhard Schröder am 10.11.1998.* In: *Frankfurter Allgemeine Zeitung, 11.11.1998.*

S. 110: Gerald Zschorsch: *Null Uhr.* In: *Joachim-Rüdiger Groth (Hrsg.): Literatur im Widerspruch. Gedichte und Prosa aus 40 Jahren DDR. Köln 1993, S. 190.*

S. 110: Rolf Schneider: *Das Schweigen der Schafe. Über den ostdeutschen Kulturbetrieb.* In: *Hermann Glaser (Hrsg.): Was bleibt – was wird. Der kulturelle Umbruch in den neuen Bundesländern. InterNationes, Bonn 1994, S. 60 f.*

S. 111: Jens Reich: *Rückkehr nach Europa. Bericht zur neuen Lage der deutschen Nation.* © *Hanser Verlag, München 1991, S. 265 ff.*

S. 113: Bärbel Bohley: *Der fatale Opportunismus des Westens. Deutsche Lebenslügen: Eine Antwort auf Antje Vollmers offenen Brief.* In: *Frankfurter Allgemeine Zeitung, 14.3.1992.*

S. 114: Christa Wolf: *Was bleibt. Erzählung.* © *Luchterhand Literaturverlag, München 1993, S. 107 f.*

S. 114: *Christa Wolfs Antwort an Efim Etkind. Ein Briefwechsel über Observation, Lüge, Angst und andere Erbschaften der DDR.* In: *Frankfurter Allgemeine Zeitung, 3.2.1993, S. 31.*

S. 116: *Die Zeugen leben noch. Ein Brief von* Klaus Poche *an Günter de Bruyn.* In: *Die Zeit, 10.4.1992.*

S. 117: Bazon Brock: *Eine zweite Dolchstoßlegende. Oder Das Selbstmitleid der*

DDR-Kulturbonzen. Die Nutznießer des SED-Regimes geben sich heute als Opfer der Geschichte aus. In: Pan, S. 96.

S. 118: Wolfgang Thierse: Über die dramatische Wehrlosigkeit der »Ossi«-Kultur und das unüberhörbare Schweigen im politischen Dialog. In: Frankfurter Rundschau, 27.2.1991, S. 30.

S. 121: Wolfgang Emmerich: Kleine Literaturgeschichte der DDR. © Gustav Kiepenheuer Verlag, Leipzig 1996, S. 507 f.

S. 123: Willi Sitte: Für die DDR bin ich mehrfach gestorben. In: Süddeutsche Zeitung, 16.7.1990.

S. 124: Eberhard Roters: Über DDR-Kunst. In: Die Zeit, 31.8.1990, S. 57.

S. 125: Wolfgang Mattheuer: Die Schlacht der Vorurteile. Zum Streit zwischen deutsch-deutschen Künstlern. In: Frankfurter Allgemeine Zeitung, 17.10.1990.

S. 125: Walter Grasskamp: Die unästhetische Demokratie. Zusammenwachsen wird auch, was nicht zusammengehört. In: Die Zeit, 28.9.1990, S. 71.

S. 126: Werner Tübke: Über DDR-Kunst. In: Die Zeit, 31.8.1990, S. 57.

S. 127: Peter Sager: Bilder einer Baustelle. Zur Ausstellung in Berlin »Deutschlandbilder – Kunst aus einem geteilten Land«. In: Zeit-Magazin, 29.8.1997, S. 27.

S. 128: Eduard Beaucamp: Streit der Schneckenhäuser. Ostkunst – Westkunst: Mißverständnisse und ein Dauergeplänkel. In: Frankfurter Allgemeine Zeitung, 24.7.1991.

S. 132: Yaak Karsunke: Fünf sarkastische Sonette. In: Kursbuch, Nr. 109/September 1992, S. 98.

S. 132: Hans-Joachim Maaz: Der Gefühlsstau. Ein Psychogramm der DDR. © Argon Verlag, Berlin 1990, S. 14 f.

S. 133: Friedrich Schorlemmer: Versöhnung heißt nicht: »Schwamm drüber.« In: Marion Dönhoff/Peter Bender/Friedrich Dieckmann/Friedrich Schorlemmer u.a.: Ein Manifest II. Weil das Land Versöhnung braucht. © Rowohlt Verlag, Reinbek bei Hamburg 1993, S. 54 f.

S. 134: Annette Simon: Zu dick, zu dünn, zu konvex, zu konkav. Nachwort einer ehemaligen DDR-Bürgerin. In: Tilmann Moser: Besuche bei Brüdern und Schwestern. © Suhrkamp Verlag, Frankfurt am Main 1992, S. 182 ff.

S. 136: Monika Maron: Zonophobie. In: Kursbuch, Nr. 109/September 1992, S. 91 ff.

S. 139: Irene Zierke: Ostdeutsche Lebensgeschichten – Christa Esche, eine autonome Außenseiterin. In: Mitteilungen aus der kulturwissenschaftlichen Forschung (MKF). Kultur-Enquete, Heft 34/1994, S. 231 ff.

S. 142: Marlies Menge: Was man sich leistet. Eine Serie: Wie groß der Unterschied zwischen West und Ost im Lebensstandard tatsächlich ist. In: Die Zeit, 9.11.1990, S. 95.

S. 143: Sighard Neckel: Pfarrer als Politiker. Zwei Biographien in Ostdeutschland. In: Hermann Glaser (Hrsg.): Was bleibt – was wird. Der kulturelle Umbruch in den neuen Bundesländern. InterNationes, Bonn 1994, S. 45 ff.

S. 150: Wolf Biermann: Alle Lieder. © Verlag Kiepenheuer & Witsch, Köln 1991, S. 204 ff.

S. 153: Inga Markovits: *Die Suche nach den Unbefleckten. Aber wie viele konnten sich vor der Stasi bewahren?* In: *Die Zeit,* 17.1.1992, S. 35.

S. 154: Klaus Schlesinger: *Von der Schwierigkeit, Westler zu werden.* © Aufbau Verlag, Berlin 1998, S. 80 ff., 87.

S. 156: Bärbel Bohley: *Die Täter waren Täter. Wozu dienten Stasi-Kontakte?* In: *Frankfurter Allgemeine Zeitung,* 25.1.1992.

S. 157: *Der Maßnahmeplan der Stasi gegen das Ehepaar Gerd und Ulrike Poppe.* In: *Der Spiegel,* Nr. 3/1992, S. 30.

S. 160: Rolf Schneider: *Einen Kaiser für die Deutschen. In drei Wochen werden DDR und Bundesrepublik vereint sein ... Was bleibt, wenn alles anders werden soll?* In: *Zeit-Magazin ,* Jhg. 1990.

S. 160: Jurek Becker: *Zum Bespitzeln gehören zwei. Über den Umgang mit der DDR-Vergangenheit.* In: *Die Zeit,* 3.8.1990, S. 35.

S. 161: Günter de Bruyn: *Dieses Mißtrauen gegen mich selbst. Schwierigkeiten beim Schreiben der Wahrheit: Ein Beitrag zum Umgang mit den Stasi-Akten.* In: *Frankfurter Allgemeine Zeitung,* 18.2.1993.

S. 163: *Das Gesetz über die Unterlagen des Staatssicherheitsdienstes der ehemaligen DDR.* In: *Frankfurter Rundschau,* 27.12.1991, S. 30.

S. 164: Peter Carstens: *Die Innereien des SED-Staates. Ein Wegweiser im Labyrinth der Stasi-Akten.* In: *Frankfurter Allgemeine Zeitung,* 5.10.1996.

S. 165: Peter Bender: *Wo ist die Grenze zwischen Moral und Nutzen?* In: Marion Dönhoff/Peter Bender/Friedrich Dieckmann/Friedrich Schorlemmer u.a.: *Ein Manifest II. Weil das Land Versöhnung braucht.* © Rowohlt Verlag, Reinbek bei Hamburg 1993, S. 34 f.

S. 168: Lutz Rathenow: *Deutschland.* In: Karl Otto Conrady: *Gedichte nach der deutschen Wende.* Funkmanuskript Süddeutscher Rundfunk, 28.5.1992.

S. 168: Dieter Rink: *Das nächste Kapitel der Vereinigung.* In: *Universitas,* Nr. 624/1998, S. 507 ff.

S. 171: Brigitta Huhnke: *Angstschweiß in der Nacht. Über Verkäuferinnen in Magdeburg und Hamburg.* In: *Spiegel-Spezial,* Nr. 1/1991, S. 110 ff.

S. 174: Arnulf Baring: *Deutschland, was nun? Ein Gespräch mit Dirk Rumberg und Wolf Jobst Siedler.* © Siedler Verlag, Berlin 1991, S. 63.

S. 175: Bert Gamerschlag: *Nur zwei Hände. Über Bäckermeister im Harz und am Niederrhein.* In: *Spiegel-Spezial,* Nr. 1/1991, S. 107 ff.

S. 177: Ullrich Heilemann/Hermann Rappen: *Sieben Jahre deutsche Einheit: Rückblick und Perspektiven in fiskalischer Sicht.* In: *Aus Politik und Zeitgeschichte. Beilage zur Wochenzeitung Das Parlament,* 26.9.1997, S. 38 f.

S. 178: Rolf Schneider: *Ahornstraße 12.* In: *Merkur,* Heft 12/1994, S. 1099 f.

S. 180: Thomas Wüpper: *Der Sündenbock – Erfolge und Fehler einer Behörde. Jahrelang zog die Treuhandanstalt viel Kritik auf sich, die eigentlich dem deutschen Zusammenwachsen galt.* In: *Frankfurter Rundschau,* 28.12.1994.

S. 181: Günter Grass: *Ein weites Feld. Roman.* © Steidl Verlag, Göttingen 1995, S. 558.

S. 182: Kulturverein Mauernbrechen e.V. *(Hrsg.): Erfurter Erklärung. Bis hierher und nicht weiter. Verantwortung für die soziale Demokratie. Berlin, Erfurt, 9.1.1997.*

S. 183: Jürgen Kocka: *Aus heutiger Sicht oder: Die geteilten Erinnerungen. Zweierlei Geschichtsbewußtsein im vereinten Deutschland. In: Frankfurter Rundschau, 22.1.1998, S. 17.*

S. 186: Konrad Weiß: *Verlorene Hoffnung der Einheit. In: Der Spiegel, Nr. 46/1993, S. 41.*

S. 187: Günter Gaus: *Die Deutschen in ihren Grenzen. In: Ders., Kein einig Vaterland. Edition Ost, Berlin 1998.*

S. 188: Wolf Lepenies: *Folgen einer unerhörten Begebenheit. Die Deutschen nach der Vereinigung.* © *Siedler Verlag, Berlin 1992, S. 31 ff.*

S. 190: Monika Gibas: *Massenbeeinflussung und politischer Wandel. Die Langzeitwirkung der DDR-Propaganda. In: Universitas, Nr. 624/1998, S. 512 f.*

S. 191: Ekkart Zimmermann: *Politischer Protest und die Akzeptanz der Demokratie. In: Universitas, Nr. 624/1998, S. 553 f.*

S. 193: Richard Schröder: *Nicht radikal im üblichen Sinn. Was ist die PDS? Eine Analyse. In: Die Woche, 26.6.1998, S. 10.*

S. 194: Holger Doetsch: *Wider die polemischen Sprüche und dumpfen Feindbilder. Oder: Wer ist eigentlich die PDS? In: Frankfurter Rundschau, 27.5.1998, S. 9.*

S. 195: Joachim Gauck: *Potemkinsche Dörfer. In: Der Spiegel, Nr. 22/1998, S. 44.*

S. 196: Friedrich Schorlemmer: *Wege aus der Demokratieabstinenz. In: Universitas, Heft 10/1993, S. 987 f.*

S. 198: *Die Rede von Bundespräsident* Richard von Weizsäcker *zum Tag der deutschen Einheit in Schwerin. In: Frankfurter Rundschau, 7.10.1992, S. 24.*

S. 202: Wolfgang Thierse: *Fremdenhaß ist kein spezifisch ostdeutsches Phänomen. Über die Ursachen deutsch-deutscher Gewalt. In: Frankfurter Rundschau, 13.1.1992, S. 12.*

S. 203: Rainer Joedecke: *Willkommen in Hoyerswerda. In: Kursbuch, Nr. 107/März 1992, S. 71 f., 99, 106 f.*

S. 207: *Selbstporträt. In: Kursbuch, Nr. 113/September 1993, S. 81.*

S. 208: Heinz Bude: *Eine abgewehrte soziale Bewegung? Der jugendliche Rechtspopulismus in der neuen Bundesrepublik. In: Merkur, Heft 5/1993, S. 446 ff.*

S. 210: Wolfgang Brück: *»Wenn die Skin-Masse läuft ...« Rechtsradikale in der DDR. In: Kursbuch, Nr. 113/September 1993, S. 89 ff.*

S. 210: Peter Michalzik: *Weil es Spaß macht, ein Skin zu sein. Das Gefühl dazuzugehören und die Angst der anderen – Gespräche mit den Prenzlbergern. In: Süddeutsche Zeitung, 15./16.5.1993, S. V.*

S. 211: *Selbstporträt. In: Kursbuch, Nr. 113/ September 1993, S. 65.*

S. 213: Annette Simon: *Antifaschismus als Loyalitätsfalle. Ich und sie: Ein Versuch, mir und anderen meine ostdeutsche Moral zu erklären. In: Frankfurter Allgemeine Zeitung, 1.2.1993, S. 27.*

S. 213:   Selbstporträt. In: Kursbuch, Nr. 113/September 1993, S. 39.

S. 218:   Reiner Kunze: Die Mauer. In: Karl Otto Conrady: Das große deutsche Gedichtbuch von 1500 bis zur Gegenwart. München, Zürich 1992, S. 780.

S. 218:   Richard Schröder: Sind wir ein Volk? In: Der Spiegel. Dokument Nr. 2/März 1994, S. 9 f.

S. 220:   Klaus Schlesinger antwortet auf die Frage: Sehnsucht nach der DDR? In: Die Zeit, 4.6.1993.

S. 221:   Marion Dönhoff/Meinhard Miegel/Wilhelm Nölling u.a.: Ein Manifest. Weil das Land sich ändern muß. © Rowohlt Verlag, Reinbek bei Hamburg 1993, S. 79 ff.

S. 223:   Wolfgang Schäuble und Wolfgang Thierse über Fehler und Probleme im Umgang zwischen Ost und West. Ein ›Spiegel‹-Streitgespräch. In: Der Spiegel, Nr. 34/1993, S. 24 f.

S. 225:   Fritz Ullrich Fack: Geblieben ist ein sperriger Alltag. Deutschland und die Deutschen im Jahre 1993. In: Frankfurter Allgemeine Zeitung, 2.10.1993.

S. 226:   Ulrich Beck: Das geteilte Lachen. Deutsch-deutsche Mißverständnisse, deutsch-deutsche Witze. In: Süddeutsche Zeitung, 2./3.10.1995.

S. 227:   Klaus Pohl: Planet Germany. Über den Alltag in den neuen Bundesländern: Von Görlitz bis Eisenach. In: Der Spiegel, Nr. 34/1994, S. 102.

S. 228:   Klaus Schlesinger: Von der Schwierigkeit, Westler zu werden. © Aufbau Verlag, Berlin 1998, S. 11 ff.

S. 233:   Eberhard Brecht: Über die Ernüchterung nach den deutsch-deutschen Flitterwochen. Eine kritische Betrachtung der politischen Kultur im vereinigten Deutschland. In: Frankfurter Rundschau, 2./3.10.1992, S. 20.

S. 234:   Friedrich Dieckmann: Der Irrtum des Verschwindens. Zeit- und Ortsbestimmungen. © Gustav Kiepenheuer Verlag, Leipzig 1996, S. 104-106.

S. 235:   Günter Kunert: Homunculus kehrt zurück. Das Rätsel der DDR-Identität. In: Frankfurter Allgemeine Zeitung, 11.12.1991.

S. 236:   Thomas Rosenlöcher: Die Heimat hat sich schön gemacht. Ein Selbstgespräch über die untergegangene DDR und den blendenden Westen. In: Frankfurter Rundschau, 18.12.1993, S. ZB 2.

S. 238:   Peter Carstens: Gefährte und Gefährt der Familie. Die Legende knattert: Vor vierzig Jahren ging in Zwickau der Trabant in Produktion. In: Frankfurter Allgemeine Zeitung, 7.11.1997.

S. 242:   Jens Beckert/Wolfgang Vortkamp: Die Gefährdung der Demokratie durch die Krise der Ökonomie. In: Die Neue Gesellschaft/Frankfurter Hefte, Heft 6/1993, S. 513 f.

S. 243:   Stefan Heym: Benutzen wir die Macht, die wir haben, weise und mit sensibler Hand. In: Frankfurter Rundschau, 11.11.1994, S. 10.

S. 244:   Andrzej Szczypiorski: Wo leben eigentlich die Deutschen? Über einige Merkwürdigkeiten in einem wiedervereinigten Land. In: Frankfurter Allgemeine Zeitung, 29.6.1996.

S. 245: Helmut Schmidt: *Wir sind noch kein normales Volk. Die Deutschen haben Schwierigkeiten mit ihrer Identität. In: Die Zeit, 2.4.1993, S. 3.*

S. 248: *Die innere Einheit und der Respekt vor andersartigen Biographien.* Wolfgang Thierse, *der erste ostdeutsche Bundestagspräsident, zum deutsch-deutschen Verhältnis. Seine Antrittsrede. In: Frankfurter Rundschau, 28.10.1998, S. 10.*

BILDNACHWEIS

S. 13: Kunsthaus Zürich

S. 19: Grundkreditbank eG. Berlin

S. 25, 81: Bilderdienst Süddeutscher Verlag, München

S. 35, 55, 71: Aus: Deutschlandbilder. Das vereinigte Deutschland in der Karikatur des Auslands. Haus der Geschichte der Bundesrepublik Deutschland, Bonn

S. 41, 101: Ullstein Bilderdienst, Berlin

S. 65: Bildarchiv Hermann Glaser

S. 93: AP-Photo/Roberto Pfeil

S. 109, 217, 241: VG Bild-Kunst, Bonn

S. 131, 167, 194, 231: Aus: Die DDR wird 50. Texte und Fotografien. Hrsg. v. Volker Handloik u. Harald Hauswald, Berlin 1998

S. 149: Aus: Literatur im Widerspruch. Gedichte und Prosa aus 40 Jahren DDR. Hrsg. v. Joachim-Rüdiger Groth, Köln 1993

S. 185: Aus: Zeitvergleich – Malerei und Grafik aus der DDR. art – das Kunstmagazin. Kunstverein Hamburg

NAMENSVERZEICHNIS

ASH, TIMOTHY GARTON (S. 67)
Historiker und Publizist in Oxford, der den Umbruch in Polen, die Oktoberrevolution in Ost-Berlin und den Sturz der Prager Kommunisten als Augenzeuge miterlebte (›Ein Jahrhundert wird abgewählt‹, 1990).

BAIER, LOTHAR (S. 100)
    Publizist; 1987 Jean-Améry-Preis für Essayistik.
BARING, ARNULF (S. 174)
    Professor für Zeitgeschichte an der Freien Universität Berlin, Autor zahlreicher
    zeitgeschichtlicher und politologischer Werke.
BEAUCAMP, EDUARD (S. 128)
    Feuilleton-Redakteur (›Frankfurter Allgemeine Zeitung‹) und Kunstkritiker.
BECK, ULRICH (S. 226)
    Professor und Direktor am Soziologischen Institut der Universität München; Autor u.a. von ›Risikogesellschaft – auf dem Weg in eine andere Moderne‹ (1991)
    und ›Die Erfindung des Politischen‹ (1993).
BECKER, HANS (S. 33)
    Professor für psychosomatische Medizin und Psychoanalyse in Heidelberg.
BECKER, JUREK (S. 160)
    1937–1997; geb. in Lodz, aufgewachsen im Ghetto sowie in den KZs Ravensbrück
    und Sachsenhausen; kam 1945 nach Ost-Berlin; Schriftsteller (›Jakob der Lügner‹, 1968); Nationalpreisträger der DDR. Nach Protesten gegen die Ausbürgerung Wolf Biermanns und die Diskriminierung Reiner Kunzes Ausschluß aus der
    SED 1977; lebte seitdem in West-Berlin.
BECKER, SOPHINETTE (S. 33)
    Psychotherapeutin in der Universitätsklinik Frankfurt am Main.
BECKERT, JENS (S. 242)
    Soziologe in Berlin.
BENDER, PETER (S. 56, 104, 165)
    Journalist; Hörfunkredakteur bei verschiedenen Sendern; Autor zahlreicher
    Bücher, die sich vor allem mit Fragen der Ost-Politik und der DDR beschäftigen
    (u.a. ›Was war die DDR – was bleibt von ihr?‹, 1992; ›Die »neue Ostpolitik« und
    ihre Folgen. Vom Mauerbau bis zur Vereinigung‹, 1995).
BIERMANN, WOLF (S. 45, 150)
    Liedermacher; geb. 1936 (Hamburg) in einer kommunistischen Arbeiterfamilie;
    der jüdische Vater wurde in Auschwitz ermordet; 1953 Übersiedlung in die DDR;
    zeitweilige Auftrittsverbote; bei einem Gastspiel im Westen 1976 ausgebürgert.
    Büchnerpreis 1991.

263

BOHLEY, BÄRBEL (S. 113, 156)

seit 1974, nach einem Studium an der Kunst-Hochschule Berlin-Weißensee, freischaffende Malerin; wegen oppositioneller Betätigung Haft, Auftrags- und Ausstellungsboykott; 1988 Abschiebung in den Westen; kurz darauf Rückkehr nach Berlin und September 1989 Initiatorin der illegalen Gründungsversammlung des »Neuen Forums«.

BRAUBURGER, STEFAN (S. 94)

Freier Journalist in der Redaktion Zeitgeschichte des ZDF.

BRAUN, VOLKER (S. 63)

geb. 1939 in Dresden-Rochwitz; Maschinist, Studium der Philosophie. Ab 1965 Schriftsteller; Mitarbeit am Berliner Ensemble, dort auch – seit 1977 – Dramaturg. Vielfach für seine Lyrik, Prosa und Dramen (u.a. ›Die Übergangsgesellschaft‹, 1982; ›Iphigenie in Freiheit‹, 1992) ausgezeichnet.

BRECHT, EBERHARD (S. 233)

Ostdeutscher Abgeordneter (SPD) im ersten gesamtdeutschen Bundestag.

BROCK, BAZON (S. 117)

Professor für Gestaltungstheorie und Ästhetik an der Universität Wuppertal (›Ästhetik als Vermittlung – Arbeitsbiographie eines Generalisten‹, 1977).

BRÜCK, WOLFGANG (S. 210)

Rechts- und Kriminalsoziologe, Lehrer; arbeitete im Jugendstrafvollzug und von 1975–1990 am Zentralinstitut für Jugendforschung in Leipzig.

BRUSSIG, THOMAS (S. 47)

geb. 1965; Schriftsteller; wuchs im Ostteil Berlins auf; nach dem Abitur Möbelträger, Museumspförtner und Hotelportier; nach der Vereinigung Studium der Soziologie und Dramaturgie.

DE BRUYN, GÜNTER (S. 68, 161)

geb. 1926; nach Krieg und Gefangenschaft Neulehrer und Bibliothekar; seit 1960 schriftstellerisch tätig (u.a. ›Buridans Esel‹, 1968); langjährig von der Staatssicherheit überwacht; 1990 Heinrich-Mann-Preis und Heinrich-Böll-Preis.

BUDE, HEINZ (S. 208)

Soziologe, Wissenschaftlicher Mitarbeiter am Hamburger Institut für Sozialforschung.

CARSTENS, PETER (S. 164, 238)

Mitarbeiter der ›Frankfurter Allgemeinen Zeitung‹.

CZECHOWSKI, HEINZ (S. 70)

geb. 1935; Schriftsteller (Lyrik, Prosa, Kinderstücke); 1963–1976 in der SED, Austritt wegen der Ausbürgerung Wolf Biermanns.

DIECKMANN, CHRISTOPH (S. 17)

In der DDR Theologiestudium und als Vikar bei der Evangelischen Studentengemeinde Ost-Berlin tätig; freiberuflicher Publizist; ab 1991 Mitarbeiter der ›Zeit‹.

DIECKMANN, FRIEDRICH (S. 43, 62, 73, 234)

Studium der Germanistik und Physik an der Universität Leipzig; Kritiker, Essayist und Buchautor, u.a. auch Dramaturg am Berliner Ensemble. Nach der Vereinigung Mitarbeiter vieler Zeitungen und Zeitschriften.

DISCHE, IRENE (S. 38)

Tochter deutsch-jüdischer Emigranten, 1952 in New York geboren; lebt als Schriftstellerin in Berlin (u.a. ›Ein fremdes Gefühl oder Veränderungen über einen Deutschen‹, 1993).

DÖNHOFF, MARION GRÄFIN (S. 78, 221)

Publizistin; Mitherausgeberin der ›Zeit‹, deren Redaktion sie seit 1946 angehört.

DOETSCH, HOLGER (S. 194)

1990 in der DDR-Regierung unter Lothar de Maizière Sprecher des Ministeriums für Jugend und Sport.

EMMERICH, WOLFGANG (S. 121)

Professor für Neuere deutsche Literaturgeschichte an der Universität Bremen.

FACK, FRITZ ULLRICH (S. 225)

Journalist; von 1971 bis 1993 Mitherausgeber der ›Frankfurter Allgemeinen Zeitung‹.

FRITZE, LOTHAR (S. 22)

DDR-Journalist aus Chemnitz.

GAMERSCHLAG, BERT (S. 175)

Redakteur beim ›Spiegel‹.

GAUCK, JOACHIM (S. 27, 195)

Nach dem Studium der Theologie seit 1965 im Kirchendienst der DDR; 1989 Mitglied im »Neuen Forum«; seit 1991 »Sonderbeauftragter der Bundesregierung für die personenbezogenen Unterlagen des ehemaligen Staatssicherheitsdienstes«.

GAUS, GÜNTER (S. 187)

Journalist; Programmdirektor Südwestfunk; Chefredakteur beim ›Spiegel‹; 1974–1981 Ständiger Vertreter der BRD in der DDR.

GENSCHER, HANS-DIETRICH (S. 98, 102)

Mitglied der FDP; von 1974–1985 deren Vorsitzender; 1974–1992 Bundesaußenminister.

GIBAS, MONIKA (S. 190)

Wissenschaftliche Mitarbeiterin am Institut für Kultur- und Universalgeschichte Leipzig.

GLASER, HERMANN (S. 38)

Publizist; von 1964–1990 Schul- und Kulturdezernent der Stadt Nürnberg.

GORBATSCHOW, MICHAIL (S. 14, 95)

geb. 1931; Jurastudium; politische Karriere in der KPdSU, als deren Generalsekretär 1985–1992 er die Sowjetunion politisch und wirtschaftlich völlig umgestaltete und demokratisierte.

GRASS, GÜNTER (S. 76, 181)

Schriftsteller und Zeichner; geb. 1928 in Danzig; der Roman ›Die Blechtrommel‹ (1959) begründete seinen Weltruhm; vielfach ausgezeichnet; (›Ein weites Feld‹, 1995).

GRASSKAMP, WALTER (S. 125)

Dozent für Kunstgeschichte an der Akademie der Bildenden Künste München.

HARTUNG, HARALD (S. 51)

Lyriker und Professor für Deutsche Sprache und Literatur an der Technischen Universität Berlin.

HEILEMANN, ULLRICH (S. 177)

Professor für Volkswirtschaftslehre Universität Duisburg und Vizepräsident des Instituts für Wirtschaftsforschung in Essen.

HEYM, STEFAN (S. 243)

Schriftsteller; geb. 1913 in Chemnitz; 1933 Emigration; im Zweiten Weltkrieg als Presseoffizier tätig; wegen prokommunistischer Haltung aus der Armee entlassen; 1952 Übersiedlung in die DDR, deren Staatsleitung er immer wieder kritisierte (Autobiographie ›Nachruf‹, 1988).

HINZE, ALBRECHT (S. 42)

Berliner Korrespondent der ›Süddeutschen Zeitung‹.

HUHNKE, BRIGITTA (S. 171)

Redakteurin beim ›Spiegel‹.

ISENSEE, JOSEF (S. 88)

Professor für Öffentliches Recht an der Universität Bonn.

JESSE, ECKHARD (S. 26)

Professor für Politikwissenschaft an der Universität Chemnitz.

JOEDECKE, RAINER (S. 203)

Freier Journalist, arbeitet für ›Stern‹ und ›Geo‹; lebt in Berlin.

KAHLWEIT, CATHRIN (S. 24, 42)

Berliner Korrespondentin der ›Süddeutschen Zeitung‹.

KARSUNKE, YAAK (S. 132)

Schriftsteller und Publizist (Lyrik, Drehbücher, Hörspiele, Essays).

KOCKA, JÜRGEN (S. 183)

Professor für Sozialgeschichte an der Freien Universität Berlin.

KORGER, DIETER (S. 82)

Redakteur beim FAZ-Institut für Medienentwicklung und Kommunikation, Frankfurt am Main.

KRÜGER, HANS-PETER (S. 15)

Studium der Philosophie an der Humboldt-Universität, Ost-Berlin; reformwilligen Kräften der DDR nahestehend; Austritt aus der SED 1989; danach verschiedene Wissenschaftstätigkeiten.

KÜHNHARDT, LUDGER (S. 66)

Professor für Politikwissenschaft; Direktor des Zentrums für Europäische Integrationsforschung, Bonn.

KUNERT, GÜNTER (S. 235)

geb. 1929 in Berlin; von den Nationalsozialisten rassisch diskriminiert; nach dem Krieg Schriftsteller in der DDR, u.a. für Film, Fernsehen, Rundfunk tätig. Vielfach ausgezeichnet. 1977 Streichung der SED-Mitgliedschaft und Übersiedlung in die BRD; (›Erwachsenenspiele/Erinnerungen‹, 1997).

KUNZE, REINER (S. 218)

1933 im Erzgebirge geborener Schriftsteller der DDR, der 1968 aus Protest gegen die Invasion der ČSSR durch die Warschauer-Pakt-Staaten die SED und 1977 die DDR verließ (›Die wunderbaren Jahre‹, 1973).

LEPENIES, WOLF (S. 188)

Professor für Allgemeine Soziologie, Rektor des Wissenschaftskollegs Berlin.

LOEST, ERICH (S. 23)

geb. 1926; Schriftsteller der DDR; wegen seiner oppositionellen Haltung (u.a. Mitarbeit an dem Leipziger Kabarett »Die Pfeffermühle«) 1957 Ausschluß aus der SED; zu siebeneinhalb Jahren Zuchthaus verurteilt (Entlassung auf Bewährung); ging 1981 in den Westen, seit 1990 Verleger und Schriftsteller in Leipzig.

MAAZ, HANS-JOACHIM (S. 28, 132)

Seit 1980 Chefarzt der Psychotherapeutischen Klinik im Evangelischen Diakoniewerk Halle; Mitbegründer der Akademie für psychodynamische Therapie und Tiefenpsychologie in der DDR.

MAIER, GERHART (S. 32)

Mitarbeiter der Bundeszentrale für Politische Bildung, Bonn.

MAIZIÈRE, LOTHAR DE (S. 89)

In der DDR Studium der Musik, dann Jura-Fernstudium; Rechtsanwalt; seit 1956 in der Ost-CDU und in der Synode des Bundes der Ev. Kirchen tätig. April bis Oktober 1990 Ministerpräsident der DDR; 1991 Rücktritt als stellvertretender CDU-Vorsitzender und Aufgabe des Bundestagsmandats.

MARKOVITS, INGA (S. 153)

Professorin für Rechtswissenschaft an der University of Texas in Austin; verbrachte 1990/91 einen Forschungsaufenthalt in Berlin.

MARON, MONIKA (S. 136)

geb. 1941; Studium der Theaterwissenschaft und Kunstgeschichte in Ost-Berlin; Journalistin und Schriftstellerin; 1988 Übersiedlung aus der DDR in den Westen; (›Stille Zeile Sechs‹, 1991).

MATTHEUER, WOLFGANG (S. 19, 125, 217)

geb. 1927; vielfach ausgezeichneter Maler und Grafiker der DDR; 1965–1974 Professor an der Hochschule für Grafik und Buchkunst Leipzig; Eintritt in die SED 1958, Austritt 1988.

MATTHIES, FRANK-WOLF (S. 36)

geb. 1951 in Ost-Berlin; Schriftsteller (vor allem Lyriker); mehrfache Verhaftungen, Publikationsverbot; 1981 Übersiedlung in den Westen.

MENGE, MARLIES (S. 142)

Mitarbeiterin der ›Zeit‹.

MICHALZIK, PETER (S. 210)

Mitarbeiter der ›Süddeutschen Zeitung‹.

MIEGEL, MEINHARD (S. 78, 221)

Professor an der Universität Leipzig und Leiter des Instituts für Wirtschaft und Gesellschaft, Bonn.

MITTER, ARMIN (S. 26)

Nach dem Studium der Geschichte Mitarbeiter der DDR-Akademie der Wissenschaften in Berlin.

MOMPER, WALTER (S. 45)

Politologe; 1985–1989 Fraktionsvorsitzender der SPD im Berliner Abgeordnetenhaus; 1989–1991 Regierender Bürgermeister von Berlin.

NECKEL, SIGHARD (S. 143)

Professor für Soziologie an der Universität Gesamthochschule Gießen.

NÖLLING, WILHELM (S. 78, 221)

1964–1972 mehrfach SPD-Senator in Hamburg (für Gesundheit, für Wirtschaft, für Finanzen); Honorarprofessor der Universität Hamburg.

POCHE, KLAUS (S. 116)

geb. 1927; Schriftsteller in der DDR; Mitunterzeichner der Protestresolution gegen die Ausbürgerung Wolf Biermanns; Ausschluß aus dem Schriftstellerverband der DDR; 1979 Übersiedlung in die Bundesrepublik.

POHL, KLAUS (S. 227)

Schauspieler und Dramatiker; Autor zahlreicher Stücke mit aktuellen Stoffen (u.a. Stasi-Thematik in ›Karate-Billy kehrt zurück‹, 1991).

RAPPEN, HERMANN (S. 177)

Diplom-Ökonom; wissenschaftlicher Mitarbeiter am Rheinisch-Westfälischen Institut für Wirtschaftsforschung.

RATHENOW, LUTZ (S. 57, 168)

geb. 1952; seit 1978 in der DDR schriftstellerisch tätig; Verhaftung; aktiv in der Friedens- und Bürgerrechtsbewegung (›Ost-Berlin – die andere Seite einer Stadt‹, 1987/89).

REICH, JENS (S. 111)

Nach dem Medizinstudium in Ost-Berlin Arzt; dann Molekularbiologe und 1980 Professor für Biomathematik. Seit 1985 in oppositionellen Kreisen der DDR tätig. Mai 1994 unabhängiger Kandidat für das Amt des Bundespräsidenten.

RINK, DIETER (S. 168)

Wissenschaftlicher Mitarbeiter am Umweltforschungszentrum Leipzig-Halle.

ROELLECKE, GERD (S. 87)

Professor für Öffentliches Recht an der Universität Mannheim.

ROSENLÖCHER, THOMAS (S. 236)

geb. 1947; DDR-Schriftsteller (Lyrik und Prosa; u.a. ›Dresdner Tagebuch‹, 1990 – über die Zeit des Umbruchs).

ROTERS, EBERHARD (S. 124)

Kunsthistoriker; leitete von 1976–1987 die Berlinische Galerie.

SAGER, PETER (S. 127)

Redakteur des ›Zeit-Magazins‹.

SCHÄUBLE, WOLFGANG (S. 223)

Seit 1965 Mitglied der CDU; 1989–1991 Innenminister; seit 1991 Fraktionsvorsitzender der CDU/CSU-Bundestagsfraktion und seit 1998 Parteivorsitzender der CDU.

SCHLESINGER, KLAUS (S. 51, 154, 220, 228)

geb. 1937; Journalist und Schriftsteller der DDR; oppositionelle Tätigkeit (u.a. Unterzeichnung der Protesterklärung gegen die Ausbürgerung Wolf Biermanns) führte zum Ausschluß aus dem Schriftstellerverband und zur Übersiedlung nach West-Berlin.

SCHMID, THOMAS (S. 29, 104)

engagierte sich bei der Protestbewegung und dann bei den Grünen; Lektor, Redakteur und Publizist.

SCHMID, WILHELM (S. 42)

Berlin-Korrespondent der ›Süddeutschen Zeitung‹.

SCHMIDT, HELMUT (S. 245)

seit 1946 Mitglied der SPD; u.a. Innensenator von Hamburg; Fraktionsvorsitzender der Bundestagsfraktion der SPD; 1969–1972 Verteidigungsminister; 1972–1974 Wirtschaftsminister; 1974–1982 Bundeskanzler; seit 1983 Mitherausgeber der ›Zeit‹.

SCHNEIDER, PETER (S. 50)

geb. 1940; tätig in der Studentenbewegung; Schriftsteller (›Lenz‹, 1973); Staatsexamen für das Lehramt an höheren Schulen; Arbeiten für Funk, Fernsehen, Film.

SCHNEIDER, ROLF (S. 16, 110, 160, 178)

geb. 1932; von 1955 bis 1958 Redakteur der Ost-Berliner Zeitschrift ›Aufbau‹; Schriftsteller (Lyrik, Roman; Theaterstücke, Hörspiele); 1979 aus dem Schriftstellerverband der DDR ausgeschlossen.

SCHNIBBEN, CORDT (S. 36)

Reporter beim ›Spiegel‹.

SCHORLEMMER, FRIEDRICH (S. 133, 196)

Als Theologe im kirchlichen Leben der DDR tätig; ab 1980 in einer oppositionellen Gruppe; seit 1992 Studienleiter bei der Evangelischen Akademie Wittenberg; 1993 Friedenspreis des Börsenvereins des Deutschen Buchhandels.

SCHRÖDER, GERHARD (S. 108)

geb. 1944; nach dem Abitur (über den Zweiten Bildungsweg) Jura-Studium; Rechtsanwalt. Seit 1963 Mitglied der SPD; Fraktionsvorsitzender im niedersächsischen Landtag; 1990–1998 Ministerpräsident des Landes Niedersachsen; seit 1998 Bundeskanzler.

SCHROEDER, KLAUS (S. 20)

Privatdozent am Fachbereich Politische Wissenschaft, Freie Universität Berlin; begründete 1992 den Forschungsverbund SED-Staat.

SCHRÖDER, RICHARD (S. 193, 218)

Ev. Theologe; im kirchlichen Leben der DDR tätig; oppositionelle Tätigkeit; Mitautor des Grundsatzdokuments ›Mehr Gerechtigkeit in der DDR‹ (Dezember 1989); Vorsitzender der SPD-Fraktion in der Volkskammer März bis Oktober 1990.

SIMON, ANNETTE (S. 134, 213)

Psychotherapeutin; bis 1991 im Fachkrankenhaus Berlin-Lichtenberg (Berlin-Ost).

SITTE, WILLI (S. 123)

geb. 1921; Maler der DDR; seit 1947 in der SED (1986–1989 Mitglied des ZK der SED); vielerlei kulturpolitische Funktionen, u.a. von 1974 bis 1988 Präsident des Verbandes Bildender Künstler der DDR.

SÜSKIND, PATRICK (S. 45)

geb. 1949; westdeutscher Schriftsteller; großer Erfolg mit dem Ein-Personen-Stück ›Der Kontrabaß‹, 1981, und dem Roman ›Das Parfüm‹, 1985.

SZCZYPIORSKI, ANDRZEJ (S. 244)

geb. 1924; polnischer Schriftsteller (›Die schöne Frau Seidenmann‹, 1986, über das Schicksal der polnischen Juden während der deutschen Besatzung; ›Eine Messe für die Stadt Arras‹, 1971); nahm am Warschauer Aufstand 1944 teil; dann im KZ Sachsenhausen.

THIERSE, WOLFGANG (S. 118, 202, 223, 248)

Studium der Germanistik und Kulturwissenschaften an der Humboldt-Universität (Berlin-Ost); schloß sich in der Wendezeit dem »Neuen Forum« an, dann in der Ost-SPD; stellvertretender SPD-Fraktionsvorsitzender der Bundestags-SPD; seit 1998 Bundestagspräsident.

TIETZ, UDO (S. 58)
Wissenschaftlicher Mitarbeiter an der Humboldt-Universität Berlin (Fachbereich Theoretische Philosophie).

TÜBKE, WERNER (S. 126)
geb. 1928; Maler er DDR; u.a. Professor und Rektor der Hochschule für Grafik und Buchkunst in Leipzig (1974-1976); (Bauernkriegspanorama in Bad Frankenhausen, 1981–1987).

VORTKAMP, WOLFGANG (S. 242)
Soziologe, John F. Kennedy-Institut der FU Berlin.

WAGNER, BERND (S. 30)
geb. 1948 in Sachsen; Lehrer und Schriftsteller in der DDR; 1985 Übersiedlung nach West-Berlin.

WAGNER, PETER M. (S. 97)
Politikwissenschaftler in München.

WALSER, MARTIN (S. 69)
geb. 1927 in Wasserburg am Bodensee; vielfach ausgezeichneter Schriftsteller, u.a. 1955 Preis der Gruppe 47, 1962 Gerhart-Hauptmann-Preis, 1981 Georg-Büchner-Preis, 1998 Friedenspreis des deutschen Buchhandels (sehr umstrittene Rede anläßlich der Verleihung). Werke u.a. ›Ehen in Philippsburg‹, 1957; ›Die Verteidigung der Kindheit‹, 1991; ›Ein springender Brunnen‹, 1998.

WEIDENFELD, WERNER (S. 97)
Professor für Politische Wissenschaft an der Universität München.

WEISS, KONRAD (S. 61, 186)
geb. 1942; Dokumentarfilmregisseur der DDR; 1969–1989 mehr als 50 Filme, vorwiegend für Kinder und Jugendliche; als Bürgerrechtler 1990 Mitglied der Volkskammerfraktion Bündnis 90/Die Grünen; 1991–1994 Mitglied des Bundestages.

WEIZSÄCKER, RICHARD VON (S. 198)
Nach dem Jura-Studium Verteidigung des Vaters (unter Hitler Staatssekretär im Außenamt) beim Nürnberger Kriegsverbrecher-Prozeß; leitende Tätigkeit in der Industrie; seit 1954 Mitglied der CDU; 1979–1981 Vizepräsident des Bundestages; 1981–1984 Regierender Bürgermeister von Berlin; 1984–1995 Bundespräsident; (›Vier Zeiten. Erinnerungen‹, 1997).

WESEL, UWE (S. 40)
Professor für Rechtsgeschichte und Zivilrecht an der Freien Universität Berlin; (›Der Honecker-Prozeß. Ein Staat vor Gericht‹, 1994).

WILLMS, JOHANNES (S. 106)
Redakteur beim ZDF; dann Leitung des Feuilletons der ›Süddeutschen Zeitung‹.

WOLF, CHRISTA (S. 114)

geb. 1929; vielfach ausgezeichnete, aber auch von der SED immer wieder kritisierte Schriftstellerin der DDR (›Nachdenken über Christa T.‹). 1989 Austritt aus der SED. ›Was bleibt‹ (1990) löste eine kontroverse Debatte über das Verhalten der Intellektuellen in der DDR aus.

WÜPPER, THOMAS (S. 180)

Berliner Mitarbeiter der ›Frankfurter Rundschau‹.

ZIERKE, IRENE (S. 139)

Mitarbeiterin bei den ›Mitteilungen aus der kulturwissenschaftlichen Forschung‹, Berlin.

ZIMMERMANN, EKKART (S. 191)

Professor für Makrosoziologie an der Technischen Universität Dresden.

Zschorsch, Gerald (S. 110)

geb. 1951; als Siebzehnjähriger wegen »staatsfeindlicher Hetze« zu viereinhalb Jahren Haft verurteilt; 1974 Aberkennung der DDR-Staatsbürgerschaft und Abschiebung in den Westen.